HEMEI XIAOYUAN GUSHI DUO

和美校园故事多

张颖 编著

中国海洋大学出版社

·青岛·

图书在版编目(CIP)数据

和美校园故事多 / 张颖编著. — 青岛：中国海洋大学出版社，2021.6

ISBN 978-7-5670-2846-3

Ⅰ．①和… Ⅱ．①张… Ⅲ．①小学教育—教育研究 Ⅳ．①G622.0

中国版本图书馆CIP数据核字(2021)第113876号

出版发行	中国海洋大学出版社		
社　　址	青岛市香港东路23号	**邮政编码**	266071
网　　址	http://pub.ouc.edu.cn		
出 版 人	杨立敏		
责任编辑	孙宇菲	**电　　话**	0532-85902349
电子信箱	1193406329@qq.com		
订购电话	0532-82032573(传真)		
印　　制	青岛科特圣包装有限公司		
版　　次	2021年6月第1版		
印　　次	2021年6月第1次印刷		
成品尺寸	185 mm×260 mm		
印　　张	17.25		
字　　数	316千		
印　　数	1—1000		
定　　价	52.00元		

发现印装质量问题,请致电13853267178,由印刷厂负责调换。

张颖，山东省青岛市城阳区和美教育集团校长，高级教师。从教师、教研员到校长，她用大爱诠释了一名教育工作者的魅力。2017年9月，城阳区和美教育集团成立，张颖成为城阳区和美教育集团的首位校长。在她的带领下，南、北两个校区取得了辉煌的成绩。这一切都源于她对教育、对学生深深的爱。

从2010年至今，她以自身品行彰显"自立立人，自美美人"的校训，引领着和美教育集团"和美"文化的创建和发展。真正实现学生健康成长，教师幸福工作，学校和谐发展。

序

2010 年,张颖调入大北曲小学担任校长。学校规模大了,校舍更加现代化了,学生和家长的期望值也更高了,学校该怎么办好? 这是当时摆在张颖校长面前最大的问题。在充分研究了学校发展史的基础上,结合学校的内外环境,她与上海专家、学校教师多次论证,确立了"和美教育"的办学思想。张颖校长认为"和美教育"就是把"和谐而美、美而和谐"的教育思想,贯穿于教育的全过程,让每一位师生都能展现一个和谐、多彩的世界,融合多元文化,达到"和而不同、各美其美"的发展境界。在"和美"理念的指引下,学校全体教师始终关注学生的全面发展,尊重并珍惜学生的差异,致力于把学生培养成为德智体美劳全面发展的、悦纳多元文化的、富有个性的现代小学生。多年来,学校优质高速的发展,得到了上级教育部门、社会、家长和学生的高度认可,尤其是"和美小镇"特色校本课程,已然成为大北曲小学一张靓丽的名片。

为不断促进教育均衡发展,城阳区首个教育集团——"城阳区和美教育集团"于2017 年 9 月隆重揭牌。张颖成为城阳区首个"一长多校"集团化学校的校长。张校长认为,"和美教育"是一个成功品牌,让这个品牌得以辐射推广,让更多的学校、更多的孩子受益,是我们现代教育理念指导下的教育主题。该集团以大北曲小学为依托,借助学校的"和美教育"理念,携手桃林小学,实现两校的共同快速发展,开启"和美教育"创新发展的新旅程。集团成立后,张颖校长经常与桃林小学的教师们沟通、谈心、听课、评课,根据每位年轻教师的性格特点,为他们精心从大北曲小学挑选一对一师傅;此外,她还带领新教师远赴上海、浙江,让他们接触先进教育理念。在张校长的鼓励帮助下,新教师迅速成长起来,许多新教师都成立了自己的名师工作室。张校长认为,集团化办学最大限度实现了资源共享。大北曲小学、桃林小学优质教师互动,实现师资的融合;大北曲小学建立的相对成熟的"和美教育"体系,让桃林小学少走弯路;大北曲小学成功的家校活动经验,有效地提升了桃林小学家长的群体文化素养。三年多来,集团各个方面取得了可喜的变化,教育教研有声有色,教师教学质量整体提升,特色课程丰富多样,艺术、体育、科技各个方面都取得了优异的成绩,家长积极进校园,参与集团管理,集团化办学的优势不断得到凸显。

在这个不断发展的过程中,我们和美小镇发生了很多感人的故事,这些故事历历在目,是那么的朴实无华却又感人肺腑,让我们终生难忘。张颖校长认为,要想知道学生想要什么,就要经常走到学生中间去,要把自己当作学生。于是,在课堂上,大家会经常看到张校长和老师们与学生做同桌,认真观察学生的上课状态;在课间,张校长带领老师们与孩子们一起游戏、谈心，获知儿童眼中的大世界；在餐厅，张校长扎在学生堆里与他们讨论怎样做饭。在餐厅大家可以经常听到这样的声音："太好了！今天张校长来我们班了！我们又可以与校长共进午餐了！"有同学说："今天吃饭时，张校长就坐在我对面。一开始我有点紧张，可是张校长说话很温柔，我就不紧张了，而且还很开心呢。张校长问了我很多问题，我告诉她，我喜欢教我的每一位老师，也喜欢我们的学校。今天回家后，我要把这件事告诉爸爸妈妈，我要和他们分享我的快乐！"张校长就像一位知心大姐姐，与孩子们谈天说地。通过和孩子们的交流，张校长发现，现在的孩子都是"小大人"。就这样，把微型社会搬进校园的"和美小镇"特色校本课程应运而生。

可以这样说，张颖校长是在如痴如醉地诠释着教育情怀。张校长肩负起城阳区和美教育集团"一长两校"的使命，并从未停止过奋进的步伐。作为一名女校长，既要面对千头万绪的学校工作，还要面对各种家庭琐碎，虽有不易却毅然坚定。教育家顾明远说过："校长之于学校，犹如灵魂之于躯体。"对于这句话，张颖校长十分认同，身为一名校长，认为自己不仅要怀揣对教育如痴如醉的情怀，还要拥有每一位教师发自内心愿意追随的人格魅力。"校长既要淡泊名利、潜心做事，又因为面对一个个鲜活的生命，要有敬畏心、有大爱。"十几年来的辛勤耕耘，让她坚持的是那一份把教育当成自己的终身信仰的情怀，是那一心为学校、为学生的大爱……"不忘初心，牢记使命"，为人民谋幸福，为民族谋复兴是每一个共产党员的初心和使命。作为一名党员，张颖校长始终带头发挥党员的先锋模范作用，立足岗位，脚踏实地。作为一名教育工作者，张颖校长竭尽全力，让更多的孩子享受到优质的教育，为实现伟大复兴的中国梦贡献她的一分力量。

和美教育集团凝心聚力，狠抓落实，喜悦伴随汗水，成功伴着艰辛，遗憾激励奋斗。不知不觉间，成立和美教育集团三年多了，同仁们、家长们都说和美教育集团是一支团结协作、锐意进取的优秀队伍。一个有为的团队，一支善战的队伍，一颗进取的心，是和美教育集团之所以优秀的基因。每当我们听到支持赞赏的声音都会感慨万千，这是我们前进的动力、前进的方向。教学是学校教育的中心环节，正因为有了一位又一位坚守岗位、努力奋斗的园丁，才有了我们一次又一次突破自我的成绩。

幸福是奋斗出来的。在和美教育集团，有这样一群人，他们管理着一个班级大大小小的事情、传道授业，为孩子们的成长与学习保驾护航。他们就是班主任。在他们身上演绎着许多平凡又真实的感人故事，有的故事被写成剧本、编成话剧，有的成为朗诵篇目，传诵至今；每一年，和美教师队伍都会注入新的血液，在他们华丽转身的背后都是一个个教师奋斗的故事。老师们的战场没有硝烟，有的是青春的活力，为梦想而战的信念，有的是艰苦奋进，不断钻研的努力。在师徒结对活动中、在一次一次的赛课、大比武中，发生着很多感人的场景。

"磨合—融合—规范—发展"，我们和美家人一路前行。作为城阳区第一所集团化学校，和美大家庭中的每一个人齐心合力，秉承在实践中磨合、在探索中融合、在融合中规范、在规范中发展的理念。一路走来，有泪水、有汗水，但我们更多的是喜悦和成长。三年多来，全体和美人紧紧围绕"和美教育"的办学理念，以加强和美教师内部交流，持续开展跨校区党员手拉手、跨校区师徒结对、跨校区教研、跨校区一日教师体验、跨校区一日家长体验等一系列活动，努力做到让两个校区的"和美小镇"和而不同，各美其美。经过三年多的努力，集团从成立之初的磨合走向了融合、走向了规范、走向了发展。三年多的时间里，集团在资源共享、教育教学、学校特色、艺体科技等各个方面取得了可喜的变化，得到了同仁们、家长们的高度认可，"一长多校"的办学模式成效非常显著。回望过去，充满了感慨，收获满满；展望未来，充满了憧憬，憧憬无限。

因为有梦想，我们不忘初心；因为有责任，我们砥砺前行。在接下来的日子里，我们和美教育集团全体成员将继续秉持"为每一位学生提供合适的教育，让每一位学生获得充分的发展"的教育理念，携手并进，共谱和美教育新篇章。

张美兰

2021 年 4 月

前　言

大北曲小学于2010年走上探索"和美教育"的办学之路。十多年来,借助所有的力量始终不渝地追求着"和美教育"。一路走来,经受着压力和困难的考验。每一刻的苦与甜、忧与乐、艰辛与收获、挫折与前进、困难与智慧,都融入了师生、家长以及社区的艰苦付出。那种努力,那种精神,那种智慧,那种支持,使大北曲小学不仅实现了和美转型,而且让"和美教育"成为全校师生的共同追求。大北曲小学力求使学校里的每一次活动,每一节课,每一门课程,每一件事,甚至一草一木一景,都打上"和美教育"的烙印。如今的大北曲小学处处弥漫着"和美教育"的文化气息。

十多年来,在"和美教育"的引领下,大北曲小学有许多可喜的变化:社会美誉度越来越高;教师队伍的整体素养在迅速提升,那种为学生、为家长、为学校无私奉献的自觉行为让人感动;孩子们的个性不断得到张扬,一张张灿烂的笑脸,一个个健康的体魄给了我们能量,让我们懂得坚持;家校沟通的桥梁越来越畅通,越来越宽广;社区在不断地加大支持的力度……这一切的收获,说明大北曲小学正在形成一个"和美文化场"。

十多年间,在和美文化的浸润下,学生健康成长,教师幸福工作,学校和谐发展。在和美校园里也发生着很多故事,师生之间、学生之间、同事之间涌动着爱与奉献,包容和支持。借此机会,我们想把十多年来的收获,通过故事的形式总结并展示出来,我们期望通过"和美"的引力凝聚智慧,通过"和美"的势能约束行为,通过"和美"的影响促进师生发展,最终让"和美教育"成为大北曲小学的灵魂和气质,推动学校持续稳定的发展,取得卓越的办学成果。

大北曲小学长期以来得到各级领导、社会各界的关心和支持,因为有了这种帮助、关怀,在青岛城阳这片热土上,才得以有这样一种变化、一种发展。所以,我们想用这本书阐述学校"和美教育"的发展,以此表达对各级领导和社会各界的感谢。

本书分为三篇。第一篇是学生故事,学生从自己的视角,从德智体美劳五个方面,记录了发生在他们身上的故事。孩子们的语言质朴真诚,读起来让人感到亲切,有些故事让人忍俊不禁,有些故事让人思考连连,有些故事让人感动万分……希望孩子们发自灵魂的声音被听到、被回应,希望我们能和孩子一起,共同奏出美妙和谐的生命乐章。第二篇是教师故事。教师从与学生和家长之间、教师个人成长、后勤教师、各项活动等方面,讲述了发生在自己身上的故事。第三篇是家长印象,以家长的视角来讲述"和美"故事，讲述大北曲小学的发展。

　　《和美校园故事多》一书的出版，体现了我们对教育、对学生深深的爱，体现了我们对办学理想的追求。本书力求文字简洁，语言朴素，至情至性，真切感人，用具体的故事把走过来的路真实地呈现。办学是一件磨人的事情，一所学校的特色不是一蹴而就的，它需要一个积淀的过程。希望这本书能给大家提供一个多彩的和美校园故事，所以对书中值得商榷之处，敬请各位同仁雅正。

张颖

2021年4月

当 我 走 近 你

——赞和美小镇

刘若谷

当我走近你，
扑面而来的书香之气，让我顿时也儒雅起来。
朗朗的读书声，让人恍惚置身书海。

当我走近你，
小记者们用手中的相机记录着每一个生动感人的瞬间，
但每一张照片上却缺少了他们的身影。

当我走近你，
小小消防员们都在四处忙碌，
用超强的责任心排查着每一处安全隐患。
而他们自己却错过了身边一道道美丽的风景。

当我走近你，
邮递员们正认真地整理信件，为镇民们传递美好的祝愿。
可是他们却不曾为自己写下只言片语。

当我走近你，
老师像太阳一样，无私地照耀着每一位小镇民，
精心地传授知识，使镇民们快乐成长。
而他们两鬓却见白发。

当我走近你，
每一位镇民像花儿一样，在阳光的照耀下成长，
快快长大，快快长大，

似乎像是为了早日回报老师的恩情。

这就是我的小镇，
我生活的小镇，
我学习的小镇，
我一直热爱并永远爱着的
和美小镇！

目 录

第一章

德

第 1 节　美德在课堂

第 2 节　润物细无声

第 3 节　爱在点滴间

　　少年儿童是祖国的未来，是中华民族的希望。和美教育集团秉承"和而不同，各美其美"的教育理念，致力于学生的主动发展、全面发展和个性发展。如今，学校的学生已经具有了"和美"的基本特质，他们讲究诚信、关爱他人、自信自强、才能多样，在他们身边发生了很多有趣的故事，我们一起去看看吧！

第一章　德

①	②
③	④

①和美小镇一大家
②和美教育集团成立
③"今天我上小学了"活动
④一年级开学欢迎仪式

①	②
③	④
⑤	

① "十岁生日礼"活动
② "我的十岁生日"活动
③ "六一"嘉年华活动
④ "六一"嘉年华活动
⑤ 入队仪式

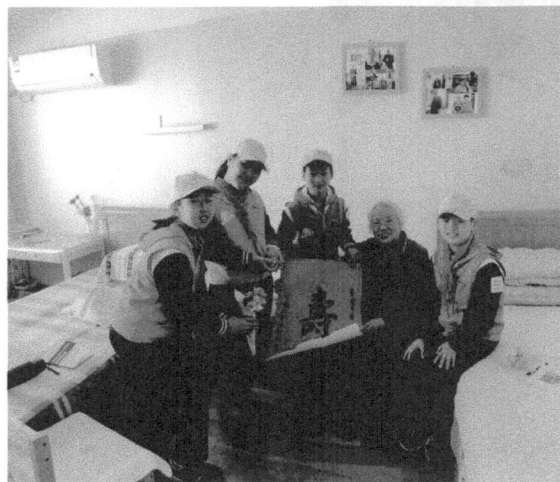

①————
②————
③————

①和美小镇体验课
②毕业典礼
③重阳节敬老活动

【培养美德、美行最好的办法莫过于在学生主动参与的各种活动中潜移默化。让学生在活动中去体验，在体验中去认识，在认识中去进步。只有这样，才能让美德、美行转化成学生的内在品质和外在表现。】

第1节　美德在课堂

为毛毛虫喝彩

金恩慧

毛毛虫是一只不起眼的小虫子，有着毛茸茸的躯体，很多对腹足，蠕动起来慢吞吞的，那笨拙的模样真不让人喜欢。但学校的一节实践课，彻底改变了我对毛毛虫的看法。

周四有我最喜欢的实践课，老师带着我们参观校园，观察学校的植物和小动物。惊奇的是，我们看到了一只毛毛虫的蜕变。

毛毛虫一步一步、慢慢地往树枝上爬，我的目光从未离开过毛毛虫那小小的身子。它好像一点也不着急，爬了许久许久，终于在一个树枝上停了下来。

它开始吐丝了，一圈又一圈，包裹住它肥肥的身子。我从它的动作里看到了坚持，看到了希望，看到了它热切的渴望! 那一刻，我的心中涌起一股暖流。

过了一段时间，我再次来到那棵大树下，抬头望望，那只茧已经变成了一只空壳，四周也没有毛毛虫的尸体，一切都自然而平静。

我欣慰地笑了笑，望着广阔的天空，心想，那只毛毛虫肯定已经圆了它自己的梦。

一只小小的毛毛虫，不就和成长的我们一样吗?虽然毫不起眼，但从来没有放弃过努力，一直在坚持。

好好站队，我最棒

纪雯迪

我是纪雯迪，是一名一年级一班的小学生。今天我为大家讲讲我的上学故事。

在我上幼儿园大班的时候，老师带领我们去大北曲小学参观，告诉我们，以后我们就要到这里来上课学习了。当时，我很憧憬小学生活。

然而，当我真的进入小学以后，事情变得很糟糕！

刚开学的时候，我天天哭，不爱去学校上课，每天都跟在吕老师身后做小跟屁虫，每天放学同学们都站队走出校门，唯独我自己跟在老师身边走出来，从来不好好站在队伍中间。一个月过去了，在老师和同学的帮助下，我适应了小学的生活，能够和同学们一起开心玩耍，上课认真听讲，也能好好站队，成了一名合格的小学生！我很高兴，老师和妈妈也都夸我进步很大。

很快，我就要进入二年级了，我一定会继续好好学习、好好站队，做一名优秀的小学生！

午餐

纪程琳

"丁零零……"第四节课的下课铃声清脆地响起，像风一般地钻入了我们的耳朵。香喷喷的饭菜已经摆到了门外，它们像只只无形的手抓住了我们咕咕叫的小肚子。我们翘首以盼地看向班级门口，等待着班主任的到来。"同学们，抓紧时间收拾好桌子上的书本，铺好餐布，洗手吃饭啦！"老师一声令下，同学们瞬间涌出教室，排着长长的队伍走向洗手间。那个冲在前面、抢占先机的同学轻松而敏捷地洗完手，转身从人群的缝隙中挤了出来。洗完小手，我们安安静静、端端正正地在座位上坐好，等待着开饭的号令。"开饭啦！"我们有秩序地排着队，领餐盘、小碗、小勺子，负责分饭的同学认真地给我们盛上饭菜，"给我多盛点青菜！""肉丸，肉丸，多给我盛点肉丸！"盘、碗、勺的声音夹杂着同学们急切的呼喊声，让负责盛菜的同学手忙脚乱！刚盛完这边，另一边又递了过来，幸亏有班主任维持秩序："这位同学，别抢呀！""喂，小心！别把菜汤泼在同学身上……"三菜一汤，一盏茶的工夫，饭菜已所剩无几了。

终于开饭了!教室里开始变得喧闹起来。早已饥饿难耐的同学撸起袖子,拿起勺子,张开大嘴,狼吞虎咽起来。有些同学先拣好的吃,舀起肉丸就往嘴里塞,连嚼带咽,送进了肚子,真香啊! 西红柿炒鸡蛋拌米饭也不错,一股脑地吃了下去,眨眼间餐盘已空空如也。还有些同学却是细嚼慢咽,边吃边说,伴着"笑星大联盟""馒头跑到街上,被压着了,结果上面多了比萨饼"等各式各样的笑话。教室里饭菜香弥漫,说笑声此起彼伏,好不热闹。

午餐时间很快结束。大家陆续地把空餐盘送回饭箱里,教室俨然是个刚结束战争的"战场":菜梗、饭粒、废纸头……值日的同学开始清扫教室,整理桌椅,其他同学也不闲着,把自己的位置收拾干净。收拾完,有好学的同学从书包里掏出了课外书,津津有味地品味起"精神食粮";那几个"运动健将"早已不见了踪影,一定在某个角落大显身手呢!

午餐时间结束了,教室里的窗户全被打开了,新鲜的空气吹了进来,嘈杂的教室里逐渐安静下来。今天的饭香仿佛还徘徊在唇齿间,我们却已经期待明天的午餐时间快快到来。

令我难忘的一件事

倪俊航

我们的校园生活多姿多彩,有紧张的学习,有欢乐的大课间,有激烈的比赛……校园像个大家庭,每天都会发生不同的事,可是有一件事,却令我难忘。

那一天,我急急忙忙地吃完饭,然后飞快地跑向学校。快到学校了,我惊慌地看了看手表,还好没迟到,便大摇大摆地走到校门口。看见了同学们胸前鲜艳的红领巾,我摸了摸我的胸前,突然意识到今天我没戴红领巾。完了,我们班要因此被扣分了。在走进教学楼的路上我果然被正在值勤的同学给拦下了。这位同学拿出一张纸条,把我的名字、班级和扣的分数记了下来。我怀着忐忑不安的心情慢慢地走进了教室。

到了教室后,我突然听见老师的脚步声。平时我一听见这声音就坐正了,可今天我听见这声音就想找条地缝钻进去。老师走进教室看到了门上的纸条,柔声问我:"今天你为什么没戴红领巾?"我低着头站了起来说:"老师,对不起,我今天忘记戴了。"老师又问:"同学们有没有多余的红领巾?"我用余光看了看四周,发现这次只有一个人没戴红领巾，那就是我。我的脸立刻变得通红，心里像有个小兔子似的跳个不停。我的头低得更低了，心里想："我为什么就忘记戴红领巾呢？"这时，我听见好几个同学说："老师，我这里有多余的红领巾，可以借给他。"我虽然还是不敢动，可一听见这话，一股暖流从我心底涌出。老师对我说："以后可不要再忘记戴红领巾了。"这时我直立起身子，转身看见两位同学手里各拿着一条红领巾。我双手接过一条红领巾戴在脖子上。这时我觉得这条红领巾鲜艳无比，因为它充满着同学们的爱。

通过这件事，我深深明白了：班级的荣誉，是靠每个人一起争取来的。我以后要用心维护集体荣誉，做一名优秀的少先队员。

开学的故事

李想

助人为乐是中华民族的传统美德，在学校"你""我""他"同在一个教室学习，同学们助人为乐的良好品格表现在日常的方方面面。记得四年级开学的那一天，同学们像一群快乐的小鸟，涌进校门、走进教室，期待着新学期的到来。

就在大家满心期待发新书的时候，教室里发生了一件令人赞叹不绝的事情。

在讲台上整整齐齐摆放着我们刚搬进教室的崭新的教科书，同学们都被崭新的书本吸引住了。拿到书的同学迫不及待地闻着油墨的香味，摸着光滑的纸张；没领到书的同学焦急等待着。再看看负责发书的单老师，她将手中的书依次发了出去。同学们的欢笑声在教室里回荡。

忽然，老师的手停在一摞语文同步上不动了。她皱起了眉头，不停地拍着那一摞书。过了一会儿老师还是没将书发下来，没领到书的同学急迫地喊着："老师快发呀！怎么不发了？"

全班同学都用焦急的目光看着老师，老师环视了一下全体同学说："同学们，这套书，我们班少了十本，这十本书可能要下个周才能来。"这时班里突然鸦雀无声，没发到书的同学脸上露出了一丝苦笑。失落的心情差不多维持了一分钟。突然，有一个同学大声喊道："我不拿书了，把书让给其他同学吧。"大家懵了几秒钟，一些同学也开始嚷嚷着说："我也不拿书了……"其他同学虽然没有说话却把手举得高高的，意思是我也不拿书了，当然我也不例外。老师这时很高兴却又有点为难。单老师说："我很高兴，高兴的是同学们都有高尚的品质，但我也很为难，因为这么多同学举手，应该不给谁发书呢？"同学们听了又是一片安静。班长看大家有点不知所措，便说道："这几天，我们可以互相帮助一下，靠得近的同学合用一本书，这样我们的学习也不会受到影响。"老师点了点头望向我们，我们脸上的神情表达了赞同。在此后的几天，那些没发到练习册的同学的确遇到了不少困难，但他们还像往常一样学习。拿到书的同学尽量帮助没有拿到书的同学，顺利地完成学习任务。同学们都知道不拿书的同学不是为了得到老师的称赞，更不是不想写作业，而是想把方便让给别人。

他们不就是像雷锋一样的好少年嘛！他们的精神值得我们学习，值得我们赞扬。

追光而来

刘彦希

都说爱是一道光，指引我们前进的方向。如果母爱如水，父爱如山，那师爱如什么呢？以前，我不知道。但是经过那件事之后，我才真正明白了师爱的意义。

"丁零零……"上课铃声响了，我像往常一样熟练地拿出课本放在桌子上，随手翻到了第三课《荷花》。

"这么多的白荷花，一朵有一朵的姿势。看看这一朵，很美；看看那一朵，也很美……"讲台上，老师绘声绘色地讲着，同学们都听得津津有味。可我听着听着，却走了神，不知不觉地转过头，问同桌："你昨天的作业写完了吗？"同桌没理我，我提高嗓门又问了一遍，抬起头，才发现老师早已经在严厉地看着我了。惨了，不挨批评才怪。正当我不知所措的时候，下课铃声响了。

直到下次上课之前，我一直都惴惴不安，担心老师的严厉批评。上课铃声又响了起来，老师走进教室，依然面带笑容。"上课之前，我先说几句与学习无关的话。"老师终于开口了。我低着头，心里怦怦直跳，真不知道老师要怎样批评我。"听说有些学习成绩还不错的同学，学习方面没有起到带头作用不说，上课还讲话。"老师接着说："我希望这是最后一次。现在，我们继续上课。"老师既没有严厉地批评我，也没有惩罚我，甚至没有点我的名字，可我却早已羞愧得无地自容。

放学后吃了晚饭，我登了QQ，向老师承认了错误。老师只回了我一句话："我相信你不是故意的，明天还要上学，早点睡吧！"看着这熟悉的字眼，老师那信任、满怀期待的眼神仿佛浮现在我眼前，我的眼泪忍不住地滴了下来。

是啊，爱是一道光，老师的爱就像一道光指引着我们前行。师爱如光，我一定会努力学习，不负期待，铭记师恩，追光而来！

校园中的正能量

纪皓凯

在我美好的校园生活里，每天都会发生一些不起眼的小事，今天我就来分享一件我记忆中的微小却能启迪人心的事情。

又是一次学校大扫除，班主任笑着走进教室给我们大家分配着各自的任务，我负责打扫教室卫生。一开始，我们每个人都在认真地打扫，可是老师刚走出教室，我们就扔下工具玩了起来。过了一会儿，我偶然扫了一眼教室，发现有一个女同学正在认真地扫地。我朝她大喊了一声："你在干什么，不来一起玩游戏吗？"她认真地说："不了，既然老师布置了让我们负责打扫教室的任务，那我们就应该坚守自己的岗位，干好自己应该负责的那一部分。"同学们都因她的一番话而羞愧起来，纷纷拿起了自己的工具干活，就连班里最不听话的同学也参与到大扫除中。

就在大家干得热火朝天的时候，突然教室外传来砰的一声，一个同学慌慌张张跑进教室来大喊："不好了，不好了。"我问："怎么了，发生了什么事情让你这么慌张？"他说："旁边班级的同学在我们负责的卫生区域把水洒了，整整一桶呢。"那个女同学听到后大步走了出去。我以为她是去斥责那个同学，没想到，她出去后，焦急地问那个打翻水桶的同学："小弟弟，没事吧？"一边问一边把小弟弟扶了起来。一个脾气不好的同学生气地问："怎么回事，怎么把水洒在我们班门口了？"女同学说："他也不是故意的，反正是我们班负责的区域，我们就帮这位小弟弟打扫干净了吧！"说完，她拿起拖把拖了起来，边拖边说了一句："助人乃快乐之本嘛！"大家听到这句话后，纷纷拿起工具帮忙。果然人多力量大，不一会儿地面就被我们拖得干干净净！

过了一会儿，老师来了，看着干净的走廊和教室，满意地夸奖了我们。说起来我们还真是应该感谢这个女同学，是她点醒了我们，让我们知道帮助了别人，快乐了自己这样一个简单的道理。助人为乐是一种品质、是一种美德，更是一种正能量。在我美好的校园生活里，总有一些点滴小事能让我们深受启发。助人为乐是中华民族的传统美德，更是每一名学生都应该拥有的优良品质！

期末考试

许瀚文

今天距离期末考试只有一天，我的心情突然紧张起来。我呆呆地坐在座位上，望着刚才还艳阳高照的天空，现在突然阴了起来，心情更郁闷了。

我的好朋友舒逸泽看到我闷闷不乐的样子，就问我："你怎么了？"

"我这几天光玩了，没好好复习功课。明天就考试了，我好紧张。"

"什么？我把语文、数学和英语都复习好几遍了，你居然什么都没有复习，而且是好几天！"

"是啊，所以我才这么失落，好后悔没有好好学习。"

"今天是考前最后一天，你要好好复习啊，我们一起努力。"说着说着，听见上课铃响了，我快速回到座位上，开始了最后一天紧张的复习。可是时间很明显是不够用的，临时抱佛脚也只能缓解考前的紧张感。

一天时间过得很快，感觉什么都没有复习好，就迎来了考试。教室里鸦雀无声，我紧张地盯着门口，监考老师抱着一沓卷子出现在教室里，我的心脏好像快跳到了嗓子眼。卷子发下来，我看了一眼就懵了，很多题目感觉特别熟悉，却答不出来。心中一边悔恨，一边默念：今后一定好好学习。

很快，考试成绩出来了，果然不出我所料，成绩勉强及格。这件事也让我明白了：一分付出，一分收获，你不好好对待学习，它也不会好好对待你，只有认真地好好学习，才会取得好成绩。

第2节　润物细无声

【入队仪式】

戴上红领巾,成为一名光荣的少先队员是一年级同学最期待的事情,而这么重要的时刻,有父母、师长的陪伴和庄严隆重的仪式,一定会给每个新队员心中留下无比神圣和难忘的记忆。

入队仪式

刘泓萱

那是一个特殊的日子,是在我成长道路上值得纪念的一天。因为那一天,我成为少先队员了!我们每一位入队成员既激动又紧张。终于到时间了,我们在老师的带领下飞速奔向操场,顶着那火辣辣的太阳,直直地站着,脸上洋溢着青春和活力。尽管有些紧张,但我们那认真的样子却显得很可爱。

仪式开始了!我们挺起胸,抬着头,听着各个小队队长汇报情况。接下来升国旗、奏国歌、行队礼,我们的眼睛追随着五星红旗的上升,和着节奏唱着歌,一切是那么的神圣而又庄重。之后我们唱了《少年先锋队队歌》,由老师代表讲话。演讲完后,我们宣誓为共产主义贡献自己的力量……

接下来,等待已久的爸爸妈妈们登场了!他们戴着红领巾,拿着送我们的"长大"礼物,给我们系上红领巾,那个场景,我永远也忘不了!

他们有的送文具,有的送零食,有的送玩具,还有的送书。爸爸妈妈送给我的就是一本《十万个为什么》,因为爸妈知道我对这本书很感兴趣!

仪式很快结束了,我们也正式成为少先队员。看着胸前那鲜艳的一抹红色,我的自豪感油然而生。

那一天好像还是昨天一样,我们一个个精神抖擞,满面笑容……我们今后一定会更加努力为这个社会做贡献!

少先队员

王星月

转眼间，我们已经是五年级的学生，再有一年的时间我们就要结束小学阶段了。回想这几年在学校的每一天，我们过得都是那么充实，学校里的老师和同学都是那么亲切，校园里每一处都有我们的欢声笑语，教室、操场、食堂、活动室……每一个角落都有着美好的回忆。

在这些美好的记忆中，最让我印象深刻的是成为少先队员的入队仪式。那一天每个人的脸上都洋溢着笑容，那是成为一名少先队员的欣喜与自豪。那天一大早我们就在老师的带领下在操场上列好队伍，由老师和家长亲手为我们系上红领巾。鲜艳的红领巾系在胸前，我们顿时感觉已经长大。我们举起自己的右手，握紧拳头宣誓要成为一名合格的少先队员。那庄严的仪式、那嘹亮的歌声、那鲜艳的红领巾我可能永远都不会忘记。成为一名少先队员后，我对自己的要求也更加严格，以前没有注意的一些小细节都会自觉遵守，我不会随手扔垃圾，看到公园里有乱丢的空瓶子会捡起来丢进垃圾桶；看到有需要帮忙的人会伸出援手；在家里会为妈妈分担家务，将自己身边的小事做好。

一块小小的红领巾既是对我们的激励也是对我们的约束，长大的我们会有更多考验和需要学习的地方。从现在做起，从我做起，遵守誓言，做一名合格的少先队员。

【十岁生日】

《礼记·曲礼上》有书："人生十年曰幼，学。"十岁，是人生的一个重要的里程碑；十岁是成长的一个重要节点；十岁是一个渴望快快长大的时节。和美教育集团每年都会为四年级的孩子们精心筹备十岁生日庆典活动，旨在通过这样的活动让孩子们体会成长的意义，懂得感恩，懂得在人生的道路中除了快乐外，还需要勤奋努力。

我的十岁生日

纪文璇

雨露滋润我们的心灵，
心灵的禾苗茁壮成长；
阳光浇灌我们的心灵，
心灵的花朵竞相开放；
我们迎接十岁的到来，
十岁，我们的梦想张开翅膀，
在无边无际的天空自由飞翔。
十岁，我们的热情开始奔跑，
在广阔无垠的大地尽情燃烧。
一起传播阳光的力量，
珍惜一路上的点点滴滴；
一起拥有大地的情怀，
容纳一路上的形形色色；
是的，这是十岁，我的十岁。

我，刚好遇见您

蒋茗琛

孩童时，远远望见您的身影，
闻听朗朗读书声，
初感处处充满朝气、活力，
心，向往能够与您相处。
而今，已经投入您的怀抱里，
感受您的温暖与关怀，
渴望您新鲜的甘露，
愿，幸福能够与您相伴。
现在，在您怀抱里成长，

一步一个脚印，感受您给予的知识与力量，

敞开胸怀充满能量，

愿，成长能够与您相融。

幸运，刚好遇见您，

您，十岁了。

高兴，刚好遇见您，

您，十岁了。

幸福、喜悦、感动、热爱，

我，刚好遇见您。

我为十岁欢呼

吕筱洁

今天我十岁了，

我为十岁欢呼。

因为十岁的天空那么蓝，

十岁的阳光那么灿烂。

今天我就成了小大人，

离开家的摇篮，

来到成长的校园。

一切那么温暖，

而我要有所改变。

老师说，

十年树木、百年树人。

未来的路还很远，

我要和我的小伙伴，

手拉手肩并肩，

风雨无阻一往无前。

从今天起，

我就是真正的和美少年！

难忘生日　寻梦少年

王子涵

让一束耀眼的阳光
穿透凝冻的冰霜，
为那寻梦的和美少年
送去灿烂希望。
胸前的红领巾迎着太阳，
像生命的火焰
预示着辉煌。
我们难忘今日的喜悦，
用未来去分享
徐徐升起的太阳，
向世界播撒着金光。
一个个和美少年，
走在岁月壮美的路上。

我的十岁生日

朴相文

在这个春暖花开，草长莺飞的四月里；在这个充满希望，阳光明媚的日子里，我们学校举行了四年级级部大型庆典活动——十岁生日成长仪式！

家长和同学们早早就来到了学校报告厅。大厅里座无虚席，热闹非凡。大家脸上洋溢着喜悦的笑容，心里既激动又兴奋，期待着成长仪式快点开始！大屏幕上循环播放着同学们刚入学时的照片。看着照片上那一张张稚嫩的小脸蛋，同学们心中感慨万千。就在大家兴致勃勃讨论时，小主持人们登场了，礼堂里顿时安静了下来。他们发表了热情洋溢的开幕词后，庆典活动就正式开始了。同学们表演了精彩纷呈的文艺节目，有欢快的歌声，有深情的朗诵，有热情的舞蹈，还有二胡、架子鼓、古筝等乐器的演奏。他们个个活力四射，向大家展示着自己独特的才华。其中，有一位同学带来了街舞表演——《韩式串烧》，超级炫酷的舞姿瞬间点燃了全场，迎来了阵阵掌声和欢呼。我们班的纪岚卿和周幕表演了傣族舞蹈《花儿》，她们两人就像两只骄傲的孔雀，时而翩翩起舞，时而低头轻语，时而追逐嬉戏……《春之韵》集体朗诵又让我仿佛置身于大自然中，感受着春天的勃勃生机……

正当同学们看得入迷时，主持人走上舞台，满怀深情地对我们说："接下来，要给大家一个惊喜，请同学们看大屏幕！"宽大的屏幕上呈现出爸爸妈妈写给我们的生日寄语："孩子，你是上天赐给我们最美的宝贝，我们永远爱你！"温暖的话语让我热泪盈眶。想到爸爸妈妈的呵护与爱，我感到很惭愧，平时只想着自己，不懂得关心他们。我暗暗发誓，以后要多关心父母，孝敬父母，在家里多做一些力所能及的事，更要好好学习，让他们的脸上每天都挂满笑容。

这时，美妙的音乐响了起来，到了我们活动的最后一个环节——切蛋糕。全体同学一起许愿，由各班代表吹灭蜡烛。接着，老师们切开了蛋糕分给我们，我们开心地吃着蛋糕，享受这属于自己的幸福时光。

这真是一个有意义的生日仪式啊！十岁，是我的人生中第一个里程碑，是极其珍贵的！在这个成长仪式后，我感到自己长大了，也懂事了，以后更要懂得感恩、分享和担当。"花有重开日，人无再少年。"为了灿烂的明天，加油吧，少年！

难忘的十岁生日

姜盛慧

过生日，吃蛋糕，收礼物，这些对于许多孩子来说是最普通不过的，可是对我而言却非常奢侈。我是一名留守儿童，爸爸妈妈常年在韩国打工。每当看到班里其他同学过生日时，羡慕之情总会油然而生，随之而来的还有失落。我今年十岁了，可过生日对我而言是那么遥远，那么陌生，直到今天，学校为我们举办了一个盛大的十岁生日仪式。这场别开生面的生日聚会让我进一步体会到了和美大家庭的温暖，感受到了来自学校领导和老师们对我们深深的爱。为了这次集体生日聚会，学校领导和老师们做了充分的部署，同时指导我们四年级的孩子们精心准备了唱歌、舞蹈、诗朗诵、钢琴独奏等才艺表演。

盼望着，盼望着，这一天终于来了……

同学们从来没有参加过这样独特的生日聚会，个个都十分期待，老早就在阶梯教室外面等着了。当我走进充满节日气氛的阶梯教室，气氛温馨浓郁，鲜花盛开，果香扑鼻。听到动听的生日歌时,兴奋的表情洋溢在我的小脸上,心里默默期待着接下来的惊喜。

伴随着主持人动听的声音,庆生聚会拉开了序幕。活动上学校为我们准备了精美的生日蛋糕,亲爱的张颖校长为我们过生日的孩子送上了诚挚的生日祝福,并提出了两点希望:一是希望我们好好学习,做一个成绩优秀的好学生;二是希望我们要经常与外出打工的父母联系,做一个有孝心的好孩子。紧接着同学们纷纷上台表演自己提前准备好的精彩节目。

自从学校开展和美小镇课程以来,同学们可谓收获颇丰,大家挑选自己喜欢的课程学习,在兴趣的引领和老师的教导下,我们每一个和美宝贝都有了一技之长。今天学校借着十岁生日庆生活动,给我们搭建了这样一个展示的平台,让大家在这个舞台上大放光彩。最后伴随着轻快活泼的生日快乐歌,整个仪式达到了高潮。大家在祝福声中许下了自己美好的心愿。

这是我第一次过集体生日,也是我最难以忘怀的一个生日。作为和美教育集团的和美宝贝,我感觉自己真的好幸福。虽然爸爸妈妈不在我身边,但是在学校里,我无时无刻不感受到来自学校和老师们的关心和爱护。尽管自己是留守儿童,但我从未感觉到孤独。我们的和美大家庭无私的爱让我温暖备至。在这里,我真想对老师们说一声:"谢谢你们无私的爱!"

难忘的和美小镇嘉年华

洪嘉辰

今天,我们精神振奋,神采飞扬;今天,我们衣着华丽,纵情歌唱;今天,我们十岁了!

今天,是大北曲小学值得纪念的日子,我们将举行十岁生日典礼。四年级的同学、老师及学校部分领导到场之后,在一声响亮的架子鼓声中,开启了今天的庆祝活动。

突然,"乐风突变",一个穿着武术服的少年走上舞台。哇,这不是在耍双节棍嘛!接着又是打拳、侧空翻……一连串的动作行云流水。

突然,音乐又变成了《青春修炼手册》这首大家熟悉的流行音乐,同时迎来了四位神采飞扬的主持人。主持人们都面带笑容,给我们带来了两份意义非凡的礼物,分别是老师们和家长们送给我们的成长寄语和生日祝福。随后，张校长宣读了"和美少年"表彰名单。"和美少年"都昂首挺胸，大步迈向舞台，接受证书。我是多么羡慕他们，在心里默默对自己说："一定要好好学习，听老师的话，做一名名副其实的'五好学生'。"

最后，在一片欢声笑语声中，我们第一个集体生日聚会圆满结束了。

难忘的十岁生日会

白艺琳

"跟着我左手右手一个慢动作，右手左手慢动作重播，这首歌给你快乐……"伴随着《青春修炼手册》的快乐歌声，我们一起迎来了属于我们的十岁生日会。

生日聚会当然少不了精彩的表演。同学们纷纷展现了自己的才艺，唱歌、跳舞、诗朗诵、小提琴等，每个节目都迎来了阵阵热烈的掌声。老师们还给我们准备了一个大大的惊喜，家长代表给我们录制了祝福视频，场面非常感人。

接下来就是激动万分的颁奖时刻，"艺术之星""智慧之星""劳动之星""友爱之星"等，每个获奖的同学都代表着班级的荣誉，脸上洋溢着喜悦的笑容。

最后还有我们期待的切蛋糕环节，一个超大的蛋糕被抬到桌子上，白色的奶油、可爱的卡通及花朵图案，馋得我们都流口水了。老师们将切好的蛋糕分给我们，我迫不及待地把蛋糕上的小花朵往嘴里塞，一股甜丝丝的味道从我嘴里散开，幸福极了。

今天，我们十岁了。十岁的天空多晴朗，十岁的阳光多灿烂，十岁的我们多朝气，十岁的我们多蓬勃！走过十年，我从一个无知的"小屁孩"成长为一个知书达理的少年。感谢亲爱的父母，感谢敬爱的老师，因为你们的悉心呵护和精心培育，我们才能茁壮成长。

当我站在十岁生日的舞台

李一辰

我已无数次站在这个舞台上，一样的灯光，一样的音响，可今天却有着不一样的感动。灯光亮了，"我的十岁生日会"正式开始了。是的，今天我十岁了，我们十岁了！

当优美的小提琴曲《花儿与少年》漫过耳旁，我听懂了友谊的可贵与纯真。当我把目光转向台下的小伙伴们，我看到了每个人都有着自己独特的光芒，"智慧之星""健美之星""艺术之星""友爱之星"……群星闪耀照亮我们特殊的生日会。当从大屏幕上看到爸爸妈妈、亲爱的老师那亲切的笑脸、祝福的话语，心里是暖的，眼眶是湿润的，而台下那一双双晶莹的眼睛里不是跟我一样泛着泪花吗？十岁的我们都已长大，十岁的我们都学会了感恩！

当十岁的生日蛋糕被缓缓推出，我闻到了十岁的芬芳和甜蜜，这是里程碑式的生日礼！我的目光掠过伙伴们那向日葵般灿烂的笑脸，我听到了"少年，少年，祖国的春天"般的歌声，我感受到了"少年强则国强"的担当。

那么，让我们许愿吧，站在这十岁生日的舞台上，许一个十岁生日的愿望，愿我们一同成长，成长为坚强勇敢的和美好少年！

我们的十岁生日庆典

纪帅

学校举办的一年一度十岁生日庆典，是我难忘的一段记忆。

那天，我的身份很特殊，不仅是和美小镇的镇民，还是庆典的小主持人。我很庆幸能被选上，从开始准备的时候，就暗下决心，不仅要把主持工作做好，更要成为当场最亮的星。庆典之前两个月我们就开始准备了，四个主持人利用课余时间，抓紧时间熟读主持词，也熟练彼此间的配合。感觉自己的主持词练得差不多了之后，我还请教了我的课外主持班老师，他给了我不少宝贵的建议。

十岁庆典当天，礼堂里坐满了校领导、老师、同学跟家长。好多人啊……我们四个小主持居然不约而同地紧张了起来。这时候，我们的大队辅导员走过来，安慰我们说："你们是不是有点紧张了？"我们四个人脸红得低下头。"没关系，我也有点紧张，慢慢习惯了就好了。深呼吸，在座的都是我们熟悉的人，别紧张，大胆发挥。"辅导员安慰着我们，我们也觉得好了很多。

虽然我们四个人嘴上说着"不紧张！不紧张！"，但是走上舞台的那一刻，心里还是不由自主地颤抖了。还好，我们主持词记得很熟练，整个过程我都是脱稿主持。整个庆典的过程是欢乐的，兴奋的。当《我和我的祖国》歌声响起来的时候，我们内心更是激动极了。十岁了，我们要努力茁壮成长，做一个为国家、为人民争光的好少年。

庆典结束后，我跑到爸爸那里，急切地问："爸爸，我表现得还行吗？""很棒，全场脱稿，小瞧你了。爱你！"爸爸高兴地夸着我。我的心里简直乐开了花。多么难忘的十岁生日庆典！默默地问一下低年级的学弟学妹们，你们期待十岁庆典吗？

十岁生日礼

纪徐苗

2020年1月15日是个难忘的日子，这天学校为我们四年级全体同学举办了一场隆重的十岁生日庆典。

庆典在激动人心的鼓声中开始了。当《小小梦想家》优美的旋律在礼堂中响起，同学们的热情都被点燃了。

看完了开场表演就到了激动人心的颁奖时间。本次庆典为同学们设置了"美德之星""智慧之星""健美之星"等五个奖项。主持人缓缓走上舞台，宣布颁奖仪式正式开始，首先是"美德之星"的颁奖环节。被评为"美德之星"的我和其他"美德之星"一起走上了舞台。我们个个昂首挺胸，精神抖擞地站在台上。老师为我们颁发了红色的荣誉证书。接到奖状后，我们怀着高兴的心情回到座位上。我暗下决心，以后一定要更加努力，不让老师失望。接下来就是其他奖项的颁奖时刻，同学们都满面笑容，一个比一个精神。

接着到了优秀老师与优秀家长的颁奖仪式，他们都是四年级全体同学一起投票选出的。老师们先上台，接着家长们也上台了。谢谢他们对我们的辛勤付出。

颁奖后到了精彩的表演时间，老师们为我们带来了散文朗诵与优美的歌曲，四年级所有同学还一起合奏了一首陶笛曲《生日快乐》，还有街舞等各种精彩的节目。

最后，在大家同吃蛋糕的甜蜜中结束了十岁生日的庆典。《礼记·曲礼上》有云："人生十年曰幼，学。"对我来说一段新的旅程又开始了。为了实现我的梦想，我要更努力地学习知识，提高自己，为了更好的明天加油！

最难忘的一件事

袁汶程

在我的记忆里，最难忘的一件事就是十岁生日庆典活动。《礼记·曲礼上》有云："人生十年曰幼，学。"这是人生中的第一个十年，是一个人从无知幼孩成长为有识少年的十年。感谢和美教育集团和老师们为我们举办的十岁生日庆典活动。

2020年1月15日，我们全体四年级师生和家长代表身着盛装，怀着激动的心情欢聚在学校礼堂参加十岁生日庆典活动。庆典活动在嘹亮的国歌声中拉开序幕，和美小镇镇长致开幕词。今年的庆典主题是"共创和美未来"，意在引领教师、家长和学生一起努力，一起成长，勇于追寻梦想，共同创造美好未来。

在十岁生日庆典活动中，学校为优秀教师、优秀家长、优秀学生举办了颁奖仪式。当老师颁布"美德明星"奖时，我听到了自己的名字。当我拿到奖状的那一刻，我觉得无比的激动和自豪。我一定好好学习，不辜负老师和父母对我的期望，做一个品学兼优的美德少年。

庆典中最庄严最隆重的当属十岁宣誓仪式，在家长和老师的见证下，在《生日快乐》的欢乐旋律中，我们十岁少年怀着激动的心情许下美好心愿，同时立下郑重誓言：

今天，我十岁了！

从现在开始，

我要学会自立，学会自强。

我要学好本领，学好技能。

我要学会感恩，懂得珍惜。

我要学会宽容，懂得欣赏。

我要学会做事，懂得坚持。

我要学会生活，懂得乐观。

我要学会做人，懂得担当。

不辜负父母老师的期望，

不浪费美好的少年时光。

为了我的梦，为了中国梦，

我要过好人生每一天，走好人生每一步！

在欢乐的生日歌中我们一起唱歌、跳舞、吃蛋糕。

十岁生日庆典活动虽然过去很久了，却永远留在我的记忆里在生活中、学习中激励着我克服困难、学好本领、学会感恩、勇往直前。

我的十岁生日

郭楚祥

十岁，是我们成长道路上的一个里程碑，它意味着我们已经长大，是一个真真正正的小大人了。

今天，是我们大北曲小学十岁的同学们的专属节日——"十岁生日"庆典！

我早早地来到了学校，为今天的仪式做准备。穿上礼服、戴上领结的我越发的精神，我登上舞台，还没等开口，台下就有许多同学"哇"的一声，给我竖起了大拇指。我心里无比激动，也开始主持起今天的庆典活动。

庆典活动的内容精彩纷呈，校长和家长代表给我们送上了生日的祝福，同学们也带来了精彩的表演，有唱歌的、跳舞的、拉小提琴的、打架子鼓的、表演魔术的。

庆典过后，每个班级又开展了主题活动，我们在教室里翩翩起舞、纵情歌唱，感觉比春节联欢晚会还要热闹呢！后来老师和家长们又给我们发了零食，有棒棒糖、巧克力、水果等。最后我们全班又上舞台进行了一个大合唱，齐唱《让我们荡起双桨》。

欢乐的时光总是短暂的，转眼间今天的庆典就要结束了。但经过了这次庆典，我们又长大了一点，成熟了一点。

今天不仅是我个人的十岁生日，还是同学们共同的十岁生日。我在这里发自肺腑地祝大家生日快乐！成长快乐！感恩老师、感恩家长、感恩同学们，让我们一起快乐成长。

我的十岁生日

郭鑫博

我是一名热爱朗诵的小学生，那天老师在班里宣布学校要举办一次朗诵比赛，我立刻报名参加了选拔。那是一个关于生日的演讲稿，名字是《我们的10岁生日》。一开始同学们都兴致勃勃、热情满满。但是到了后面有些同学开始有点不自信了，说："我会不会做不好啊，如果做不好会怎样？"我们安慰道："没事的，只要尽力而为就行了。"

很快，我们迎来了第一次的排练。中午休息的时候，老师通知我们去音乐教室里排练朗诵。我们飞快地跑向音乐教室，那里已经有好几个同学和老师在等待了。老师让我们先把稿子熟练一下，排完队形之后再开始练习。但排练刚开始我们就碰到了第一个困难，排队形。老师在综合考虑了高矮、性别、朗读声部等多方面的问题后，经过多次的调整才最终确定了一个满意的队形。接下来要面对最重要的问题，排练朗诵，老师说："朗诵时要面带微笑，注入感情，给观众带来开心、快乐的感觉"，还开玩笑说"要露出你的八颗大白牙。"同学们都笑了起来，紧张感立马就消失了。练了一个多小时，腿都站麻了，汗珠从额头上流了下来，老师鼓励我们："咬牙再坚持一下，我们马上就要成功了。"听了这句话，同学们重整旗鼓，又开始了朗诵排练。到了结束的时候，老师告诉我们回家要把词给背过，接下来就要开始比赛了。

时间像飞箭，马上到了比赛的日子。同学们在后场等待化妆，老师鼓励同学们说："加油，我相信你们，你们可以的。"同学们自信满满，坚定地说："我们一定不会辜负老师的期望。"很快到了我们上场，同学们面带微笑，穿着正装，自信地走向舞台，台下响起了热烈的掌声。同学们朗诵得抑扬顿挫，动作铿锵有力，圆满完成了表演。

等到所有年级表演完，到了紧张又刺激的宣布名次的时刻。当主持人说出第一名是诗朗诵《我们的10岁生日》时，同学们激动地尖叫，热烈地鼓掌，庆祝着自己获得第一名的喜悦。

感觉那时候我们的幸福已经满满的了。当我们毕业的时候，我想我们会很怀念当时那段美好的时光。

最棒的生日

纪梦楚

在2018年的某天，我们四年级的全体同学一起度过了一个特殊的十岁生日，这并不是集体为某一位同学庆生，而是所有四年级同学的十岁生日。十岁是一个特别的年龄，代表我们已经迈过了人生的第一个里程碑，接下来我们就去活动的现场一睹为快吧！

先是流程彩排，有学校老师进行节目梳理，并且监督彩排，老师们会认认真真地指出我们的不足，我们也会认认真真地改正自己的缺点。彩排时只是把流程走个大概，最精彩的部分当然还要留个悬念啦！

盼望着，终于盼到了十岁生日庆典的那天，许多家长以及老师，还有四年级的所有同学都来到了多媒体教室。校长宣布十岁生日庆典现在开始时，全场都热烈鼓掌，所有同学都为自己迈过十岁而感到开心。今天所有的节目都出自四年级的同学，让我们拭目以待吧！第一个打头的表演，当然是经过老师认真筛选的，开场舞的小表演家们也不负众望，把这个节目表现得元气满满，十分有活力。

下面四位小主持人上场了，他们是由四年级各个班级推选出的口才极佳的同学组成的主持小团队。小主持人们告诉大家，有一个人，她一直在为学校做贡献，她就是我们的校长，下面请张校长上台致辞。张校长神采奕奕地走上了舞台，全场的目光瞬间都聚焦到了她的身上，张校长的致辞虽然简洁，但是把想表达的都表达得十分清楚，她希望我们十岁过后可以有学长学姐的担当，变得更棒，能诠释校训：和而不同，各美其美的道理。我把这句话记在心里，并告诉自己一定可以做到。

既然是生日聚会，当然少不了生日蛋糕啦！现场就搬来了一个超级大的五层蛋糕，每个班都推选了一位和美代表，与他的家长一同上台切蛋糕，其乐融融的气氛将庆典推上了高潮。

接下来是节目大荟萃的时间了，先是诗朗诵节目，各班推选了五个男生、五个女生进行诗歌朗诵《今天我十岁了》，这首诗歌表达了自己迈过人生的第一个里程碑的愉快，也表达了十岁的我们为班级为学校争取更多荣誉的信心，我们一定会努力，不负老师、家长对我们的十年教导。然后是小提琴演奏《花儿与少年》，在这首曲子中，我们是祖国的花朵，老师与家长就是灌溉我们的园丁，我们是少年，老师与家长就是我们的引路人。

下面是颁奖典礼，每位同学都有属于自己的奖项，作为老师对每位同学在校四年某个擅长领域的嘉奖。

欢乐的时光总是过得很快，十岁生日庆典好像一转眼就结束了。过了十岁，也就过了天真幼稚的年龄，我们已经慢慢变得成熟起来，我们一定要努力，不辜负这美好的青葱时光。

我的十周岁生日典礼

纪童露

光阴似箭，转眼间我十岁了，但今年的生日非常特别，因为我们要在学校度过，所以我非常期待。

这天早上，我穿上了干净整洁的校服，在老师的带领下，来到了报告厅。报告厅里十分气派、欢乐和喜庆，舞台中心的大屏幕上写着：十岁生日快乐。音乐响起，家长们陆续入场，屏幕中不停地播放着我们在校园里的点点滴滴，里面饱含着校长和老师对我们无私的爱，这也让我想起来最爱的爸爸妈妈，我便转身去寻找他们，我的目光落到了家长席，却没有看见爸爸妈妈，我的内心是失望的。突然，我在角落里发现了姨妈，姨妈正向我招手，我内心瞬间重燃希望，我也是有家长的。

在一片热烈的掌声中，迎来了四位主持人，他们穿着华丽的衣服闪亮登场，用清脆甜美的声音宣布："演出开始了！"第一个节目是全场同学们一起跟着伴奏演唱国歌，我为能生活在这个伟大的国家感到无比的骄傲。

经过"漫长"的等待，颁奖典礼开始了。主持人拿着名单走上台，开始宣布获奖人名。多么希望我有一双透视眼，可以看到名单上有我的名字。主持人一个接一个念着名字，但是都没有听到我的。此时，我的内心是失落的。突然，我的朋友撞了我一下说："走了，该我们上台领奖了。"原来在我走神的一瞬间，主持人已经念过我的名字了，我怀着激动的心情走到舞台中央，老师把奖状颁发给我，我感觉手中的奖状沉甸甸的，它是老师和同学们对我努力的肯定，也是我收到最贵重的生日礼物。

一年一次的生日，每一年都好像在提醒我长大了，原来，我已经生活在这个美好的世界上十年了，感谢我的爸爸妈妈带我来到这个世界上，让我聆听鸟语，细闻花香，沐浴在和煦的阳光下感受世间万物的美好。感谢学校老师教我知识和做人的道理，让我遨游在知识的海洋里，感悟努力的意义。

十岁，是一个特别的时间。从十岁开始，我从幼儿成长为少年。生日典礼结束了，但温馨的音乐还在播放，我闭上眼睛，脑海里出现了一个少年，她正拿着心愿卡走向圣诞树，她挂起了卡片，露出了甜美的笑容。我想，也许十岁就是那个幸福的时刻吧，因为卡片上写着未来。

【毕业典礼】

在学生即将离开母校的时候，通过隆重而有意义的毕业典礼，让毕业生表达对母校、对老师的感激之情以及对明天幸福生活的憧憬，激励毕业生不忘母校，在新的学习环境中更加勤奋努力。

难忘的毕业典礼

纪欣蕊

"不管怎样，总要读书；不管怎样，总要善良；不管怎样，总要心怀梦想……"当校长动情地致辞时，我激动地流下了眼泪。这是我们大北曲小学毕业典礼现场，而我，就是参加毕业典礼的一员。

有的同学们穿上了学士服，戴上了学士帽，有的同学穿上小镇服装，好神气啊！大家来到玉兰树下、"和和美美"雕像前、操场上，纷纷抓紧时间留下宝贵的合影。望着熟悉的一草一木，我的心中充满了感伤，恨不得把每一幅画面都保留在我的相机里面。回头一看，报告厅前已经搭起了舞台，十分气派。舞台中央几个色彩斑斓的大字"让梦想起飞"分外夺目。舞台一旁是一个大屏幕，上面不断播放着我们的美好瞬间。

伴随着既深情又伤感的音乐，典礼开始。尊敬的张颖校长走上台，把对我们的期待和嘱托送给我们。六年级的老师们集体朗诵，满怀深情地与我们道别，有的老师忍不住流下了泪水。同学们也一片哽咽，我们是多么舍不得亲爱的老师们啊！家长代表也准备了节目，他们穿着鲜艳的衣服，为我们唱起了《小小少年》。当演唱《童年》时，全场家长和同学们不由自主打起了拍子，响亮的歌声回荡在校园。最激动人心的环节是颁发毕业证书，我们一个个庄严地走上舞台。我双手接过神圣的证书，强忍着夺眶的泪水。

我暗暗在心里下定了决心，一定要好好努力，不辜负母校的期望！毕业典礼结束后，我恋恋不舍地走出校园。再见了，同学！再见了，老师！再见了，亲爱的母校！

难忘的毕业典礼

杨蕙萌

毕业是个开心的日子，同时也是个伤感的日子。天下没有不散的筵席，少年志在四方，终应各奔东西。从前看见别人毕业内心毫无波澜，现在轮到自己了，却伤感得泪流满面。

参加毕业典礼那天是我们在母校的最后一天。学校搭建了舞台，铺上了红毯，老师和同学们给我们带来了精彩的表演，庆祝我们毕业。班主任寄语环节让我泪流满面。

纪老师走上台，她的手微微颤动着，她教导的第一届学生将跨出这个校门，重新跨入另一个新校门。她动了动嘴唇，想要开口说话，眼眶却先红了起来。许多同学也伤感起来。在同学们专注的目光下，她终于颤抖着声音开了口："六年的小学时光一眨眼就溜走了，梦想的毕业典礼终于来到。你们将走出这个校门，迎来崭新的初中生活，鲤鱼跃龙门，说的就是你们。今天，我们要感谢学校，感谢老师，感谢……"众人的眼泪猝不及防地落了下来。在老师的讲话声中，我不禁想起了同学们对我的热情帮助，不禁想起了老师严厉却又透着慈爱的面容，不禁想起了在这校园里度过的美好生活。一个个回忆的片段在我脑海里闪过，我的眼眶又红了起来，泪珠在里面打转。我抬起头，努力地控制自己的情绪，把眼泪憋了回去。一转头，我发现许多同学在轻轻啜泣，连一旁的老师也落下了眼泪。纪老师再也讲不下去了……

张校长缓缓走上台，似乎是为了避免发生同样伤感的事情，控制了情绪的她只是作了简单的总结，就开始表彰六年来表现良好的同学，其中也有我。我兴奋得不能自已，迈着庄严的步伐走上台。当那份沉甸甸的奖励交到我手中时，我的喜悦又被感伤代替，意味着这是我在这个学校最后一次领奖了。

思着，想着，感动的泪水再一次夺眶而出。

难忘的毕业典礼

纪梓萱

今天是星期三，晚上6点15分，我和爸爸高高兴兴地来到学校参加毕业典礼。

会场里坐满了同学和家长，等人到齐后，老师给每个同学发了两根荧光棒，我拿了黄色和粉色的，挥一挥就发出了闪闪烁烁的光芒。

到了6点30分，毕业典礼正式开始了。我和一些同学们参加了第一个节目——演唱《牧童》。节目开始时，我看见台下黑压压的人群，紧张极了。欢快的音乐开始了，我稍稍调整了一下情绪，开始唱了起来。其中，第二段是由我、小蓓、小龙和小扬领唱，我们动听的歌声征服了全场。表演结束后，全场爆发出热烈的掌声。

主持人的精彩讲话过后，第二个节目——口风琴表演开始了。在电子琴、沙球和三角铁的伴奏下，我们吹起欢快的《天地之间的歌》，一开始我还快了，幸好大家没有注意到。一曲结束，大家报以雷鸣般的掌声。

下面也有许多好玩的节目，有魔术表演、《每当我走过老师窗前》（本人亲自参加并领唱）、牛奶操等，看得我们目不暇接。节目表演完，校长开始讲话了，我们听着听着就忍不住要哭了，因为马上就要和亲爱的老师、同学分别了。

最让我难忘的环节是给老师和爸爸妈妈送花，感谢他们的教育和养育之恩。当我捧着鲜花，走到老师跟前，眼泪不争气地流了下来，我想起这几年和老师相处的点点滴滴，想起老师对我的教诲，想起老师给我的拥抱，突然那么不舍。我把花送到老师手上，深深鞠了一躬："感谢我最亲爱的老师，我会经常来看你的。"说着，我流下了眼泪，老师一把把我抱在怀里。

一个半小时的毕业典礼很快就过去了，和同学们合影后，我们依依不舍地离开了学校，这真是一次令我难忘的毕业典礼。

【"六一"嘉年华】

六一儿童节是儿童的盛宴，每年的这个时间，学校都会组织"六一"嘉年华，在这一天，孩子们放声高歌，尽情跳舞，豪情万丈，意气风发。一个个动人的舞蹈，一首首好听的歌曲，一曲曲动人心弦的演奏，在和美小镇上空久久回荡……

"六一"嘉年华

李学松

六一儿童节，学校举办了一场大型的嘉年华活动，我敢说，这绝对是我经历过最气派的一次嘉年华了。现在，就让我来带你们参观参观吧！

一进学校门口，就看见处处都有五彩缤纷的气球挂在树上、主席台上。教学楼上赫然写着五个大字"儿童节快乐"。校园处处充满了欢乐的气氛，师生的脸上都挂着笑容。小鸟在为我们歌唱，太阳在对我们微笑，一切都是那么美好！

走进教室，发现一切变得焕然一新：书桌、墙壁，甚至连黑板都"穿上了新衣"。学生们一大早就来到了教室准备好了一切东西。随着一声清脆的声音，"六一"嘉年华正式开始。

我们进入阶梯教室，同学们各显神通：有跳舞的，弹吉他的，说相声的，还有演小品的。掌声和笑声回荡在教室中，久久不能停息。接下来，就到了本次嘉年华的高潮，就是大家互相交易，可以拿出自己的物品换货币，兑换的货币又可以买其他东西，在学校里，人人都是"小商人"。商品可谓是琳琅满目，让人目不暇接：有饮品、小吃、漫画书、文具和一些玩具。身为吃货的我怎能不买些东西呢？

我先买了一杯桃汁，嗯，真好喝。我又陆续买了蛋糕、玩具手枪等。

结束了一上午的活动，我们陆续走进餐厅，发现今天的饭菜也格外丰富：排骨、白菜、丸子等一应俱全。虽然吃饭前吃了许多东西，但这依然阻挡不了我们吃饭的热情。

回到教室，家长们陆续赶来，还带来了许多的零食和礼物。看着满满一桌子的礼物，还能大口大口地吃着零食，实在是太爽了吧！要是每天都是儿童节就好了，不过，这一次嘉年华也许是期末考试前最后的放松。但是不管怎么说，今天真的是好开心啊！

记爱心大义卖

刘子墨

盼望已久的六一儿童节终于到了，今天，我们学校举行了一场别开生面的爱心大义卖活动。

早晨8点多，各班忙着在操场指定地点设摊布置，拿出义卖品分门别类，有序地放置起来。9点多，义卖活动开始了，操场上顿时沸腾了起来。"售货员"热情地向"顾客"推销自己的商品；"宣传员"大声地喊"快来我们班买东西，买一送一，满10元送小礼物一份，数量有限"；"收银员"忙着收钱、找钱；"顾客"跑来跑去，去抢购自己喜欢的物品……道路被围得水泄不通，那情形，不亚于大商场年末促销活动。

义卖活动持续了一个多小时，每位同学都满载而归，有些同学手里的钱都花完了，不过，捧着"抢购"来的物品，脸上洋溢着满足的笑容。最后，各班把义卖所得的钱清点、统计，准备捐给灾区。

这次义卖活动不但让同学们买到了自己喜欢的物品，而且为灾区贡献了自己一分小小的力量！

"六一"义卖活动

纪正科

六一儿童节那天下午，我们学校举行了义卖活动。

活动开始前，同学们都到操场上忙碌着，有的在来来回回地搬义卖物品，有的在布置爱心小摊位。不一会儿，十八个小摊整整齐齐地列好了队。我们焦急地等待着老师"开始"的口令。当老师一声令下："义卖开始！"操场上立刻沸腾起来。瞧！琳琅满目的商品摆满了各个摊位，操场上人头攒动，叫卖声、砍价声，声声入耳，真是热闹极了。我们班开始的时候生意很好，但不一会儿，"顾客"被别的班级激烈的叫卖声吸引住了。幸好刘蒙颖急中生智，想到一个好办法：降价。于是她拼命大喊："跳楼大降价喽！"话音刚落，有的同学直奔我们班。"售货员"们应接不暇，真希望能长出三头六臂。最后，我们的商品被一扫而空。

时间仿佛流水一样过去了，义卖活动结束了。操场上又恢复了往日的宁静，分分角角虽少，承载的却是一份爱心，一份快乐。

小小义卖会

陈曦

一年一度的六一儿童节又到了，这是我们自己的节日，是我们期盼已久的日子。这个六一儿童节我们过得特别有意义，因为我们学校开展了一次别开生面的小小义卖会。

下午，在徐老师的带领下，我们来到了义卖现场。义卖现场人山人海，非常热闹！我们按照老师的要求，来到指定的地点，准备好自己的义卖品。有两位高年级的大姐姐来到我们前面，指着一只小白兔玩偶问："小妹妹，这只小白兔多少钱？""10元钱。"大姐姐毫不犹豫地掏出10元钱给了我，高兴地抱着小白兔走了。我赶紧拿着10元钱投到了义卖箱……

不知不觉，义卖会结束了，卖了大概三百元，这些钱我们会捐给受灾区。通过这次活动，我知道了我们应该尽自己的小小力量去帮助那些需要的人。

"六一"义卖感想

纪泽宇

六一儿童节，是我们小朋友的节日。如何过一个有意义的节日，也是我们关心和向往的。

学校组织我们在六一儿童节开展一场义卖活动，把自己平时用过的图书、玩具、文具等拿出来，卖给需要的同学，收入所得要捐献给灾区的小朋友，让他们也和我们一样过一个快乐的儿童节。

义卖活动定在六月一日，我被安排做售货员。清晨到学校后，我们忙着把同学们送来的东西摆放好，这些都是同学们平日喜欢的东西，为了义卖才拿出来，一定要爱护。

义卖活动开始了，同学们踊跃地选购自己喜欢的东西。我们也开始忙起来了，接待着同学们的提问和购买，既要热情地回答问题，又要快速地为大家拿东西，不一会儿就忙得一身汗。我和同学们互相配合，很快就把东西都推销出去了。看着同学们高兴的样子，我心里也很高兴。

我深深地体会到，只要热情地为大家服务，自己也会感到快乐。

友情之美

金皓然

朋友就像一朵朵美丽的花朵，而友情就像花朵盛开的阵阵芳香。友情之美在我的生活中处处体现着，并给我的生活添加了五彩斑斓的颜色。

　　时光飞逝，今年的六一儿童节又要到了，校园里到处充满着节日的欢乐气氛，在儿童节来临之际，我不由想起了去年在儿童节发生的令我难忘的一件事，这件事让我再次感受到了友情之美。去年，为了迎接六一儿童节，学校准备举办文艺会演活动。那天，是正式表演前的最后一次排练，操场上人山人海，热闹非凡，随处可见正在紧张排练的同学们。其中，也包括我和我的搭档——王泠智。

　　排练终于开始了，虽然还没轮到我们，但是我已经开始紧张起来了。不仅如此，我的额头、手心也都开始冒冷汗了。我用双手紧紧地摁住胸口，一遍遍地告诉自己，这只是排练，不需要紧张。过了一会儿，我的心情终于平复了许多。可是没多久，这淘气的小心脏被主持人洪亮的报幕声音又一次吓到了，这回怎么也驯服不了它。我只好怀着紧张的心情走向舞台。没想到，在舞台上，发生了一件让我难忘的事情。

　　作为表演者，我们上台后应该先介绍自己再表演节目，可我紧张得大脑一片空白，一句"再见！"竟然不受控制地从我嘴里蹦了出来！那一刹那，现场先是一片安静，紧接着所有人哄堂大笑，可想而知，当时我有多么紧张。那时，我满脸通红，像个熟透的苹果一样，且羞愧得无地自容。正在我慌乱得不知所措的时候，我的搭档站出来了，说出了让我意想不到的一番话："同学们，现在还是紧张吗？我的搭档刚才给大家带来了欢笑，缓解了紧张的气氛，大家给我们点掌声鼓励一下吧！"话音刚落，一阵阵掌声便回荡在操场、校园的每个角落。这时，我感到一股暖流充满了我的全身，我已经不像原先那么紧张了，轻松了许多，我和泠智对视了短短几秒，在他的眼神中，我看到了鼓励和支持，于是我鼓起勇气重新开始了表演。我们带来的节目是《我要出名》，这一次我们表演得非常成功，得到了热烈的掌声。

　　表演结束后，我真诚地向他表示了感谢，如果没有他在一旁为我解围，给我打气，我不可能顺利地进行表演。他并没有多说什么，而是紧紧地拥抱了我，我们从彼此的眼神中都感觉到了一种温暖，这是友情的美丽之处。

　　那一年的"六一"对我来说具有非同寻常的意义，不仅仅是因为我们在"六一"那天成功地表演了节目，更是因为我在准备节目的过程中感受到了友情带给我的快乐。我的搭档承载着鼓励和支持的友情，让我在遇到困难时勇敢探索，在困惑迷茫时正确前进。友情的美丽是无法用言语描述清楚的，拥有这样美丽的友情，是我童年乃至人生中的一笔财富！

"六一"嘉年华

纪梦楚

每年学校都会举办"六一"嘉年华，而这次嘉年华的策划和筹备，将由我负责。所以，我下定决心要把嘉年华举办成一个盛大的庆典。

要举行嘉年华，精彩的节目肯定少不了，历届嘉年华，学长学姐们从全校搜集到的节目寥寥无几，而且十分乏味。这次，我决定抛砖引玉，自己先带头报名，然后再鼓动同学们报名，而且只要节目有趣，不是一味地唱歌跳舞，并准备充分，都有机会筛选过关，获得一份礼品。同学们十分踊跃，参与结果喜人。

每届嘉年华都会有专门的服务生发放礼品，每个同学都有一份，今年我想换个花样，让同学们自己带礼物，和其他同学交换，或到拍卖店里拍卖。以前都自己用和美币买，今天就是拍卖，谁出价高谁就是物主。

今年最新颖的环节当然是我费尽心思策划的项目：音乐学校。会弹钢琴的弹钢琴，会打鼓的打鼓，会唱歌的唱歌……我诚邀了专业评审打分，得分高的班级将成为音乐班级。

最后一项是装饰。我们把学校各个地方都打扫得干干净净，再扎上气球，绑上彩带，撒上亮粉，画上壁画。

怎么样，我的主意是不是很棒呢？如此精彩的"六一"嘉年华，期待大家的光临！

充满期待的六一儿童节

付雨格

六一儿童节快到了，我充满期待地盼望这一天的到来。

上个六一儿童节，我是在幼儿园里度过的。老师送给我们每人一个铅笔袋作为毕业礼物。写到这里的时候，我想对我的幼儿园老师说一声："老师，谢谢您！"

转眼间，我上一年级了，马上又要到六一儿童节了。今年的六一儿童节，跟往年不一样。因为，六一儿童节的时候，我就能成为一名合格的中国少先队队员了，想想就很自豪。想着自己终于也能和大哥哥大姐姐一样戴上红领巾上学，心里早就乐开了花儿。

听老师说，六一儿童节，我们学校里还要开展义卖活动，做有意义的事情。我们学校里的新生活，真是丰富多彩。

嘉年华

朱垚錡

记得学校有一次开展了一个嘉年华活动，全校的学生都非常激动。

在嘉年华的前一天，老师说："有人要参加嘉年华的活动吗？"我当然是积极参加呀！不过我自己一个人可不行，所以我找了一个我最信任的搭档，他就是我的好朋友小李。我们两个人合作表演了相声《吹牛》。

开始表演了，我们两个一人接一句，小李先说："在吃饭的时候，我吃着吃着把筷子吃了进去。"我说："我在吃饭的时候吃着吃着把盘子吃下去了……"你一句我一句，赢得了大家热烈的掌声。表演结束后，老师发给我们很多"和美币"。

和美币是什么？这是可以在嘉年华活动里买东西的，但是只有在嘉年华的时候才可以用哦。

我还当过销售员，不仅可以体验生活，还可以挣到"和美币"。我去体验的是甜品店，那里的东西看着就诱人，还可以免费试吃。

我用我辛辛苦苦赚来的"和美币"，去买了好多东西。我本来是想买一个书包的，但想了想，如果买了书包的话，剩下的钱就不多。所以我给妹妹买了一个草莓蛋糕，又买了两瓶新鲜的榨果汁，两个吉祥物娃娃，一个叫和和、一个叫美美，十分可爱。

今天可真是开心的一天呀！你们的学校里也举办过这样有趣的活动吗？

【元旦嘉年华】

新年岁首，又是一年的开头，一个新希望的开端，每年元旦，学校都会举办元旦嘉年华，同学们载歌载舞，迎接新年的到来。

蛋糕成长记

韩思佳

元旦就要到了，离学校嘉年华的日子也越来越近了，我的心情特别激动，早早就开始计划过一个不一样的嘉年华。

我是一个内向的小女孩，平时不太爱说话，成绩也不是很突出。每当老师和同学们跟我说话的时候，我总是不好意思地低着头，脸憋得通红，说话也结结巴巴的。老师和同学们非但没有嘲笑我，还经常拉着我的手和我做游戏，讲故事，说好听的话。我心里特别感动，就想着趁学校元旦嘉年华的机会，亲手制作一个蛋糕，送给我的老师和同学们。

说干就干，我跟妈妈来到一个蛋糕制作店。店里的刘阿姨非常耐心地一边讲解一边操作，动作非常流畅，看起来特别简单。我学着刘阿姨的样子做了起来。没想到，做蛋糕看起来容易，但做起来难，光第一步做胚子就做了好久才成功。接着要打奶油，要把奶油打得均匀一些。然后把蛋糕胚子的上层拿下来，把奶油涂在下层的上面，关键是要涂均匀。再把水果丁均匀撒在奶油上，然后把上层盖上，轻轻压一压。接着，把蛋糕胚子整个涂上奶油，要把奶油涂得厚一点。把奶油涂完后，累得我腰都快直不起来了。最后选择做图案。我选了简单的爱心图案，先用牙签把图案的轮廓勾出来，然后用红色的奶油将爱心涂满，最后在蛋糕上面点缀上新鲜的水果。香甜的蛋糕就这样诞生啦！再看看镜子中的自己，脸上、头发上都是奶油、面粉，就像个滑稽的小丑，不过一想到老师和同学们都能吃到香甜的蛋糕，心里别提多高兴啦！往后每天放学，我都会到蛋糕店里练习做蛋糕，做得越来越好。

盼星星、盼月亮，元旦嘉年华终于来了。那天我早早起来开始做蛋糕，看着自己完成的作品，心里乐开了花。我换上最心爱的裙子，拿着做好的蛋糕朝学校走去。

来到学校，我第一时间把蛋糕送给了我的老师和同学们，并大声地说："谢谢我亲爱的老师和朋友们！"他们听了我说的话，一下子把我围了起来，簇拥着我，拥抱着我。我想这是我最幸福的时刻。

这个元旦不一样

韩智元

今天，晴空万里，艳阳高照。走在校园中，到处洋溢着一种节日的喜庆气氛，随处可见同学们忙碌的身影。为什么呢?因为今天将要举行我校一年一次的元旦文艺演唱会。

教学楼前的表演场地，流光溢彩的舞台，猩红地毯早已布置就绪。上午十点钟，在震耳欲聋的鞭炮声中，2019年元旦文艺演唱会正式开始。只见一个身穿黑色西服的主持人老师挽着一个身穿白色礼服的老师走上台来。男老师声音雄浑震撼，女老师声音婉转动听，文艺表演在他们的开场白中开始。

首先登场的是我校六年级一班的同学们。虽然他们人小，但个个精神抖擞，都铆足了劲，准备来一个开门红。他们表演的舞蹈《江南style》，赢得全场同学们的喝彩和掌声，真是先声夺人!

随后只见台上人来人往，精彩的节目令人眼花缭乱。看!那是我们班的相声《咱村那些事》，他们真不愧是下苦功夫练过的，精湛的说学逗唱技艺，令人惊叹，不一会儿，就把全场的气氛推上高潮，同学、老师们的掌声和欢呼声久久不能平息。

接下来又是一些其他班同学的表演，也是十分精彩!

演唱会在六年级二班的节目——歌曲《朋友》中结束。好多同学都意犹未尽，满怀恋恋不舍的心情。

最后，就是演唱会最激动人心的时刻——宣布各班比赛的成绩，同学们的心也随着扑通扑通地跳起来。虽然有的班级获奖了，有的班级一无所获，但大家都同样高兴，毕竟这样的日子一年只有一次!

这次的元旦文艺演唱会，使同学们的学习生活更加丰富。同时我也明白了一个道理：没有经过刻苦的训练，就无法取得满意的成绩。"一分耕耘，一分收获!"

这真是一次令人难忘的文艺演唱会!

这个元旦我做主

王妍茹

还有两天我们班就要举办元旦联欢会了，我心里有说不出的高兴。

老师说："明天可以带零食，我们要庆祝元旦联欢会，可以不穿校服，穿自己的衣服。"同学们都在大声欢呼，高兴极了。班干部商量了一下，决定由男生打扫卫生，女生布置教室。我们觉得还是不够新颖，就又加了"击鼓传花"这个游戏。

不知不觉，就到元旦了。望着我们自己布置的教室，脸上的表情根本掩饰不住心中的激动和兴奋。主持人说："我宣布，元旦联欢会正式开始！"第一个上台表演的是"街舞小达人"——小明，他动了动腿，摆了摆胳膊，跳得很不错，场下响起了掌声。其次是我们的主持人表演，她就是"百灵鸟"——小丽。她的歌声婉转动听，身体自然放松，她是学美声的，别提有多厉害了。随后，小刚的小品组也不甘示弱，他们有模有样地表演起来，逗得同学们哈哈大笑。我也有绝招，何况我是带着"秘密武器"——古筝而来的。我缠好假指甲，走上舞台，弹了起来，场下再次响起了掌声。还有一个同学表演了武术，真的是太厉害了。

表演完节目，该玩游戏了。我们先找出一位同学来数数，其他同学负责传花，传到谁那儿谁就再表演节目。就这样，我们又玩了很长时间。

时间像流水一样流逝，不知不觉，元旦联欢会已经接近尾声了，可是同学们仍然沉浸在欢乐的气氛中。我想：这是我过得最棒的元旦，下一次会怎样过呢？我又开始期待起来。

难忘的元旦嘉年华

徐俊熙

今天，是我们全校同学兴奋、高兴的日子，因为今天是元旦嘉年华活动。

到了场地，嘉年华还没开始。我们先听了一会儿音乐，等人到齐以后，再稍等片刻，嘉年华就开始了。第一个是街舞表演，他表演得生动活泼，非常精彩。表演完毕后，他朝我们鞠了一躬，我们对他鼓起了热烈的掌声。

第二个是古筝演奏，起初，琴声委婉连绵，尤如山泉从幽谷中蜿蜒而来，缓缓流淌。随着旋律的升腾跌宕，步步高昂，乐曲进入了高潮。此时的我已沉迷在乐曲之中，我还没品味够，演奏就已经结束了。

第三个也是古筝演奏，但旁边还有一个和唱的，她们表演的是《凉凉》。这次让我最入神的是合唱，表演者像一个真正的歌手一样，神态变化多端，旋律跌宕起伏。

待全部表演结束，我们返回了教室。在教室里，我们班举行了"音乐大会"，听了许多首歌，都很好听。

这次元旦嘉年华，我过得非常开心！

元旦嘉年华

朴志晟

不久前，我们五年级组织了一场以"载歌载舞庆元旦，师生同乐迎新年"为主题的元旦嘉年华活动。

我荣幸地被选上主持人，得以站在"最佳视角"——舞台的旁边观看节目。同学们准备了好多精彩节目：古筝独奏、吉他联奏、拉丁舞、架子鼓等，真是多才多艺呀！

最让我难忘的是开场节目《我骄傲！我是中国人！》，那宏伟的声音，优美的动作，仿佛身临其境，让人如徜徉在祖国的大好河山里。壁画、彩塑、藏经洞、不朽的莫高窟；奇松、怪石、云海、温泉、秀美的黄山；长城、泰山是我们那扬起的手臂，站立的脚跟。还有永远活在世上的花木兰、孙悟空、林黛玉、鲁智深……我骄傲！我是中国人！

其次就是刘小天的独唱《Sharp Edges》。全场掌声轰鸣，赞不绝口。而那"歌唱家"已经忘我地投入到音乐中，把整个活动的气氛推向高潮。

2017年是我们收获满满的一年，对于我们来说，2018年更是承载着希望与梦想的一年。在这辞旧迎新的时刻，让我们带着对美好未来的憧憬，一同携手，战胜严寒，共同努力，以更饱满的激情投入到新一年的学习中，做一名和美好少年。

幸福的时刻总是短暂而美好的，我期待着下次的元旦嘉年华。

难忘的一件事

曹金川

在我上六年级的时候，学校要举行元旦嘉年华活动，我一听到这个消息，就欢呼雀跃起来，期待着那一天的到来。

终于，元旦嘉年华活动开始了。我激动不已，满怀期待地坐到座位上，等待节目的开始。不一会儿节目开始了，主持人大步走到台上，然后说："元旦嘉年华活动正式开始！接下来，第一个节目是古筝。"台下响起热烈的掌声。

第一个节目开始了，台上的人神情沉稳而安静，在她面前的古筝静静的，似乎从来不曾响过，但是，她一弹起来就发出了优美的声音。节目结束后，主持人上来说："下一个节目是街舞表演，大家想不想看？"我们异口同声地喊："想！"

街舞表演开始了，台上的那个同学开始了他的表演，他的动作熟练，非常精彩。

时间过得飞快，不知不觉一个小时就过去了，主持人上来说："最后向大家献出一首歌，想必大家都听过。"四个同学合唱了一首《童年》，我们也跟着唱了起来。

这次的元旦嘉年华活动让我记忆犹新。

难忘的和美小镇嘉年华

王艺林

新年的钟声是美好又令人兴奋的，就在前不久我们学校"和美小镇"举办的"2018元旦嘉年华"小镇活动拉开了帷幕。活动内容丰富多彩，听我慢慢讲给您听！

每次的"和美小镇"活动我都非常期待，因为不仅活动内容丰富多彩，而且每次都能从中学到很多东西。这不2018年的元旦嘉年华小镇活动就在我的无限憧憬下开始了。台上和我一般大的同学们表演起了各自拿手的绝活：街舞、古筝、吉他、舞蹈……看着热闹的大礼堂内洋溢着欢声笑语，老师和同学们都被精彩的节目吸引。马上要到我的朗诵节目了，我紧张得大脑一片空白，一只手提着裙子，另一只手紧紧地抓着朗诵稿，我多想时间过得慢一些，不要那么快上台啊！当主持人念到我的名字时，此时的我双腿打战，深呼一口气，下意识地迈开双腿走上舞台，向台下的观众鞠了一躬，定了定神，正要开始，咦？话筒哪儿去了，我一愣，原来是我紧张得忘记拿话筒了。就在这时，老师赶忙给我递过了话筒，我接住的同时心想："关键时刻还是亲爱的老师救了我。"我拿着话筒开始朗诵表演，声音从一开始的颤抖，到后来慢慢变得甜美、圆润。我自己都不敢相信在这样慌乱的情况下竟然可以演绎得那样唯美。表演完毕，台下观众送给我热烈的掌声，我内心激动万分。我知道在成长的道路上，我又迈出了一大步……

原来，每个人都是一只不起眼的毛毛虫，只有我们不断地去尝试、历练、拼搏，克服一切困难，才能成长为一只耀眼的蝴蝶！

我真心希望"和美小镇"多举办这样的活动，我期待下一次的小镇活动！

和美小镇元旦嘉年华

纪晓琪

一年一度的元旦来了,和美小镇举行了元旦嘉年华的活动,让我们一起去看看吧!

这里真是热闹非凡。几个节目过去了,到六年级三班的刘畅同学上场了,看她一副胸有成竹的样子,一定一鸣惊人,我心里想着。背后投出"美好年华"的字,落款刘畅。她一上来就是一个后空翻,观众席上响起一阵掌声,接着又是一个高难度动作——一字马,观众席这次响起了经久不息的掌声,连我也叫好。"一字马哎,太厉害了!""相比较前面几个节目好看多了。"大家七嘴八舌地讨论起来。确实,普通的一字马也有不少人会,但是她是站着把脚抬到头顶,然后突然劈下来。不过,空气马上又凝滞了起来,因为高难度的动作又来了。她快速地蹲下,往前一翻,一连串的动作,她的两只脚已经到了耳朵的位置。

看到这一连串高难度的动作我们已经惊呆了,俗话说:台上一分钟,台下十年功。要有这些功夫,肯定经过了长久的练习。我也要学习这种刻苦努力、持之以恒的精神。

难忘的嘉年华

付彩笛

今天,终于迎来了一年一度的和美小镇嘉年华。这次嘉年华活动组织得非常有特色,不仅仅是我们第六社区在一起庆祝,而且每个班级还邀请了家长跟我们一起庆祝这个与众不同的活动。

中午,还没到演出时间,可报告厅里已经是灯火辉煌了。每一个节目的演员们正在紧张有序地排练着,就等着节目的开始。

随着演出时间的临近,观众们也陆续到达了报告厅。这时主持人走上舞台,宣布节目即将开始。

音响开启了,演出正式开始,第一个节目是三班杨琪同学的街舞,杨琪同学在台上不断变化的舞姿,把台下的观众都给看呆了,有的观众只是张大了口,目不转睛地看着,都忘记了鼓掌。

第二个节目是四班李春辉的古筝表演，在舞台边准备登场的我，听着这美妙的琴声，心情更紧张了，因为第三个节目就是我的独舞。这时主持人报出了我的节目名称，我才回过神来，有点胆怯地看了一下老师。当我看到老师赞许和鼓励的目光，我的心情一下子就平静了下来。直到我表演结束，我都没敢抬头看观众，但随之而来的阵阵掌声，让我勇敢地抬起了头，我对着观众深深地鞠了一躬，演出成功了。

接下来同学们的节目都非常精彩，台下不时传来雷鸣般的掌声。时间过得真快，嘉年华活动在欢快的音乐声中结束了。

回到教室，看到同学们投来了赞许的目光，我的心跟抹了蜜一样甜。感谢学校为我们举办了这次和美小镇嘉年华活动，让我锻炼了自己，也让同学们将才艺展示给了大家，促进了同学之间的友谊，和谐了我们的学习生活。

元旦嘉年华

梁诗涵

在这个洋溢着祥和的冬天，我们迎来了美好而喜庆的节日——元旦，元旦象征着新一年的开始，也象征着旧一年的结束。在这个节日里，我们社区举办了元旦嘉年华活动。

在报告厅内，喧闹的声音溢到了厅外，大家似乎在讨论着新的一年会发生什么事情。正当大家讨论得热火朝天的时候，伴随着节奏感鲜明的音乐，杨琪同学迈着独特而又充满激情的街舞步子吸引了大家的目光，报告厅内立刻安静下来。一舞罢，雷鸣般的掌声如潮响起，经久不息。此刻古筝悠扬的旋律再一次吸引住了我们。只见李春辉同学一袭白衣，双目紧闭，全神贯注地拨动琴弦。紧接着，我们班的付彩笛同学踏着轻快的曲子，用曼妙的身姿和各种动作淋漓尽致地演绎了《傣女》这个傣族传统舞蹈。

最后，四位吉他手弹起了《童年》这首曲子，他们放声高歌再次博得了我们的掌声。回头细细品来，我们社区成员真是能歌善舞，才艺双全呀！

这真是美好而又愉快的嘉年华呀！

欢乐嘉年华

赵雅萌

期待了许久的元旦嘉年华终于到来了，同学们吃完中午饭怀着激动的心情来到了演播大厅，期待着一场精彩的演出。

李春辉同学早早地穿上漂亮的演出服，站在台前，因为她还今天节目的主持人。

杨琪同学是我们级部的大明星，他的个人照片挂在整个舞台当背景。演出终于开始了，第一个节目就是杨琪同学跳舞。随着《全部都是你》舞曲的开始，杨琪舞动起他那富有动感的舞姿，整个场面都被他带动了起来，大家一起跟着挥动着。就在大家沉浸其中的时候，舞曲结束了，哎，真是没看够啊！不过接下来的节目一点也不逊色，当然是我们班的李春辉了，她的节目是古筝表演。只见春辉优雅地坐到古筝旁边，轻轻地上手弹起了优美的曲子，同学们也被她优美的曲子带入了那个富有年代感的场景里，跟刚才杨琪同学的动比起来，这一刻的静是那么的美！曲子在大家的享受中结束。接下来是四音合唱，四个男生弹吉他合唱《童年》。这首歌我们大家都会唱，他们一边弹一边唱，我们在下面也跟着一起唱。还有很多的精彩的节目就不一一跟大家介绍了。短短的一个下午，大家尽情地享受了一场美妙的盛宴，让我们对过去一年不舍，对新的一年充满了无限的憧憬！

每年的元旦我们学校都会举办元旦嘉年华，感觉今年的活动格外让我难忘，可能是因为这是我们在这个学校的最后一个嘉年华了吧，希望大北曲小学的元旦嘉年华越办越精彩！

令人沉醉的元旦嘉年华

梁宸源

今天，我们五年级全体师生在阶梯教室举行了一场别开生面的元旦嘉年华文艺会演。我的好朋友朴志晟是主持人之一，伴随着他那洪亮高昂的嗓音，演出正式开始了。

同学们的表演真是精彩纷呈，有唱歌的、跳舞的、弹古筝的、打架子鼓的。

令我印象最深的是开场节目——诗歌朗诵《我骄傲！我是中国人！》。我们班的周子怡负责领诵，朗诵声此起彼伏、澎湃跌宕，全场气氛热烈、场面震撼。在他们那齐刷刷的朗诵声中，我感觉自己每个毛孔都浸染着浓浓的爱国热情，热烈而浓重。等他们朗诵结束的时候，我竟呆呆坐在那里，忘了鼓掌。

还有一个让我大开眼界的节目就是三班纪潇雅的古筝表演。她打扮得宛如古代的仙子，一袭红色古装缥缈摇曳，衬托出她典雅端庄的独特气质。她轻拨琴弦，悠扬的琴声沁人心脾，令人陶醉，时而急促如珠落玉盘，时而舒缓如微风拂柳，时而高昂如虎啸龙吟，时而低沉如波涛入海。我的心绪也跟随着节奏跌宕起伏。等她表演完那首经典的《战台风》，我仍沉浸在码头工人与台风搏击的英雄气概中，久久不能平静。

经过一个小时左右，表演在不知不觉中结束了，同学们依旧不愿散去。在这紧张忙碌的期末复习阶段，能有这样一次难得的放松机会，不得不说是我们和美小镇人文关怀的真实体现。

【玉兰杯读书节】

每年四月，玉兰花开时节，一树的繁花锦绣，满校园的淡淡清香，令师生陶醉其中。在这个山花烂漫的四月，一年一度的"玉兰杯"读书节如期而至，师生们如饥似渴地汲取着书中的奥秘，热情高涨地参加各类读书活动。书香如同花香一般令人沉醉！

"玉兰"故事

纪程琳

玉兰花开四月天，每年四月，我们都会迎来学校的"玉兰杯"读书节。

在这一个月的时间里，我们会参加各式各样的读书活动，有诗配画比赛、最美朗读者、演讲比赛、书签设计大赛等。

记得在"最美声音"的比赛中，同学们跃跃欲试，表现得精彩极了。听，那清澈而又嘹亮的声音，就是小然了，她那高昂的腔调和柔美的感情令人久久不能忘怀。我最喜欢的表演还是小管和小琪的。小管的《黄河落日》让人陶醉，好像身临其境一般，而小琪的《爱吃糖的妹妹》却富有童趣，听了让人忍俊不禁。虽然这两篇文章的风格迥然不同，但都让我感受到了文字的魅力。

随后，我们又参与了"我与书的故事"主题绘画比赛，看着那一张张精美的作品，让人情不自禁地拍手叫好。我的作品还获得了一等奖呢！

不过最让我激动的是，这次我们家被评为了书香家庭。带着这光荣的称号，我和爸爸被安排在主席台对面准备领奖，坐在那里，我有些不知所措，甚至有点紧张，东看看西瞧瞧，思绪飞来飞去，爸爸及时提醒我："快看表演吧，感受一下读书节的气氛。"我恍惚的思绪才又重回了现实。

舞台上是几个低年级的同学在吟诵诗句，他们穿着古代的衣裳，时而低声吟唱，时而慷慨激昂，时而端坐读书，时而翩翩起舞，在朗朗读书声中，仿佛带着我们回到了唐朝的学堂。最吸引人的要数三年级的表演了，他们表演的是《论语》，重现了当年孔子讲学的气派场景。高坤表演得很到位，他穿着古代私塾老师的长袍，头上顶着发髻，迈着方步仰着头，真的就像个私塾先生。在这浓厚的读书氛围里，我也不由自主地摇头晃脑，跟着诵读起来，不知不觉融入了诵读《论语》的行列。

接着，我和爸爸来到主席台上领奖，手里拿着大红的荣誉证书，心里高兴极了，自豪极了。我在心中暗暗发誓：今后不仅要多读书，还要带着爸爸妈妈一起读书。

通过这次活动，我增长了许多知识，还让我知道了读书也是一种快乐。总之，我爱读书节，因为它使我在书海中遨游，我爱学校的"玉兰杯"读书节，因为它让我明白了文字才是世界上最美的语言！

和美教育阅读实践基地揭牌仪式

黄玺诺

今天，我们40多名学生和学生家长在学校大队辅导员袁老师的带领下来到了城阳新华书店，为和美教育集团在新华书店展开的阅读实践基地进行揭牌仪式。

一进书店，我便兴奋不已，书店里有许多书籍，如参考书、作文书、漫画书、故事书、小说、杂志等，其中，我最喜欢阅读作文书，因为阅读作文书能提高写作水准。

我们此次前来是为了和美教育阅读实践基地揭牌仪式，此次揭牌仪式后新华书店将把图书馆搬进我们的校园，免费向我们捐赠各种书本15000余册。为我们提供一个便捷的阅读学习平台，满足师生多元化的阅读需求，并有效引导青少年学生多读书、读好书，养成良好阅读习惯，构建充满书香的学习生活方式，为人文校园、和谐校园建设发挥积极作用。

高尔基曾经说过"书籍是人类进步的阶梯"，书可以医治愚昧，可以使人聪慧，可以寄托长辈的希望……可是，在我眼里，书是智慧的结晶，书是我亲密的知己。我现在已经是五年级的学生，学习对我更加重要。读书，读有益的书是我最大的爱好。在读书的过程中我还要坚持不懈，不管是现在，还是将来，我都会和"书"手牵着手一起快乐健康地成长。

一次难忘的揭牌仪式

徐龙华

今天是个特殊的日子，妈妈要和我一起参加学校和图书馆的一个活动。我们的学校和图书馆，一起建立了一个非常好的读书链接。我们学校所有小朋友，都可以免费看到最新最前沿的书籍，而且不用去图书馆，在学校就可以直接借阅。我太喜欢看书了，这样我就可以在学校看啦！

今天的天气有点阴，还刮起了大风，像是要下雨。但我心里却是非常激动的！因为有书看，还有校车坐。我还从来没有坐过校车呢！就这样怀着激动的心情，不知不觉地到了图书馆。图书馆的叔叔，安排我们和妈妈们依次坐好，揭牌仪式要开始了。我看看周围，全是高年级的大姐姐和大哥哥们，顿时觉得非常自豪。妈妈在家里会经常看书，床头也一直放有一本书。妈妈说：睡觉之前看看书，会让一天的心情放松下来，也会睡得更香甜。我不知道妈妈说得对不对，但我也养成了睡前看书的习惯，哪怕是短短的十分钟，我也会取一本自己喜欢的书看一看。我也从书中学习了很多课本中没有的知识。

当写着"和美教育集团"的牌子呈现在我眼前的时候，我更是感觉到无比的自豪。自豪自己是大北曲小学的一名学生，更自豪我们现在的生活和学校提供给我们的良好条件。因此，我在心里暗暗下了决心，一定多看书，多学习知识，认真对待课堂上的每一分钟，长大做一个有知识的人，让自己有更多的能力，去探索自己喜欢的宇宙。

为世界创造绿洲

王雨晴

"植树造林镇风沙，遍地都是好庄稼。"这句话的意思是多植树就会抵挡风沙，这样庄稼才不会受到损害，长出好的粮食。一回想起这句话，我就会不由自主地想到植树。没错今天就是植树节！

每逢这一天，老师都会带我们到校园里去植树，两人一组植一棵小树苗。伴随着一路的欢声笑语，我们来到学校校园里的大花园中。我和我的好朋友小冉是一组，我和她一起排队领了水桶然后去接水。水是哺育一切生灵的乳汁，一定要用它浇灌小树苗，让小树苗茁壮成长。我和小冉怀着激动的心情，手提水桶，快步走到蓄水池边排队打水。

打好水后，我们就开始植树啦！我先去领了一颗小树苗，然后在花园里找了一块小空地，用小铲子轻轻剥开泥土，铲了一个小坑，小坑越往下铲越坚硬，就好像它在与我作对似的，这时老师看到我铲小坑铲得满头大汗、气喘吁吁，便急忙走来帮忙。铲好小坑后，我生怕把小树苗折坏了，便把小树苗小心翼翼地插到土壤里，用小铲子铲了一些泥土轻轻埋到小树苗的根部，用泥土填满后，我把手放到泥土上压了压，让泥土更加紧致一些，增加小树苗的稳定性。我又浇了一些水来滋润小树苗。小树有家啦，我满怀期待地等待着小树苗长成参天大树。

如今绿洲已铺满大地，但我们还是要多植树，多保护树木！树木会吸收二氧化碳，净化空气，也可以减少噪音。

我爱我的乐园

陈皓轩

清晨，我们走进教室开始读书，一遍一遍地读着，朗朗的读书声回荡在校园中。而每一节课就是我们发挥才能的时候，老师在讲台上讲课，我们在下面认真地听着，老师提问时我们就一个个举高了手，积极回答。

有一次上美术课，老师让我们用纸折房子，老师讲完做法，我们都开始行动起来。我用一张橙色的纸折出房子的形状，又用笔在上面画上窗户和门，折上围栏，把它们粘在纸上后又画了很多小花，这样一栋漂亮的花园房子就折好了。我看着自己亲手做的房子心想，里面住着一个小朋友每天幸福地和自己的家人生活在一起，充满欢声笑语。这时老师说：你们互相讲讲自己做的房子。我们都滔滔不绝地说着自己的房子的故事，课堂热闹起来了。

课间十分钟，下课铃一响，我们都一窝蜂地跑出教室，有的三五成群在聊天，有的在做游戏，我就和几个男同学猜谜语，这时一个同学站起来说：大家看我齐天大圣，他做了一个孙悟空的动作，边做还边唱"火眼金睛"，但没站稳差点坐到地下，逗得我们哈哈大笑。

我们的校园多么热闹，让我收获了知识和快乐，在这里，我和同学们共同学习共同进步，我爱我们的校园、我们的乐园。

文明礼貌伴我行

曲奕硕

在我小时候，爸爸妈妈经常告诉我要做有礼貌的好孩子。上了幼儿园，幼儿园老师也教育我们要讲文明、懂礼貌。那时候的我还小，还不知道文明礼貌是什么。一直到上了一年级，老师告诉我们要做文明的小学生就要懂礼貌。可是礼貌是什么呢？

一天早上，我收拾好书包准备去上学，电梯里有一个阿姨，我冲着阿姨笑了笑，问了一声："阿姨好。"阿姨也笑着回答："嗯，你好啊，小朋友！"出了电梯，我跟阿姨说："阿姨，再见。""小朋友再见"阿姨笑了笑，夸我"真是个有礼貌的好孩子！"

出了单元门走在路上，遇到了打扫卫生的奶奶，"奶奶，早上好"我说。奶奶和蔼地笑了笑，说："你好啊，上学去啊？"我回答："嗯，奶奶再见。"奶奶笑着说："小朋友再见！"

一路走进校园，看到了班主任仇老师，我连忙说："仇老师，早上好！"老师也说："你好。"

进了教学楼，我看到一个一年级的小朋友倒在地上，我走上前去问："小朋友你怎么了？"小朋友回答："我不小心被台阶绊倒了。"于是，我扶起那个小朋友，拍了拍他身上的尘土问了问他有没有哪里疼，小朋友说："没事，谢谢哥哥。"我赶忙说："不客气，以后走路千万要小心一点儿。"

看着小朋友转身走进了教室，我也来到了我的教室坐到座位上，我才知道原来有文明懂礼貌是很简单很容易做到的。礼貌是见到人一声轻轻的问候，文明是在别人需要帮助的时候给予帮助……希望自己从身边的小事做起，做一个讲文明懂礼貌的好孩子，让漂亮的文明礼貌之花开满我们美丽的校园。

【母亲节】

有一种情，血浓于水不离不弃，那就是亲情；有一种爱，无私给予不求回报，那就是母爱；有一个人，生死相依永记心间，她就是母亲。母爱如山，大爱无疆。每当母亲节这天，学校都会组织关于母亲节的系列活动，用最亲切最真诚的话向母亲表示感谢及祝福；为母亲分担家务；献上一份礼物，给母亲一个意想不到的"惊喜"；去拥抱一下自己的母亲。在这些活动中，学生学会主动感谢与关怀他人，学会与同学和睦相处，了解体会父母师长的辛劳，懂得助人以及回馈他人，培养感恩的心，做一个感恩的人！

感恩母亲

高艺东

妈妈我爱您！
您的爱比山高，
您的爱比海深，
您的爱比天广，
您的爱比地大！

俗话说得好，"慈母手中线，游子身上衣。"
妈妈您给我的爱该怎样还您呢？
我的健康是对妈妈最好的回报，
我的开心是对妈妈最好的回报，
我的快乐是对妈妈最好的回报，
我不淘气是对妈妈最好的回报，
我不顶嘴是对妈妈最好的回报，
我好好学习是对妈妈最好的回报！

妈妈的爱是什么？
妈妈的爱，是一双双筷子，
长长的给我夹许多好吃的菜；
妈妈的爱，是一把雨伞，

撑开为我遮风挡雨；

妈妈的爱，是一本本精彩的故事书，

给我讲动听的故事；

妈妈的爱，是一支支铅笔，

细心地教我写规范的字；

妈妈的爱，是关心的眼泪，

我勇敢地在打针，妈妈却在心疼地哭；

妈妈的爱，是温暖的怀抱，

让我睡一个舒服而温暖的觉！

　

母爱是坚强的，不管生活多么困苦，她总是默默承受、决不退缩！

母爱是包容的，不管孩子多么淘气，她也是默默承受、决不生气！

母爱是严厉的，不管你努不努力，她总是慢慢教你、决不放弃！

母爱是一池明澈的山泉，洁净而碧澈。

母爱是一个温暖的抱枕，舒服又安全。

　

妈妈的手粗了，却把健康的身体给了我；

妈妈的腰弯了，却把挺直的脊梁给了我；

妈妈的眼花了，却把美丽的世界给了我……

妈妈我爱您！

我给妈妈的节日礼物

王瀚永

母亲节到了，这是我妈妈的节日。老师说妈妈是天底下最伟大的人，让我们用自己的行动表示对妈妈的感谢。

今天一早起来，我就跑到妈妈的房间，大声地说："妈妈，祝您节日快乐，越来越漂亮！"妈妈开心地把我搂在怀里，在我额头轻轻地亲了一下，微笑着说："谢谢我的小兔子，你给我准备母亲节礼物了吗？""我在准备着呢，妈妈。"其实我还没想好给妈妈准备什么礼物。

接着我就去辅导班上书法课，妈妈也去上班了。今天的书法课比往常要结束得早，韦老师说："同学们，今天是母亲节，你们有没有想要对妈妈说的话呀？我给你们录视频发给妈妈。"同学们都积极响应着。老师说："王瀚永，你想对妈妈说什么？""妈妈您辛苦了，我爱你呦！"我开心地说。这时前台的纪老师说："王瀚永，上次活动那个金蛋你没砸，今天砸金蛋选你最喜欢的汽车玩具。""嘭"的一声，金蛋被砸碎了，"呀！"真是我一直想要的汽车玩具。

当我正准备去拿玩具的时候，我看到了一个可爱的芭比娃娃，她穿着粉红色的长裙，亮晶晶的高跟鞋，还有镜子、香水、梳子、太阳镜、旅行箱等，她太可爱了，像我的妈妈，我就跟纪老师说："老师，我可以把汽车玩具换成这个芭比娃娃吗？今天母亲节，我想把她当礼物送给妈妈，给她一个惊喜。""当然可以了，王瀚永真懂事！"纪老师摸着我的头说，我非常开心地拿着这份礼物回家了。

晚上妈妈下班回家，还买了一个大蛋糕，说是给奶奶过母亲节，我开心极了，这是我最喜欢吃的。"妈妈，节日快乐！这是我送你的礼物，你喜欢吗？"说着我就把芭比娃娃双手递给妈妈，妈妈拿着礼物搂着我说："小兔子真的长大了，会给妈妈送礼物了，我真是太高兴了，纪老师今天也告诉了妈妈，这芭比娃娃是你用汽车玩具换的。"

母亲节的祝福

白晟恩

今天是一个很重要的节日，就是母亲节！

清早，为了给妈妈惊喜，我早早起床躲在我的房间做了张贺卡，先用画笔在贺卡上画好我和妈妈，然后又写上："妈妈，节日快乐！"

突然，我听到妈妈的脚步声，赶紧躲到门后面。等妈妈一进来我就蹦出来大声说："母亲节快乐！""谢谢我的大宝贝。"妈妈笑容满面。

接下来就该送礼物了，我和爸爸还有妹妹把偷偷准备好的礼物拿出来。妹妹送了一副妈妈的肖像画。我那4岁的可爱妹妹虽然画得不是很好看，但是妈妈还是很感动地说："谢谢我的小宝贝！"爸爸送了一大束鲜花说："节日快乐！"

终于轮到我送礼物了。我把制作好的贺卡拿出来给妈妈说："妈妈，母亲节快乐。您辛苦了！"妈妈听完特别感动，还拥抱了我一下。

爸爸说今天让妈妈休息，由我们三个人做饭给妈妈吃。"姐姐帮我洗菜，妹妹帮我拿油。"爸爸边挽袖子边说。

我们三个人在厨房忙了一阵，终于做好饭和菜了。我们做了妈妈最爱吃的西红柿炒鸡蛋和牛肉萝卜汤。妈妈尝了一口，用满意的笑容看着我们说："真好吃！"爸爸的脸上也露出了笑容。

就这样我们度过了一个愉快的母亲节。我爱妈妈，我爱我的一家人！

难忘的母亲节

张一鑫

老师说"每个母亲都是伟大的"，母亲节那天，让我们用自己的行动表达对妈妈的爱，而且，不仅仅是在母亲节当天，应该把每一天都当作母亲节，每一天都要感恩我们的妈妈。这不，为了给妈妈过一个有意义的母亲节，爸爸说带我们一起去摘樱桃，我和弟弟高兴极了。

母亲节终于到了，这天天气非常好。爸爸开车行驶在马路上，暖暖的风吹过脸庞，如同妈妈的手那么温暖；路边五颜六色的小花在风中跳舞，散发着淡淡的香气。不一会儿就到了樱桃园，刚下车，我就迫不及待地进了樱桃园。晶莹剔透的樱桃满满地挂在树上，看着一个个可爱的小樱桃，我都舍不得摘了，但想一想樱桃甜甜的、美美的味道，我又忍不住想吃。

妈妈一边摘樱桃一边给我和弟弟拍照，妈妈说她喜欢把我和弟弟最开心的时刻拍照、保存下来，等她老了，这些照片就是最宝贵的回忆。我和弟弟也摘了一些樱桃给妈妈吃，感谢妈妈对我们的照顾和疼爱。妈妈开心地笑着说，我和弟弟是母亲节最好的礼物。

今天，我们度过了一个难忘的母亲节，其实妈妈是家里最辛苦的人，所以希望每一个小朋友都要听妈妈的话，感恩妈妈的爱！

母亲节

李学松

今天是一个特殊的日子，没错，就是母亲节啦！今天我要帮助妈妈做一件力所能及的事情！

做什么好呢？我想来想去最后决定帮妈妈打扫卫生。首先我拿出吸尘器，小心翼翼地把电源插上。我心里想：今天一定要做到最好，让妈妈大吃一惊！我从头到尾，认认真真地做起来。可谁知，一不小心踩到了电线，立马摔了个四脚朝天。哎呀，好疼啊，不行，为了让妈妈过好母亲节，就算疼也要坚持下去。

该擦地啦，我先拿着一块抹布，沾上水，仔细地擦地。嗯，擦是擦完啦，可是有点不干净啊，我不甘心，又打扫了两遍，才满意地点点头。此时我已经是满头大汗，累得不想动了。真没想到妈妈打扫卫生都这么累，更何况还要洗衣服、做饭呢。

在母亲节，我只想对你说："妈妈，母亲节快乐，辛苦您了！"

感恩母亲

纪璇

是谁，给予了你生命？是谁，在你委屈伤心时抚摸你那受伤的心灵？是谁，在你每天放学回家时，做好了香喷喷的饭菜在饭桌旁等待你，自己却舍不得动一口？又是谁，在你生病时，什么也不顾，陪伴你左右？能有谁为你付出那么多？那个人，就是母亲。

母亲犹如一湾清澈的湖水，而母亲脸上的微笑则如那湖面荡起的涟漪……

记得有一次寒假，母亲在下楼梯的时候，一不留神踩空了，摔破了膝盖，我赶紧扶母亲起来。母亲的膝盖一直养到我开学，走路还一瘸一拐的。那时的我不爱吃饭，唯独爱吃饺子，只要妈妈一包饺子，我就能狼吞虎咽塞上好几个。唉，这倒好，妈妈现在要养伤，我今天晚上肯定又要啃面包了，我在放学路上这样想道。我抱着失望的心情回到家中，谁知，妈妈端着一盘香喷喷、热腾腾的饺子向我走来，突然，我的鼻子一阵酸痛，一颗豆大的泪珠不自觉地流下来，我呆滞了一会儿，然后跑过去紧紧抱住母亲。母亲朝我笑了笑说："傻孩子，哭什么呀？"我也朝妈妈笑了笑，然后又一头扎进妈妈的怀抱……

一张贺卡，一束鲜花，一句温馨的祝福……所有的东西都无法表达我们对母亲的爱和感激之情，即使把整个世界都拿来，都不足以报答母亲的恩情，还有什么比母爱更伟大、更无私、更珍贵呢？母亲，多温馨的字眼；母亲，多动听的词语；母亲，多平凡而又伟大的称谓！

世界上有千种爱，只有母爱最伟大；世界上有万般情，只有亲情最永恒！母爱是我们心灵的花园，没有母亲，我们的精神将变得无依无靠！

妈妈，我爱您！

感恩母亲

李立群

亲爱的妈妈：

您好！这封信饱含了我对您无数的感激。"感恩的心，感谢有你，伴我一生，让我有勇气做我自己。感恩的心，感谢命运，花开花落，我一样会珍惜。"每当听到这首歌，我都会第一时间想起您——我敬爱的妈妈。

记得那天下午，雨下得很大，同学们都拿着伞走了。望着同学们渐渐远去的背影，我心里不禁悲叹：唉，要是我好好听妈妈的话，乖乖拿上雨伞，也许就不会是这个结果了吧！我在教室里静静地等待着，眼看雨越下越大，心里不禁着了急。这时，一个模糊的身影急匆匆地走来，我定睛一看，这不是妈妈嘛！您急匆匆地走了进来，虽然嘴上还是教训了我，但是眼底一抹担心的神色却被我看得一清二楚。只见您心疼地说："瞧，你这傻孩子，咱们快回家吧！"我轻声答应着，紧紧牵着妈妈温暖而又粗糙的手，心里不禁一暖。我心疼地望着您饱经风霜的脸，坚定地想：妈妈，您为我付出的太多太多了，我一定会好好回报您的。路上大雨倾盆而下，唯独有一幅温馨而又感人的画面，深深印在我的脑海之中，挥之不去。

唐代诗人孟郊的《游子吟》中写道："谁言寸草心，报得三春晖。"多少个事实证明母爱无价！母爱，可以感化一切。

母亲对我们的恩情千千万万，我们无以报答。回想起成长道路上的种种片段：牙牙学语，背诗识字，生病时对我的呵护，上学前的叮咛，放学后的欢乐与忧愁；春日里的风筝和草地上的滚闹；夏日里的游泳；秋日里的郊游；冬日里温暖的大衣。这一切的一切，都是您对我的爱所构成的温情。谢谢您！是您教会了我做人的基本原则，是您给予我生命，是您……

最后，永远祝福您，我敬爱的母亲！

您的女儿：李立群

感恩母亲

郑珂莹

母亲，一直默默为我做好一切的人，她的奉献是无私、不求任何回报的，这就是伟大的母爱！

随着时间的流淌，马上又到您的节日了。以前，都没怎么关注过这个特别的日子。

这一次，我一定要送您一个最棒的礼物。

在平凡的每一天里，母亲都会软语叮咛着生活中的每件小事，教会我很多做人做事的道理。以前我以为您对我的贴心照顾是理所当然的，并没有感恩的想法，因此还经常和您吵架。我慢慢长大了，懂得了母亲的艰辛，母爱的伟大。

小时候的我体弱多病，时常打针吃药，无论是白天还是夜晚，不管多坏的天气，一刻也不耽误送我去医院的是母亲。小时候夜里我总是有好动的毛病，一夜要踢开几次被子。您怕我着凉，经常半夜要起来好几次为我重新把被子盖好掖实，有时还会不放心地在旁边多看一会儿，就这样常常让您一夜只睡半夜的觉，每个这样的早晨，从香甜睡梦中醒来的我抬头看到的却是母亲布满血丝的眼睛，真是心疼。即使这样您也不能休息，又要忙着去给我做早饭。

您对我的养育之恩，对我的谆谆教导，我会铭记一生，感恩一生。我决心要为母亲做一件事，想来想去，就只能给妈妈洗脚了。我从来没有给妈妈洗过脚，也不知道妈妈的脚长什么样子。

不一会儿，妈妈端来了洗脚盆。因为怕羞，我便小声地对妈妈说："妈妈，我来给你洗脚吧。"但妈妈并没有回答我，可能是没听见。于是，我大胆地说："妈妈，我能给您洗脚吗？"

母亲听了我这话，一脸诧异。过了好一会儿，才反应过来，说道："呦，我们家的小公主亲自给我洗脚啊，好呀！"

我让妈妈坐在凳子上，一本正经地洗起来。妈妈的脚很粗糙，有很多粗皮和纹路，我想这都是妈妈辛勤劳作的原因吧，我在心里默默地说"妈妈，您辛苦了"。

我为妈妈专心地洗着脚，妈妈突然说："这感觉真好！"妈妈说："你小时候，我给你洗脚。你的小脚丫就在洗脚盆里乱跺乱踩，水花溅得我满身都是。你还在那里咯咯地笑，每次都弄得妈妈哭笑不得。"说着，泪水就盈满了母亲的眼眶。

您的生日快到了，您一直喜欢康乃馨，说它很温馨。我会用平时攒出来的零花钱送您一束康乃馨。同时，我也会好好学习，长大以后成为一个有用的人，来报答您对我的养育之恩。

感恩母亲

洪慧

母亲，每个人都很熟悉，但又有多少人想过感谢母亲。

母亲其实很简单，但却十分伟大。在我的记忆中，母亲就是当你不高兴的时候，第一个过来安慰你；母亲就是当你受伤的时候，第一个过来扶起你；母亲就是当你生病的时候，不分昼夜关心你；母亲就是当你不在她身边的时候，总是不放心你……

而我也有一位十分伟大的母亲。有一次，妈妈发着高烧在家里躺着，而我却在奶奶家什么都不知道。但因为要回家拿稿纸，所以才不得不回去。当我推开门的时候，灯是关着的，我以为妈妈不在家。可是，当我打开灯的时候，看到了妈妈在床上躺着。我马上走过去问："妈妈，你不舒服吗？"妈妈睁开眼睛用虚弱的声音对我说："没事。"虽然妈妈嘴上说没事，但是我摸了摸妈妈的头，明明很热，却还要装作没事。这一刻，我觉得很惭愧，很难过，觉得妈妈生病了自己却还不知道。妈妈又突然问我："你是回来拿什么东西的吗？"我点了点头。听到妈妈虚弱的声音，我的心里更加难过了。我是一个不太善于表达的人，明明心中有千言万语想对妈妈说，却始终说不出口。拿完东西后，我心里始终感觉有一块大石头压在心里。在我犹豫不决的时候，一个信念告诉我了答案——在我生病的时候，是妈妈一直在照顾我，现在妈妈生病了，该我照顾妈妈了。

当我又一次回到家的时候，妈妈仍然在躺着。我扑到妈妈的怀里，妈妈看到我之后有些惊讶。我什么都没有说，但是妈妈好像知道我怎么了，安慰我说："没事，不用担心。"我抬起头，把妈妈扶到了桌子旁边，喂给妈妈我拿来的热汤。喝完汤之后，妈妈回到床上睡着了。

月色朦胧，细雨点点，风轻轻地吹着。月光、细雨、轻风，仿佛谱出一曲"夜半小夜曲"。有人说母亲是游子身上的衣服；有人说母亲是种植嫩芽的园丁；有人说母亲是浇灌幼苗的雨水……而我却说母亲是永远爱着你的人。这一夜，我体会着照顾妈妈的幸福，也体会着妈妈的辛苦。

感恩母亲！妈妈我爱您！

快乐的母亲节

马玉雯

今天是母亲节，为了给妈妈一个节日惊喜，我早早地就起床了。我给妈妈准备的礼物是一张贺卡，贺卡是我昨天亲自写的，写完后我偷偷地把它藏了起来，我不想让别人知道我的礼物，也不想提前被人发现，为的就是今天给妈妈一个惊喜。过了一会儿妈妈醒了，我把贺卡送给了妈妈，妈妈打开贺卡看了看，开心地对我说："好漂亮的贺卡啊，谢谢亲爱的宝贝，你做的贺卡妈妈很喜欢，谢谢你的礼物哦。"

听了妈妈的话我也很开心，早饭我都多吃了一点。吃完早饭，我就和爸爸妈妈带着礼物来到了姥姥家，我把准备的一束花和贺卡送给姥姥，并祝姥姥节日快乐，姥姥开心地夸我是个好孩子。到了中午，全家人一起吃饭，庆祝母亲节。全家人一起举起酒杯干杯，姥姥也给我和姐姐准备了饮料，我拿起杯子对妈妈说："妈妈节日快乐"，还跟姨妈和姥姥也干杯，祝她们节日快乐。

一家人吃完饭，我和姐姐把大家都召集在一起，给大家表演了一段小舞蹈，这是我和姐姐在吃饭前编排的，表演完，大家都给我们鼓掌，夸我们真棒。得到大人们的表扬，我们俩都很开心。

我最爱的妈妈

陈嘉乐

我最爱的人是我的妈妈，她是一个很平凡的人，她有一双单眼皮，圆圆的脸蛋。从我懂事以来，妈妈就是我最敬佩的人。

她每天都要为了我和姐姐忙碌，早上五点多就要起来做饭，姐姐吃了饭上学，又马上给我做饭，然后又送我上学，之后才能急匆匆地赶去上班。晚上下班回家，又要给我们洗衣服。吃了晚饭，妈妈还要给我检查作业，陪我读书，并且耐心地询问我今天学什么了，告诉我不懂就要问，上课认真听讲，听老师的话。

妈妈真的很辛苦，生病了，也要做家务，我看到她劳累的样子，我会很心痛。我的妈妈，很容易满足，我会经常搂着妈妈的脖子，亲亲她，她就会满足地笑起来，眼角浅浅的皱纹里也满是幸福的笑意。

我很爱我的妈妈，我也很敬佩我的妈妈。可她在烦琐的家务中，眼角的皱纹越来越深，头上的白发越来越多。

妈妈，你一定要保重身体，我会好好学习，等我长大后，好好地孝敬你，做一个对社会有用的人。妈妈，我爱你！

妈妈，我爱您

纪琳珊

"孩子的出生日——母亲的受难日"，因此，母亲这个词就格外神圣。我相信全世界的儿女们都想跟自己的母亲说一声："妈妈，谢谢您含辛茹苦地把我养大！"母亲节因为"母亲"这两个字显得格外伟大，我一直想为妈妈做一件事，今天机会终于来了。

母亲节的前一天，我一直在想，到底送什么给妈妈才是最珍贵、最难以忘记的礼物呢？经过一天的苦想，我决定亲自下厨给妈妈做一顿饭！

妈妈喜欢吃炒土豆丝，我学着妈妈做饭的样子，先把土豆丝洗干净，再削皮；削皮简单点，可是把大大的土豆切成丝那可就难上加难，切土豆的时候，有的大、有的小，一点都不均匀，还差点切到手，想起妈妈天天给我做饭，我不禁热泪盈眶。不管怎么样我终于把土豆切好了，然后把煤气打开，接着把火打开，把油倒了进去，"滋啦"一声之后，炒一炒，香喷喷的土豆丝就做好了。刚做完，妈妈也回来了，我想给妈妈一个惊喜便藏了起来，妈妈闻到了香味，看到餐桌上的饭菜，感到很疑惑，不知道是我做的。我突然跳了出来，把妈妈吓了一跳，这才知道是我做的饭菜。我从妈妈眼里看出来一丝骄傲。妈妈边吃边夸我："这是我吃到过最好吃的饭！"但我心里明白，我做的饭并不是很好吃。吃完饭，我对妈妈说："妈妈，祝您节日快乐！"我隐约看到妈妈眼里闪动着感动的泪花。

我们长那么大，都是妈妈每天在细心地照顾我们。我今天为妈妈做那么一点小事，妈妈竟然那么开心。我下定决心，每年的母亲节都要让妈妈过得开开心心，不惹妈妈生气，报答妈妈对我的爱，妈妈，我爱您！

母爱，滋润心田

纪文慧

在我遇到困难时，没有帮助时，这个人的爱会帮助我；在我伤心懊恼时，这个人的爱会陪我一起度过，这就是，母爱。从小到大，我们沐浴过多少爱？爱像天上的星星一样数不清……但我觉得母爱是最伟大的，难道不是吗？

有一次，我晚上正准备上床睡觉，但就在这时，突然觉得头挺痛的，一开始我觉得应该没什么事，可能过一会儿就好了。可是，头越来越痛了，就好像要爆炸似的。妈妈看我这样，急得直跺脚，让我先躺在床上，把我抱到自己的怀里，轻轻地给我按摩着太阳穴。过了一会儿，头终于不像刚才那么痛了。妈妈终于能松口气，在门外远远地望着我，而我早已进入甜蜜的梦，沉浸在妈妈的爱里。

母爱是多么无私的啊。虽然妈妈为我们付出了许多汗水和心血，但却不图别的，只想让我们长大成人。

我们以后一定要多帮妈妈干一些力所能及的事情。你或许看不到，妈妈的白发越来越多，而我们越来越高。你或许感受不到，妈妈越来越累，而我们越来越壮，我们有能力帮助妈妈了。

妈妈，您若是一片辽阔的天空，我就是自由飞翔的小鸟；您若是园丁，我就是被水滋润的小树……是您哺育我们茁壮成长，是您教会了我们许多的人生道理，而这就是您在挥发伟大的"母爱"！

妈妈，我爱您

孙爱彬

世界上有一种爱是最伟大的，那就是母爱；世界上有一个人是最伟大的，那就是母亲。

记得在我8岁那年，因为我的体质非常差，所以到了晚上会经常发烧。有一天晚上，我发烧到42℃，妈妈用手摸了摸我的额头，就嘟囔道："怎么还不退烧啊？"又用体温计量了量体温，还是42℃，妈妈就把退烧贴贴在我的额头上，过了一个小时，妈妈又用体温计量了一下，还是没有退烧，妈妈说："不好，再这样烧下去，孩子就会烧糊涂的。"爸爸听了妈妈的话，赶紧给我穿好衣服，带着我去了儿童医院。在路上妈妈就问我："孩子啊，难不难受？想不想吐？恶心吗？"一连串的话让我无法回答。我感觉眼前一片黑暗，就睡了过去。到了医院，妈妈把我叫起来了，跟我说："孩子别睡了。"医生看了看我的病情说没有什么大问题，就是病毒性感冒，打几天吊瓶就好了，妈妈终于松了一口气。我隐约地看到妈妈头上的豆粒般的汗珠正往下流。

　　谢谢您，妈妈，是您教会了我做人的原则，是您给予我生命！

　　妈妈，我爱您！

写给妈妈的一封信

纪苹蕊

亲爱的妈妈：

您好！

　　五月，阳光灿烂；五月，鲜花盛开；五月，暖风拂面；五月里有一个伟大的节日——母亲节。

　　妈妈，您还记得吗？我还很小的时候，哭着闹着要您给我买玩具，您却坚持不买。当时我还小，还不懂事，但现在我知道了，您是为了我好。通过您的教导，让我懂得了许多的道理。

　　妈妈，您还记得吗？我小的时候，饿了，您喂我吃饭；渴了，您为我倒水；生病了，您细心地照顾我，教会我生病了也要有勇气！现在我上学了，有不懂的问题，您为我讲解；饿了，您给我做饭；考试没考好，您鼓励我，告诉我失败乃成功之母。

　　母爱是一片阳光，即使在寒冷的冬天，也能感受到春天般的温暖；母爱是一泓清泉，即使心灵因岁月而蒙尘，也能让你清澈澄净；母爱是一株树，即使季节轮回也固守家园，甘愿撑起一片绿荫。母爱是一首田园诗，悠远清净；母爱是一幅山水画，自然清新；母爱是一首歌，婉转深情。母爱是醉人的春风，是润物的细雨，是相伴你一生的盈盈笑语，是漂泊天涯的缕缕思念！妈妈，谢谢您，我爱您！

　　　　　　　　　　　　　　　　　　　　　　　您的女儿：纪苹蕊

我爱你母亲

纪懿桓

母亲像一缕阳光，即使在寒冷的冬天，也能感受到春天般的温暖；母爱像一条小溪，养育着河里的新生命；母爱像广阔的大海，博大宽厚；母爱像一片大地，滋润着我们，让我们茁壮成长……母爱是当婴儿时的我们饿了，您喂来鲜甜的乳汁；母爱是当蹒跚学步的我们摔倒了，您上前扶起；母爱是当上小学时的我们忘带雨伞，您送到学校来……

在我的记忆中，母亲有一双明亮的大眼睛，但现在已经变得灰暗无色。曾经母亲有一张年轻的脸，但现在已有了无数的皱纹。

今年的母亲节，我跑到附近的花店，用我的零花钱买了一支康乃馨。我拿着那一份惊喜，送给正在厨房做饭的母亲，她闪动着泪花说道："这是我第一次收到花……"

无论您工作有多忙，您都会抽出宝贵的时间来陪我，辅导我学习。我知道，总有一天，我会离开您，自己出去闯荡，但我宁愿时光停留在这一分一秒，让我多看看您，多陪陪您，照顾您。我和您在一起的时光总是那么的快乐，都让我忘记了时间，但是，总有一天，您也会老啊，每每想到这，我总会流下伤心的泪水。我希望，凭自己所有的努力让您开心，不给您添麻烦。

母爱是一首歌，一首婉转的歌，也是一首深情的歌。妈妈，我要用优异的成绩来报答您对我的养育之恩，报答您对我的期望。

我爱您，母亲！

难忘的母亲节

郭楚祥

每年五月的第二个星期日，是一个特殊的日子——母亲节。母亲，永远是这个世界上最伟大的字眼，从呱呱落地到展翅高飞，一直是妈妈在陪伴着我们。为了能够陪妈妈开开心心地过这个节日，我想了很久很久……

这一天，我起得特别早，因为要为妈妈精心准备一个礼物——一张母亲节贺卡。我先把一张红色的卡纸剪成爱心形状，再在"爱心"上面粘上一束粉红色的康乃馨，然后用我最漂亮的字在贺卡上写上"妈妈我爱您！""妈妈您辛苦了！"等字样，最后轻轻地放在妈妈的床头，等妈妈醒来。

　　贺卡做好了以后，我做了一道妈妈爱吃的西红柿炒鸡蛋。虽然这不是我第一次做了，但因为要给妈妈一个惊喜，所以我要发挥出我的"最强实力"来！我学着妈妈的样子先是打好鸡蛋，把鸡蛋炒成小薄块，再切几个西红柿，下入锅中，最后把鸡蛋、葱花一起放入锅中，一盘色、香、味俱全的西红柿炒鸡蛋就做好了。

　　正当我为自己的杰作沾沾自喜时，妈妈醒了！她先是一眼就看到我做的贺卡，正当她惊叹不已的时候，我又端上了我精心制作的西红柿炒鸡蛋。我一把搂住妈妈的脖子，对妈妈说："妈妈，母亲节快乐！这是我给您的节日礼物！"妈妈激动地说："儿子，你让我度过了一个难忘的母亲节！谢谢你！"忙活一早上累并快乐着，看到妈妈流下了幸福的泪水，我的内心也十分高兴，妈妈，我为您做什么都值得，妈妈我永远爱您！

　　【重阳节】"百善孝为先"是我们中华民族的传统美德，作为炎黄子孙，自然应当继承传统、弘扬传统。为引导少年儿童孝敬父母，孝敬长辈，学会感恩，树立良好的家庭美德观念，增强少年儿童的社会责任感。每年在重阳节之际，我们都会开展以"念亲恩"为主题的青少年感恩敬老行动。

知识改变命运

陈璇

　　今天是重阳节，大队委成员组织去敬老院探望老人，听爷爷奶奶讲新中国解放初期的故事。

　　我们看望的是傅凤英奶奶，傅奶奶已经80多岁，手脚却依然很利索。她的一生艰辛而又坎坷。

　　傅奶奶1948年小学毕业，当时离战争结束还有1年，可她当时家境困难无法上私立学校，公立学校又考不上，所以只好去纺织厂当了学徒。战争结束，傅奶奶一直渴望上学，就每天下班去上夜校。在1953年，所有私立学校变成了公立学校。傅奶奶去了四中考试，考上了，那年她16岁。傅奶奶毕业后去了师范大学，师范毕业后分配到济南29中教语文。刚教了两年，又赶上"文化大革命"，被分配到30中教了30多年书，之后又在私立学校教了10年地理并管理黑板报。如果傅奶奶没有上学，没有上师范，就不会有现在的生活。这是知识改变命运的真实案例。

这次的敬老院之旅我收获满满，最大的收获是傅奶奶的亲身经历让我知道：知识改变命运。

知识改变命运

郭楚祥

今天，我和学校的老师、同学们一起来到了养老院，分组展开活动。我和其他三位同学来到的是一位80多岁的傅凤英奶奶的公寓。她见我们来，就热情地招呼我们。后来，她便向我们诉说她这不平凡的一生的经历……

1948年，她在台东小学毕业，由于家境贫困，私立中学上不了，而公立小学的录取线又太高，所以只能去纺织厂当学徒。当时是12小时工作制，可丝毫没有打击傅凤英奶奶那坚定不移的对于读书的渴望，所以她不管上的是早班还是晚班，一下班就去夜校读书，用"废寝忘食"这个词形容一点都不为过。奶奶因为刻苦努力的读书，连肚子里有异物都没有在意，一直到某一天，奶奶将那个东西吐出来后才知道，原来是一只一个巴掌长的大蛔虫！

1952年，国家把所有的初、高中全部收为公立。当时16岁的傅凤英奶奶的这几年努力学习终于没有白费，她顺利地考上了初中，上完了初中后，她的班主任建议她上师范，所以傅凤英奶奶就把她的全部精力放在了考师范这件事上，没想到师范她也顺利地考上了。傅奶奶去了29中当老师，可干了不到3年，又被调走了。

最后傅凤英奶奶跟我们说："你们不要觉得读书苦、读书累，你们现在不想读书，我们当时抢着读书。我为什么能够当上老师这么个光荣的职业，不是聪明，而是勤奋，是坚持。我用我自己的一生经历告诉你们：'知识改变命运'！"

知识改变命运

韩孜璇

今天，是九九重阳节，学校大队委一起去往敬老院看望老人。我和几名同学被安排到一个退休老教师的房间。

这位老奶奶给我们讲了她的坎坷人生。从小学开始，一直到老奶奶退休，老奶奶渴望学习知识，但是那时候，老奶奶家里很穷，没办法供她继续上学，所以老奶奶上完小学便退学做起了童工。她在青岛的一家纺织厂工作。那时，她们每天要工作12小时，上午6小时晚上6小时不间断。但是，喜欢知识的老奶奶，每天下班都要去工厂的夜校继续上学，学知识。

过了一年半，中国有了新政策，每个工厂的工人都要有知识，那年老奶奶16岁，考上了青岛四中。初中毕业后，她又去了李村师范大学上了3年大学，又被学校选中去济南培训，回来后被派往青岛29中教语文。老奶奶教学30余年，教了很多学生。

老奶奶的爱好有很多，会合唱、会打门球，收藏石头等。

我们要学习老奶奶这种坚持学习的精神！

好好学习 做新时代好少年

黄桢恩

今天是一年一度的九九重阳节，大队辅导员带领大队委同学去社会福利中心探望老人们。

我们探望了一位80多岁的李奶奶，她年纪虽大，但是脸上总是挂着灿烂的笑容，说话绘声绘色，很有精神。我们围坐在奶奶身边，听她讲述着以前有意思的故事。老奶奶是河南新乡人，上大学二年级的时候就去参军了。她退休前在医院做药剂师，一生都在为社会、为祖国做奉献。别看她头发全白了，但是爱好可多着呢，唱歌、书法样样精通。不光这些，她还告诉我们以前生活的贫苦，吃不饱、穿不暖是家常便饭，相比我们这代人来说，生活是十分艰苦的。

我们生活在没有战争的年代，能受到良好的教育，还有什么不知足的呢？通过今天探望老人，我受益匪浅。我们应该好好学习，好好工作，长大做一个对社会、对祖国有用的人。我们更应该珍惜眼前的一切，珍惜时间。

争做新时代好少年

纪潇雅

10月17日，我们来到了养老院，被分配到了一个参加过抗美联朝的老奶奶屋里。

刚进屋，我们便感受到了老奶奶的热情。之后，老奶奶给我们讲了她参加抗美联朝时的故事。

老奶奶说，她根本就没有上过一次完整的学，上了几年退学，又上了几年。直到她第二次重新返回校园时，美军来侵略中国了。她毅然地报名参加了抗美小分队。老奶奶说，当时我们中国，资历不够，兵器资源不够，美国比我们发达很多。她曾经有一段时间生活在日本主义帝国下，目睹了日本人怎样欺负我们中国人！所以，同学们，我们生活在五星红旗下，应该感到骄傲，感到自豪。要知道，我们的五星红旗，是多少名仁人志士用自己的血液浇灌而成的！

同学们，让我们好好学习，天天向上，争做新时代的好少年！

重阳节探望老人

路欣瑶

重阳节这天，我们一起去敬老院看望了老爷爷和老奶奶。

我探望了一位老奶奶，她的名字叫李雲芝，80多岁，河南人，上过师范大学，有两个女儿和一个儿子。老奶奶的心态很年轻，喜欢书法，写出来的字非常好看。

随后，奶奶给我们讲了她以前的生活是多么贫苦。当时，用的都是公共厕所，卫生条件极差。每天放学回家的第一件事不是学习，而是帮父母干农活。想想我们现在的生活是多么幸福啊！所以，在这么好的条件下，我们一定要好好学习，为国争光。

奶奶又给我们讲了应该怎样学习：①不懂就问；②重要的地方要用笔记下来，俗话说"好记性不如烂笔头"；③细心仔细，错题大部分都是粗心大意、不认真检查造成的；④回家复习，有些知识在课堂上学会了只是一时的记忆，回家巩固，才能真正地记到脑子里；⑤多读书，俗话说"读书破万卷，下笔如有神"，书读多了，写作能力和阅读能力自然而然也就提高了。

听了奶奶讲的这些话，在以后的日子里，我更应该好好学习，让我的知识更加宽泛。

第3节　爱在点滴间

致我们六年的小学时光

刘雨涵

时光荏苒，岁月如歌，不久我们就要告别我们美丽的校园，告别我们敬爱的老师，告别与我们朝夕相处的同学……这六年的时光让我难忘，可谓是酸甜苦辣咸样样俱全。此时此刻，我想说：如果时光不老的话，我们一定不散！

在这匆匆的六年中，首先感谢学校领导及各位老师对教育事业的付出，我们学校举办了许多和美小镇活动，如演话剧。你们还记得吗？当我们听到这个消息的时候，一个个都像小孩子被奖励了贴画似的，兴奋不已。一下课就立马开始商量，练剧本的，买衣服的，准备道具的……做什么的都有，大家都忙得不亦乐乎。演出当天，同学们都穿着靓丽的衣服，在舞台上尽情地展示着自己的风采，台下的一阵阵掌声仿佛化作动听的音符，回荡在我们的耳畔，台上的我们心里有一种说不出来的成就感。这次活动使得我们在日后语文学习的道路上有了学习的动力。

在这匆匆的六年中，我想感谢每位老师的教诲和知识的传授，你们像园丁，辛辛苦苦地教我们知识；你们似红烛，燃烧自己照亮我们。今天我最想感谢的就是我的语文老师——纪老师。记得有一次，我的同桌跟别人打架，我去劝了一句架："别打了，同学之间要和平相处，闹什么矛盾嘛！"但我的同桌竟然跟我说："关你什么事情！"关你什么事情？听到这句话我很气愤。但是，我想他可能正在气头上，于是也没在乎他说的。但是，他突然从桌子上拿起一支笔，猛地往我的眉心一戳，我疼得尖叫起来，坐在地上号啕大哭。纪老师立刻赶了过来，二话没说就要带我去医院。我清楚地记得那时正下着雨，路上也不好打车，我和老师只好共同打着一把伞，徒步向医院走去。到了医院，我看到老师的衣服全部湿透了，此时我感觉老师就像是我的母亲，哪怕衣襟湿透，也不让我淋一点儿雨。我瞬间泪如雨下，泣不成声。

在这匆匆的六年中，我得到了很多同学的帮助。有一次，我语文考试考砸了，只考了74分，就趴在桌子上哇哇大哭。这时，小明走了过来，如同家长般呵斥我："你就不应该这么软弱，你凭什么这么服软？你这次考了74分，难道下次你还要考74分吗？你现在这么服软的话，那么下次一定会考好吗？如果你这次放弃了，你下一次考试成绩一定比这次差，我敢打这个赌。"我听了这些话，心里非常不悦，很想反驳他：关你什么事情，你凭什么说我服软？可是我没有，相反我把小明的这番话当作了我学习的动力，一直努力、奋斗，在下一次语文考试中考了90分。这时，我才明白小明的用意，他使用激将法激励我不放弃、不气馁，在以后的学习中继续拼搏，勇往直前。

燕子展翅，雄鹰翱翔，那是鸟儿对蓝天的向往；春华秋实，桃李芬芳，那是母校对我们的希望！

时光如白驹过隙，转瞬即逝。回首过往的六年，与同学们的一点一滴像影片一样在脑海中回放。六年来，我们学到了不少知识和技能，懂得了怎样做人，更感受到了童年的欢乐和幸福，瞬时多了万千感慨，盈满了千丝万缕的感动。

临别之际，我想站在母校这片圣地，大声地说：今天我以你为荣，明天你以我为荣！

老师，让我给你一个大大的拥抱

肖雨寒

时光悄悄地溜走，眨眼间，我们就即将告别小学，迈进初中的大门。

回首一至六年级的小学时光，这才发现，记忆是很难抹掉的，因为有两个深刻的字眼，让我难以忘怀，这两个字眼，可以说是平凡的，也可以说是伟大的，那就是我们最值得尊敬的老师。

还记得我们刚从幼儿园出来进入小学的第一天，是您温柔地接纳了我，用耐心教导我。我并没有刻意去讨好您，没有特别听您的话，直至现在即将毕业的钟铃马上就要敲响的时候，我才明白您做的一切都是为了谁。"春蚕到死丝方尽，蜡炬成灰泪始干"，这不仅是对您的赞扬，还是对您一生所做的事的评价，在我的眼里您就是天使，可爱又可敬；您是大树，无私地授予我知识，给予我庇荫、关爱与呵护；您是海洋，心胸宽广。

老师，是多么令人记忆深刻，多么令人难以忘怀，我眷恋校园的一切，眷恋五彩斑斓的学习生活，更眷恋您，我亲爱的老师！日夜操劳，皱纹爬上了您的额头，粉笔灰尘已将您的青丝染成了白发。然而无论什么都改变不了您对教育事业的热爱和痴情，无论什么都改变不了您那颗永远年轻而富于创造的心！

还有一件事一直深埋在我的心底，难以忘怀，不知老师您还记得吗？在五年级的一节体育课上，我和两个同学正在嬉戏打闹，互相追逐着，有一位同学在后面追我们俩，我们当时玩得不亦乐乎，忽略了前面有障碍物，后面的同学发现了朝我们大声喊，我们没有听到，两个人一起撞到柱子上。另一个同学头上青了一块，没什么大碍，但是我却撞到了额头，流了很多血。同学们看到后就马上把我送到办公室，老师，您知道吗？当时您急得像热锅上的蚂蚁，去医务室拿了好多消毒止血的药品，用棉棒沾上碘酒，轻轻地为我擦拭，一边擦一边还问我疼不疼。您埋怨我怎么这么不小心，说我太大意了，说完便帮我贴上创可贴，并及时联系了我的家长。爸爸刚好在学校附近，就直接赶了过来。您让我去医院检查，检查完后给您报个平安，这让我心里温暖了许久。医生说要缝五针才行，在缝完针后我就直接回到了学校。您告诉我不舒服可以趴着听课，听不懂没关系，等着下课后专门补课就行了。下课后老师您帮我补课，一分钟都不休息，一股暖流在我体内流淌，那一刻，我想给您一个大大的拥抱。

老师让我送您一首诗："东宫白庶子，南寺远禅师。何处遥相见，心无一事成。"老师，我永远都不会忘记您，永远都会想念您。最后，老师让我给您一个大大的拥抱吧！

第二章

智

第二章　智

①
② ③

①今天我当小老师
②乐在其中
③认真听讲我最棒

智育是实现人的全面发展的重要途径之一，对于每一个人的生活质量提高有重要的意义。智育的根本任务是要培育或发展学生的智慧。

第1节　我是小学生啦

我是小学生啦

李彦臻

今天早上我起了个大早，因为我做了个奇怪的梦，梦见自己已经不在家里，而是坐在教室里上课。正梦见我在学校里唱歌跳舞的时候，我就醒了过来。我一醒来就刷牙洗脸，吃了爷爷给我准备好的早餐后，跟着妈妈坐上车子，上学去了。

到了学校，我一进校门口，就被震撼到了。学校给我们安排了隆重的欢迎仪式，有红色的地毯，彩色的拱门，五彩的气球，精彩的乐队表演。还有校长给我们送和和美美吉祥物。走在红毯上，看着亲切和蔼的老师，我心里乐开了花，为成为大北曲的一名小学生感到自豪！

不久，我就看到了亲切的班主任徐老师。跟着老师我认识了很多的小朋友，老师还表扬我，说我坐得很端正。

接下来是数学老师为我们上课，他让我们数了数学校里的东西。比如学校里有多少个小朋友，有多少棵树，有几个垃圾桶等。在数学课上，我专心听老师讲课，学到了很多有用的东西。

在美术老师的课上，我们进行了自我介绍。我可是第一个举手介绍自己的人。听到林老师叫我上去介绍的时候，我心里真是非常紧张，怕自己讲得不好。我说："大家好，我叫李彦臻，我喜欢下围棋、中国象棋，还特别喜欢看书、画画，希望大家能喜欢我，谢谢！"我说完后，全班同学为我鼓掌。听着大家的掌声，我心里想：现在已经长大了，已经不害怕了，可以成为一名小学生了。

到了中午，我们在徐老师的带领下，排着整齐的队伍，分餐、领餐、自己动手吃饭，吃完后，自己将餐盒整理好。一想到自己在家都是奶奶喂饭的，现在在学校里，自己都能打饭吃饭、整理餐盒了，我觉得自己长大了，已经可以照顾自己了，真是一件值得骄傲的事情。

作为一名一年级的小学生，我心里暗暗发誓：以后一定好好学习，认真听老师的话,努力学习,争取得到更多的进步!

我是一名小学生啦

纪阳阳

今天开始,我正式成为一名小学生啦!对我来说,这是特别有意义、值得纪念的一天,未来的生活充满了新奇和趣味……

一大早我在爸爸妈妈的陪同下来到学校报到,我们赶到的时候,学校门口都已经有好多家长和小朋友在排队了。爸爸妈妈牵着我的手,穿过五彩拱门,走上鲜艳的红地毯。校长说,走过拱门,你就是一名小学生了,一定要好好学习哦!我高兴地点了点头。走到楼前,我还特别骄傲地拍照留念。然后在大哥哥大姐姐的指引下,激动地朝教室走去。我看了看四周,这里的教室比幼儿园的多,楼比幼儿园的高,操场的另一边还有乒乓球台。我还发现小朋友队伍里居然有几个我们幼儿园的小同学,心里好高兴啊!

来到教室后,见到了亲切的老师,他热烈地欢迎了我们,给我们讲了很多规则和小故事,现在我还记忆犹新呢。

从今天开始,我就是一名小学生啦!

我上小学了

王林喆

我上小学了,我的学校像彩虹一样,五彩缤纷,美丽极了。

学校里红色最多,五星红旗迎风飘扬,红领巾快乐成长。橙色就像小朋友的热情,洋溢着朝气,散发着理想。黄色是一块块醒目的小提示牌,时刻提醒我们相互关爱,勤洗手讲卫生。绿色是校园里的小树、小花和小草,郁郁葱葱,对着我们微笑。青色是学校里天真活泼的小朋友们,小小年纪,立志长大做国家栋梁。蓝色是头顶的天空,同学们小小的梦想在蓝天下无忧无虑地绽放和翱翔。紫色是同学间的磕磕绊绊、吵吵闹闹,哭完以后小手一拉,大家还是好朋友。

红橙黄绿青蓝紫，我要在这彩虹一样的学校里，好好学习，快乐成长。

我上小学了

纪亦

上小学了，我和拼音成了好朋友。在它们的帮助下，我认识的字越来越多，自己能阅读童话故事了。

上小学了，各种好习惯让我终身受益。我学会了团结同学，遵守校规校纪，讲文明、懂礼貌。我学会了上课专心听讲，认真完成作业，自己收拾学习用具。我还学会了热爱劳动。上小学真有趣，它让我一天比一天有进步！

上小学了，我有一群朝夕相处的好同学，我们共同学习，互相关心。生病了，有同学亲切问候；摔倒了，有同学热情相扶。

上小学了，我找到了自己的兴趣爱好，成了校园足球队的一分子。每天放学后，和队友们在绿茵场上刻苦训练，尽情挥洒汗水，是我最快乐的时刻。

我上小学了

曲林超

时间过得真快，现在我已经是一名三年级的小学生了。回想一年级，我有许多美好的回忆。

我收获了友谊。课间，我和小伙伴们说说笑笑，在操场上做操、跳绳、玩游戏。在运动会上、艺术节上，我们一起为班集体努力，那时，我知道了什么是团结。

我收获了知识和学习的方法。和蔼的老师教我们识字、算算术、读英语，教我们做人的道理……我认识许多字，学会算很多题，会自己读书，变成了一个知识丰富的小学生。

我收获了兴趣。丰富多彩的兴趣活动小组，让我们可以学舞蹈、古筝、篮球、武术……我学会了吹陶笛，经过一年多的努力，我已经能吹出好几首优美动听的曲子了。

我上小学了，小学生活是多么美好啊！

我上小学了

纪朝阳

记得刚上一年级时，我每天迈着轻快的步伐来到学校。花坛里种满了五颜六色的鲜花，操场上一大片绿色的草坪，一面鲜艳的五星红旗在晨曦中迎风飘扬，校园真美啊！

走进宽敞明亮的教室，黑板一尘不染，桌椅焕然一新。这时，我们的班主任老师手里抱着书本走了进来，她端庄整洁、和蔼可亲，脸上露出温暖的笑容。再看看周围，也是一张张开心的笑脸，我对小学生活充满了憧憬。

听着一节节生动有趣的课，在课间和同学玩着各种各样的游戏，愉快而充实地过着每一天。

如今，我已经升入三年级了。看着家里墙壁上的一张张奖状，我无比骄傲和自信。在未来的日子里，我会更加努力地学习，在老师的关怀教育下快乐地成长。

我上小学了

喻桐铃

今天是我第一天上小学。路上，妈妈说："我的女儿长大了，能送女儿上学，我真骄傲。"我说："我又骄傲，又担心。骄傲是因为我是小学生了，担心是因为我不敢进去。"

我的新学校很漂亮，我的新座位坐着很舒服。我的新老师跟我想象的不一样，他有点黑，戴了一副眼镜，有时笑眯眯的，有时会批评人。我的新同桌是个男孩子，他的名字我忘了，只记得他的书包是蓝色的，长得有点胖、有点矮，很可爱。

上课之前，徐老师让我们一个一个介绍自己，快到我的时候我害怕极了，全身发抖，轻声说："大家好，我是喻桐铃，今年8岁。"不过第二遍说的时候，我的声音就很响亮了，得到了一颗五角星。

下午，妈妈来学校接我，我很开心地回家了。

我上小学了

张昊

刚上小学时，我的内心既兴奋又紧张。我总是在想小学的校园是什么样的？老师会像幼儿园那样和蔼可亲吗？

开学第一天，当我走进校园时，心怦怦直跳。但当我看见美丽的校园、明亮的教室、和蔼的老师，心情一下子就放松了。

课堂上，我坐在教室里认真听老师讲课，和同学愉快地学习。下课后，我和同学一起玩耍嬉戏。在老师的教育指引下，我渐渐学会了怎样学习、怎样生活、怎样劳动……

记得少先队活动那天，当三年级的哥哥姐姐给我们一年级的小朋友戴上红领巾时，我好兴奋、好自豪呀！我终于成为一名光荣的少先队员了。

现在我上三年级了，但一年级的点点滴滴仍然留在我的记忆里。

我上小学了

林奕佳

幼儿园时，我天天盼着上小学。去年九月，我终于上小学了，有点兴奋，有些紧张。

当我背着大书包走进校园时，我发现学校比幼儿园大多了。看着陌生的校园和面孔，我害怕了，心想：小学老师是什么样子呢？带着疑问，我走进了宽敞明亮的教室。当老师把一本本新书发给我的时候，我激动极了，内心的害怕也渐渐消失了。

才短短一个星期，我就喜欢上了小学生活。我喜欢在闹钟声中醒来，吃外婆准备的美味早餐；我喜欢妈妈送我上学，路上我们一起猜今天的课上老师会给我们讲什么有趣的事；我喜欢课间休息，可以和好朋友一起快乐地玩耍……

我终于上小学了！我一定会不断努力，不断进步，争取做一名优秀的小学生。

第2节　智慧课堂大比拼

课堂历险记

于谨赫

我的课堂是五彩缤纷、生动有趣的，就像一场卡通人物集合的奇遇记。这里有唐僧也有齐天大圣，有爱丽丝也有大雄，还有喜羊羊、美羊羊、熊大、熊二……

课堂上，我的老师就像慢羊羊，虽然他有时候会很唠叨，但是他知道很多我不知道的知识和道理。他会做很多的小实验，当然有时候也会像慢羊羊校长一样在实验中出现一些小失误，误伤自己，引得我们哈哈大笑。更多的时候，老师像哆啦A梦，可以变出各种宝物，带我们在学习的海洋里快乐地遨游。

我很喜欢和我的同学们一起上课。有的同学很聪明，就像喜羊羊一样，可以教我做我不会的题目；有的同学很强壮，就像沸羊羊一样，在运动会上为我们的班级增光添彩；有的同学有点迷糊，偶尔会在课堂上跟着爱丽丝去梦游仙境……

课堂上的我，比较百变。课堂上勇敢回答问题的我就像齐天大圣，而那些题目就像一个个的小妖怪，高高举起的手就像金箍棒可以把小妖怪全部消灭。课堂上做练习题的我有点像哆啦A梦里的大雄，有时候有点懒惰，这时候我的老师和同学就像我的机器猫，他们总有各种办法变出宝物帮我解决一道道的难题。体育课上的我就像汪汪队里的小队长，在漂亮的操场上飞奔，带着同学们一起探寻那些只属于我们的宝藏。我也会像图图一样，偶尔闯祸，偶尔犯错，有时候也会忍不住在课堂上乱说话，这时候的老师就像唐僧一样，一遍又一遍地告诉我这样是不对的。

这就是我的课堂，好像是一场游戏，更像是一场动漫人物的集合，而我就像是一个小小的动漫人物，在这个王国里历险。我爱我的学校，我爱我的课堂，我会在这里快乐地成长，学习知识，强健体魄，成为更好的人，让爸爸妈妈还有老师为我骄傲。

当老师的一天

王成业

今天老师让我们当一次小小老师,全班同学都非常开心,仿佛像小蜜蜂见到了花朵一样。有的小朋友想当音乐老师,有的小朋友想当体育老师,还有的小朋友想当数学老师。但是我想当语文老师,因为我的语文成绩很好。

小明是体育老师,今天他打算不教课,让我们自由活动,有的小朋友跳绳,有的小朋友踢足球,有的小朋友打篮球,操场上的我们像一群群小燕子,飞来飞去。

我是语文老师,今天我教大家写生字。小刚的字一直写得不好,我教了他十遍。我又让同学们写了一篇文章,我看了大有感触,他们的写作水平实在太高了。

通过这一天的体验,我发现当老师是多么的不容易,多么的艰难,我以后再也不会在课堂上调皮了。

难忘的一节课

纪奕昊

上学期的一节语文课是我最难忘的一课,直到现在我还记得很清楚。

上学期我还胆子很小,老师提问我都不敢举手。有一次,老师提了一个问题,很简单,同学们都举手了,都怕抢不到回答问题的机会。老师看到同学们都把手举得很高,很积极,脸上挂满了笑容。老师的目光从同学们身上扫过,最后,看到了我。而我把头埋在书桌上,生怕老师看到我,叫我起来回答问题。虽然我知道答案,可是我不敢举手,答错了怎么办?

但老师还是叫我了,我起来小声回答了这个问题。老师高兴地说:你回答得很好,能不能再大声地回答一遍? 我又大声地回答了一遍。老师高兴地为我鼓掌,同学们也为我鼓掌,我高兴地坐下了。

说来也怪,从那节课以后,我的胆子大了起来,开始和同学们一起举手回答问题,我变得自信了。

这节课最让我难忘的是老师鼓励了我,让我改变了自己。我不会忘记老师,也不会忘记这节课。

最难忘的一节课

高明昊

我现在已经上六年级了，作为一名学生，我上过很多课，有的让我开心，有的让我烦恼，有的让我忐忑不安，而更多的是让我进步。目前让我最为难忘的就是二年级的第一节数学课。

上课铃声刚刚响起，数学老师单老师就抱着书走了进来，用她那甜甜的嗓音对我们说："同学们好！"接着就让我们翻开课本，说道："今年，是全新的一年，我们要接触全新的知识加减法，下面请同学们看看大屏幕上的数学知识，提出问题……"这时单老师让我起来回答，我虽然知道答案，可是那毕竟是开学的第一节课，当老师跟全班四十多名同学的目光聚集到我身上时，我就感觉自己的心里好像有面小鼓在"砰砰"作响，我只好硬着头皮试一试。

我站起来，面向老师，声音细小地对老师说出了自己的答案，说完后我连忙低头坐下。单老师没有说我说的对不对，只说下课后让我去她办公室一趟，我当时很害怕，担心被老师骂。

下课后，我忐忑不安地来到了办公室。老师对我说："明昊，你今天的题回答得全对，老师真为你感到高兴，要是能再熟练和大声点就更好了！"我虽然还有不足，但是老师的这句话让我有了学习的动力和以后在众人面前回答问题的胆量。

单老师现在您虽然不教我们了，但您对我们慈母般的教育我们永远不会忘记。大家都说您在培养祖国未来的栋梁，可我想对您说您就是我们祖国的栋梁，正是您为我们这一代人撑起来一片成长的天空！

难忘的一节数学课

崔美嘉

时光流逝，转眼间我已经是四年级的学生了，这学期我们换了一位新的班主任老师，同时也是我们的数学老师。她个子不高，说起话来声音洪亮、和蔼可亲，我们都非常喜欢她。

一直以来，我的数学成绩都不算太好。我是一个特别内向，不爱在同学面前表现自己的小女生。可是新来的班主任老师是专门教数学的，听说她的教学非常严格，而且今年的数学课，她还要求我们每一个人都要站在讲台上，仿照老师的样子，给同学们讲课。数学不仅要会做题，而且需要表达和交流。听到这些，我的心里特别害怕上数学课。

时间一天天地过去了，终于轮到我上台讲题了。一向内向的我，不知怎么办才好。在老师和同学们的催促下，我不情愿地走上了讲台，心里像揣了一只兔子一样，怦怦直跳，心里想着快点讲、快点讲，好早早结束。站在讲台上，我满面通红，头脑一片空白，硬着头皮、稀里糊涂地讲完了。有同学在一旁说："这么简单的题目都讲不好，说不出来！"顿时，我感到好委屈，这道题我明明会做，可就是表达不出来。讲台下同学们的一言一语，让我有些难过。这时候，老师走了过来，她用亲切的目光看着我说："没有关系，讲得也很不错，只差一点就把这道题讲清楚了，第一次上台来体验做老师已经很好了。"说完之后，老师又转向同学们说："同学们，每个人都有第一次走上讲台的时候，敢走上讲台就很勇敢了，这就是一个突破，我们应该把热烈的掌声送给勇敢的她！"老师鼓励的话语让我感动极了，心里也在默默发誓，自己一定要倍加努力，克服自己的胆小。

第二次上台讲题，我再也不恐惧和紧张了，如行云流水般的讲出了我的想法。听着同学们的阵阵掌声，我的心中充满了感动和感恩，同学们的掌声让我更加自信。在我的心里，老师，你是那么的高大，是你帮我克服恐惧，变得自信与坦然。

慢慢地我觉得，自己好像爱上了数学。谢谢你老师，谢谢那节令我难忘的数学课。

一节难忘的数学课

刘雨涵

上小学的三年半以来，我上过无数节数学课，最难忘的是四年级班主任孔老师的一节数学课。

有一天，我们班有老师来听课，我特别激动、紧张。之前孔老师教给我们一种新的学习方法——小组合学。我很喜欢这种方法，想走上讲台、当小老师，但是又很不好意思，心里矛盾不已。

开始上课了，我们学的是三位数乘两位数的笔算，在小组展示之前要先独立解决。我边做题边想：我到底上不上去讲呢？我很纠结，觉得脑子里出现了一个天使和一个女巫。天使好像在说："上去讲吧，这可是千载难逢的好机会，要把握住哦！"女巫好像在说："不去了吧，万一讲不好，多丢人呀。"经过几轮较量，最终天使"打败"了女巫，我决定今天一定要走上讲台。

终于到小组展示环节了，我们小组三个人都举起了手。老师点了我们上台。上台之前，老师面带微笑地朝我们点点头。我心里更是激动万分，同时又信心倍增。展示时，我们明确了分工，吕欣蓉当主持人，我当小老师，金铉宇补充。吕欣蓉先说："下面由我们组来交流我们的方法，我们组有一种方法，由刘雨涵同学讲解，请大家认真倾听。"说完我便大步走向讲台，讲出了自己的想法并一一解答同学们的疑问，站在讲台的那一刻，仿佛自己真的变成了老师，自豪极了！听着同学们肯定的评价，心里真是乐开了花！

一节难忘的数学课

郑睿博

我是四年级的学生郑睿博。四年来，我上过无数节数学课，大多数学课都随时间的流逝而淡忘了。不过有一节数学课，至今让我记忆尤深！

上课铃声过后，孔老师像往常一样准时出现在讲台上。静坐的时候，我发现孔老师的表情挺严肃的，心里想：一向有亲和力、幽默、爱笑、对我们总是夸赞的老师今天怎么回事？我的脑海里出现各种画面……我的大脑在开小差，以至于老师讲的我基本没听到，只知道老师在讲相遇问题。

"路程、速度、时间三者之间的关系是怎样的呢？"听到老师洪亮的声音，我一下子惊醒了，此时脑子里像是灌满了糨糊。我快速地看了一遍知识点。身边的同学站起来回答完问题后又坐下，我正在庆幸自己没被点到名字，逃过一劫，老师嘹亮的声音就在我耳边响起："郑睿博，你来背诵一下。"真是怕什么来什么，原本熟悉的名字，此时听起来特别可怕。我不情愿地站起来，连看也不敢看老师一眼，嘴里支支吾吾地回答道："时间=速度÷路程……"看到同桌惊讶的表情，我知道我背的是错误的。我赶紧低下头，像一个畏罪潜逃的罪犯正在等着被判刑。出乎意料的是老师并没有批评我，只是语重心长地跟我说："你是不是开小差了？老师知道你可能不是故意的，但是课堂上的时间非常宝贵，希望你能充分利用！下次一定注意！"

听着老师的话语，我羞愧地坐下，调整好自己的状态，不敢再开小差，紧随着老师的思路，就怕自己再次出丑。还好，在随后的小组合学中，我表现得很出色，得到老师赞许的目光，心里才平静下来。

课间我还在懊悔不已，深刻检讨自己：老师上课那么辛苦，我却没有尊重老师的辛苦付出；在学知识的路上偷懒了，对自己不负责任……

现在每当回忆起这节数学课，都让我不断提醒自己，上课要专心致志。

难忘的数学课

朴志晟

在生活中，我们都会有许多难忘的事，难忘的人……而让我最难忘的一节课是一年前的一节数学课。

"丁零零"上课铃一响，我们立刻回到自己的座位上，端端正正地坐在椅子上等着老师走进教室。这时，我看见老师面带笑容走了进来。一声"老师好"、一声"同学们好"，一节令人难以忘怀的数学课正式开始了。

今天老师讲新课，我们认认真真地听老师讲课。老师用提问的方式复习今天学过的内容，同学们一个个跃跃欲试，都争着要回答。老师觉得我们理解得差不多了，便给我们出了一道稍微难一点的应用题。这道题跟前面讲得不一样，我一遍又一遍地读题，却怎么也想不出来，找不到头绪，一筹莫展，反复地寻找着可行的方法。之后，我万般无奈，并准备放弃做题的时候，脑海中仿佛有着模模糊糊的光芒——那是通向答案的出路，接着这道题就被我拿下来了，我心里长舒了一口气。

这节数学课真是令人难以忘怀，它让我明白了不要轻易放弃的道理。

难忘的数学课

徐梦晗

"丁零零"上课铃声响了，同学们赶紧回到座位上坐好，这节课是我最爱的数学课。

老师面带微笑地走了进来，和往常一样，老师先给我们出示了情景图，并对同学们提出问题：怎样求圆锥的体积？老师说："同学们，小组讨论一下，并设计一个方案，我们应该怎样来求圆锥的体积呢？"于是，同学们便在下面七嘴八舌地讨论起来。过了几分钟后，老师拍拍手，示意我们坐好。老师说："哪个小组来说一下你们的方案。"同学们跃跃欲试，都争先恐后地举手。第一组上来的是崔真豪组，崔同学作为他们组的代表发言："我想把圆锥平均分成若干份……"未等崔同学讲完，"你这样根本就没有意义呀，平均分成若干份，也组不成立体图形，也没办法求体积呀"，旁边组的同学忍不住说道。"对呀，我也这么觉得"，同学们你一言我一语地争着表达自己的想法。无疑，崔同学这个方法暂时不能成立。就在他们争论的时候，身为数学课代表的我灵机一动："我觉得我们可以这样，我们先找一个等底等高的圆柱和圆锥，找找他们的联系。"

我们拿出了学具盒里的圆锥和与它等底等高的圆柱模型，老师把沙子分到每个小组手里。我们先把沙子装进一个圆锥内，发现正好装满，又把放在圆锥里的沙子倒入一个同它等底等高的圆柱内，发现有的同学的圆锥里沙子是同它等底等高的圆柱的1/3，也有的是同它等底等高的圆柱的1/4，这是为什么呢？同学们很纳闷。突然高同学站起来说："可能是沙子里有石头的原因，占据了一定的空间吧。"同学们想了想，若有所思地点了点头。

这时，同学们拿起提前准备好的盐和学具开始研究起来。同学们先把盐放进了一个圆锥内，发现正好装满，又把圆锥里的盐倒入一个与它等底等高的圆柱内，发现圆锥里的盐正好是与它等底等高圆柱沙子的1/3。由此，我们推断出了圆锥体积的公式，就用与它等底等高的圆柱的体积再乘上1/3就好了。老师认同地点了点头，笑着对我们说："不错，你们能借助于学过的知识自己解决新问题，而且能在研究的过程中发现问题——沙子里面有空隙，并能找到解决的方案，思维很严谨，了不起呀！"

最后，老师根据我们的汇报总结了圆锥体积的计算公式，并且给我们出了一道判断题：圆锥体积是不是圆柱体积的1/3。有的同学说对了，也有的同学说错了，大家的意见不一。突然，一位同学若有所悟地大声说道："体积间的关系应该是等底等高……"同学们恍然大悟。

这节课真有趣啊！它既让我明白了数学要具有一丝不苟、严谨的态度，又开拓了我的思维，我爱数学。

一堂有趣的科学课

郑睿博

时光荏苒，我依然忘不了那堂有趣的科学课，它让我对这个世界有了更加深入的认识……

为数不多的科学课对我来说太有诱惑力了，清脆的上课铃声刚刚响过，科学老师就抱着鹿皮绒、丝绸的布料、玻璃和胶棒等快步进入教室。只见她不动声色地放下东西后，拿起粉笔在黑板上写了一个大大的"电"字。

教室里格外安静，同学们都竖起耳朵等待着上课，而她却叫了一位女生走上讲台，让她把自己的笔杆使劲地往头上摩擦后，再把笔伸向一堆碎纸屑。刹那间，奇迹出现了，许多纸屑都自动地黏连到笔杆上。正当我们目瞪口呆时，老师问道："知道是哪来的电吗？"我们异口同声地回答："摩擦的呗。"

"对，确实是摩擦得来的。"老师高兴地接过我们的话一字一句地说："物体摩擦后能够吸引轻小的东西，我们就说这物体带了电。这种用摩擦的方法使物体带电的现象，就叫摩擦起电。摩擦起电的现象是经常发生的……"

同学们津津有味地听着、看着，课堂气氛格外的好。最后，老师像魔术师变魔术那样让我们观看了用摩擦起电的方法，使玻璃上的小纸屑跳舞，而且还给我们分了道具让我们也一起做摩擦起电的实验。我们边做实验边感叹，科学真是遍布各个角落啊！未来一定好好学习，接触更多的科学……

整节课上，大家笑的笑，鼓掌的鼓掌，一堂有趣的课在欢声笑语中结束了，同学们恋恋不舍地放下手中的实验，纷纷说道："怎么这节课这么短啊！"

这真是一堂有趣的课呀！我们盼望着下次还能上一节这样有趣的课。

一节美好的数学课

纪贺然

上课的铃声响了起来，大家急忙走进教室上课。

老师说："同学们马上就要期末考试了，今天我们就来复习一下有余数的除法。"然后老师用大屏幕投影出了一幅图，图上画的是一只小白兔采了九个蘑菇，她要分给她的朋友小灰兔可是却不知道该怎么分，"同学们知道怎样列算式吗？"

我举手说道："算式是$9 \div 2 = 4$（个）……1（个）。"老师表扬了我。这真是一节快乐的数学课，不光是老师表扬了我，也因为我巩固了以前学的知识，而且通过复习我还把以前不会的题和考试中的错题都牢牢记住了。

时间过得飞快，转眼间下课的铃声响起。老师说同学们这节课就到这里，希望你们好好复习。我在心里暗暗发誓，我一定要好好复习，争取取得更好的成绩，不粗心，不贪玩。

这真是美好的一节数学课啊！

第3节　我是智多星

不轻言放弃

全智恩

我想大多数的人在碰到突发状况或意料之外的事情的时候，会产生恐惧感甚至会选择放弃，打退堂鼓。

我曾经也是这样，缺乏挑战精神，经常选择放弃。但是，去年偶然发生的一件事情，让我不再害怕挑战，而是让我充满信心去迎接挑战。

五年级上学期的时候，老师推荐三名同学去竞选大队委，很荣幸我也在其中。但是苦恼的是，我不知道大队委是如何竞选的。

竞选的那一天终于到了，我怀着紧张的心情走向了会场。

经过咨询之前的同学，我了解到是在校长和教导处老师们面前自我介绍和说明竞选目的，并回答老师的提问。终于轮到我啦！我能感觉到我的双腿发软，心脏都要跳出来了。

面对着许多老师们的目光，我生怕自己说错话。还好第一部分没有什么大问题，顺利结束了。因为到了值勤时间，没等到全部结束我就提前离开了会场。可是，万万没想到问题就出在这里。我离开之后，老师公布了一周后还有第二部分竞选，恰巧和我一起竞选的同班同学又忘记告诉我了，我还以为竞选就这么结束了。

一周之后，星期一中午，和我一起竞选的同班同学突然跑过来告诉我："马上去参加第二部分大队委竞选！"我整个人都愣住了，"什么？还有第二部分竞选？"我慌慌张张地跑向了竞选会场，到了那里才知道是才艺表演。

"这可怎么办，我根本没做准备，这可怎么参加呀！要不，我放弃？我参加还是不参加？"内心不断抗争着。

"不参加的话，我就有可能再也没有机会当上大队委了，参加的话，我该怎么做呢？"在我自相矛盾的时候，已经有好几个同学弃权了。

"不行！我不能放弃，我要挑战一把！"下定决心后，我迅速跑回教室，拿上了语文课本，挑了一篇我熟悉的课文，决定朗诵课文。

很快轮到了我，我鼓起勇气走到了评委面前，认认真真朗诵了一篇课文。

竞选终于结束了，可是紧张的心情却持续了很久。

"全智恩同学竞选上了文艺委员，请到操场集合。"下午我听到了学校的广播。

"哇！ 我被选上了！"就在当天下午，我在全校师生面前戴上了大队委员袖标，当时的心情别提有多激动了。

现在想想，如果我也像其他同学一样弃权的话，我就不可能当上我喜欢的大队委员，我是多么庆幸和自豪当初的坚持、当初的勇敢挑战。

我知道，以后的人生中还会有许许多多这样的时刻。通过这件事情，我知道了放弃很容易，坚持却很难。但是，放弃会让我们一无所获；坚持会让我们获得胜利、成功，还有实现梦想。

希望今后的我，每当遇到困难的时候，都能像这次一样，不轻言放弃，敢于挑战，抓住每一次机会，实现梦想。

漫画老师

孙晨悦

她长着一张秀气的瓜子脸，乌黑的大眼睛上有着一副方方的眼镜，看起来上知天文，下通地理；开心的时候嘴巴一咧，十分迷人；乌黑的短发十分光亮，身材十分苗条，像柳枝一般。她就是我们的语文老师——纪老师。

我们的纪老师有一点健忘，有一天上课，我们等了大约5分钟，老师才进来，并不好意思地笑着说："我都忘记这节课是上语文了！"可是就在讲着讲着的时候，突然老师又说了一句："这道题我讲过了吧？"正当下面的同学开始议论纷纷时，班长站起来说了一句："这道题是您上节课在一班讲的！"这时老师才小声地回应着："哦，是吗？"说完便开始继续讲起来。

她每次走进教室都很温柔，其实都被她的外表所蒙骗了，她对我们从来都是非常严厉的哦！

有一次我们考试，考了历史最差分数，才3个80分以上的，40分以下是低分，我们班竟然有4～5个。但我们的老师却一点儿也没生气，开始我以为这是一个好脾气的老师，可是很快，我就明白了，老师不跟我们生气，但把这一切都告诉了我们的家长，让家长来管教我们，这样老师也达到了她的目的，你说，这样的老师是不是太机智了？

纪老师不仅仅是一个严厉的老师，还是一个有趣的老师。

有一次我们和一班合堂，老师还夸我们班上课听讲得好。第二节课老师说："学了挺长时间了, 娱乐一下, 讲个笑话吧! ""好"我们异口同声地说道。我们讲的笑话一个接着一个, 多得数不过来, 并且一个比一个搞笑, 到了最后, 老师也给我们讲了一个关于人天天被挨打的笑话, 这样看来我们的老师也没有那么严厉。

我们的纪老师就是这样一个柔中带刚的人, 既严厉也不缺乏温柔, 我就是喜欢她。那么你们喜欢的老师又是什么样子的呢?

印象最深的一件事

赵梓涵

我在学校的生活丰富多彩, 我们上课认真听讲, 下课开心玩耍。在这丰富多彩的生活里, 也发生了许许多多的事情, 有令人捧腹大笑的, 也有让人后悔不已的, 还有让人感动万分的。但最让我难忘的还是我和几个同学一起为一年级同学讲解校园内的植物的事情。

有一天, 老师叫了我和几个同学去她的办公室。她告诉我们, 学校想让几个同学为一年级学生讲解植物知识, 老师说: "老师想了一下, 觉得你们几个去讲解比较合适。有谁不能去吗? "我们异口同声地回答: "没有。"老师点了点头, 笑了笑说: "那你们去找下面的保安大爷吧, 他会教你们一些关于校园植物的知识。"我和同学们点点头, 并问了老师一些问题, 就下楼找保安大爷去了。我们下楼之后, 找到了保安大爷。他带着我们从学校前门讲到学校后门, 在这中间, 我们请教了许许多多的问题, 大爷也很有耐心, 一一为我们解答。我依稀记得, 当大爷为我们讲到一棵特别大的松树时, 他告诉我们: "这棵松树活了几百年了, 它从咱们学校建立开始到现在, 移了三次位置。"当大爷说完后, 我们一脸震惊, 不禁"哇"的一声叫出口。

紧接着, 他又带着我们从后门转到了前门。我又依稀记得, 他说学校中有一棵樱桃树, 其中一个同学开玩笑似的问: "大爷, 等这樱桃熟了, 能请我们吃吗? "我们有点期待, 大爷笑嘻嘻地回答: "行啊, 等这樱桃熟了, 给你们点樱桃核。"我们不禁哈哈大笑。大爷差不多给我们介绍完了, 就回到门卫室。在之后的时间里, 我们一直在讨论该如何给一年级的小同学讲解。同学们讨论着, 终于定下了方案。不知不觉就下午四点了, 是时候回家了, 我们道了别, 便各回各家了。那天晚上, 我除了写作业外, 基本就是查资料了。

到了第二天上午, 在下课之后, 我们几个同学聚到一起, 互相分享自己找到的资料, 并互相补充对方没有找到的资料。午饭后, 我们与那些一年级的小同学见面了,在我讲解的过程中，她们提问了我很多问题，让我充分感受到了他们的天真可爱。还记得有一个小朋友非常积极，我每讲一个植物，他都有问题问我。当然了，在过程中，我特地跟他们介绍了那棵年龄很大的松树，他们那震惊的表情可爱极了。

还有一个小女孩问我："姐姐，那个树叶像小扇子一样的树叫什么名字啊？"我笑了笑说："这棵树叫银杏树。"随后，她们又问了我很多问题……当我讲到樱桃的时候，竟然有一个小同学提了和我的同学一样的问题，我笑了笑，用大爷的话回答了他。我们都哈哈大笑起来。这就是我在校园中印象最深的一件事。

第三章

体

第三章　体

①拔河比赛

②运动会

③旋风足球队

　　四肢不健,何以立身?身无可依,何以安魂?魂无可依,何以安智?智无可依,何以安德?德智美劳皆为0,身是前面的1。没有了1,一切皆为0。学好体育,强身健体是基础。学校非常重视学生体能的培养,授予学生健康的知识、技能,发展他们的体力,增强他们的体质,培养他们的意志力。除了每天的体育课之外,学校每年两次举办体育节,同学们都可以根据特长,参与比赛。此外,学校还成立了足球社团、独轮车社团、健美操社团,学生练在其中,乐在其中。

第1节　多彩体育节

运动会

孙馨悦

　　这次的秋季运动会使我终生难忘,它使我懂得了团结的重要性,有些事情不是一个人可以完成的,而是需要团队的力量,只要大家齐心协力,就能收获胜利的果实,得到快乐。

　　今天的天气非常晴朗,微风阵阵,我早早地起床,穿上整齐的校服,戴上鲜艳的红领巾,扎上一个马尾辫,高高兴兴地来到学校。

　　来到操场上,看见彩旗飘扬,各个班级正在为运动会做准备,开幕式的第一个项目——走方阵马上开始。音乐响起来了,我们排着整齐的队伍,迈着矫健的步伐,手中拿着拉花,听着体育班长的口号,“一二一,一二一”向主席台走去,我们的心里充满信心。接下来进行开幕式的第二个项目——升国旗,唱国歌。国歌响起来了,我们向国旗敬礼,庄严地目视国旗,挺胸抬头,随着国歌一起唱起来。看着国旗在高空中随风飘扬,我不禁感到骄傲自豪!然后进行了第三项校长和运动员代表讲话。最后体育老师说:“运动会正式开始”。

　　运动会正式开始,参赛的运动员个个摩拳擦掌,好像浑身有使不完的力气。

　　首先是100米短跑,运动员们飞快地跑了出去,一眨眼,他们已经到了终点。看体育场内的那些跳远、铅球的运动员们也比得热火朝天。

　　过了一会儿,开始进行第五个项目——800米赛跑。我就是参加这个项目的其中一人,我站在跑道上,开始做热身运动。“各就各位。”裁判员喊道。我准备好起跑动作。“预备,开始。”枪声一响,参加800米的运动员像一支支离弦的箭飞驰在跑道上。“加油,加油。”一旁的啦啦队呼喊着。参加800米的运动员们全部大显身手,第一圈、第二圈跑完了，还剩下三、四圈。我开始跑第三圈时，力气已经耗尽，感觉自己已经跑不动了，最后一圈开始了，我已经落在了后面，但我听到我们班的同学们为我呐喊："加油，加油！"他们的目光里充满了对我的期待。我又鼓足了信心，迈开脚步，向终点冲去，最后，我得了第二名，同学们喊着我的名字，对我说："你太棒了！"

下一个项目是接力比赛。我和我们班的其他三位同学参赛。在比赛前，班主任老师叮嘱我们，这个比赛需要团队的力量，要齐心协力才能取得胜利。我们四个又在一起商量了一下比赛策略，一定要传得准，接得稳。比赛开始了，通过我们四个人的共同努力，我们获得了第二名。全班同学高兴地欢呼起来。

运动会结束了，体育老师宣布成绩，我们班得了全年级的第三名。

通过这次的运动会比赛，我明白了两点道理：一是不管做什么事情都要坚持，永不放弃；二是比赛并不是什么都得第一名才会快乐，更重要的是要和同学们团结，互相关爱，互相帮助。我们的班级是个大家庭，我们要把四十八颗心，心心相印，四十八双手，手手相连！

这次的运动会，让我终生难忘，因为它教会了我团结、友爱！

运动会

徐可

每一学年我们学校都会举行运动会，我们盼星星，盼月亮，终于迎来了自己的"运动会"。

运动，是一个极富魅力的词，它使人精神振奋、情绪激昂。每当运动员们跑在跑道上的时候，背影似乎总凝结着一种温柔的金色，为跑道镀上了一层永不褪色的金光。

我们先来看一看六年级的男子长跑。

比赛即将开始，各班的运动员都在做最后的赛前准备，他们个个摩拳擦掌、跃跃欲试，准备在赛场上大显身手。

"砰"的一声，运动员如脱缰的野马在跑道上飞驰，慢慢地，由于跑的圈数太多，一班与二班最先败下阵来。三班和四班也慢了下来，在最后一圈，三班一个冲刺，顺利赢下了这一场比赛。

看完了精彩的长跑，我们再来看一下拔河吧！

六年级是抽签选对手，最后两个赢的班比，两个输的班比，进而分出名次。我们三班很不幸被抽到了与一班作战，但我们毫不气馁。比赛开始了，每位同学都使出吃奶的劲，像一只只猛虎在抢自己的吃食。有一位胖胖的同学，使出了九牛二虎之力，使劲往后拽，手心都勒得发红，汗珠滚滚。红丝巾慢慢往一班移，三班一看，心里不知道来了什么劲，立刻往后拉，很快红丝巾便往我们班移动，我心想：冠军非我们莫属。"啪"的一声绳子断了，三班和一班的同学全部倒在了地上，这场激烈的比赛才算结束了，最后是我们赢了，获得了第三名。

这就是我的运动会，一个欢笑、快乐的运动会。

运动会

叶小加

一年一度的运动会随着广播员慷慨激昂的声音开幕了！同学们怀着激动的心情踏入操场，在老师的带领下迈着整齐有力的步伐通过主席台，又随着队伍走向了观众席。观众席中即将上场的运动员摩拳擦掌，就等着表现一番；啦啦队员也兴奋不已，等着给运动员加油呢。

接下来要比拼的是100米，我们班上场的是一个瘦小的男生，你可别看他瘦瘦小小的，爆发力可不一般。

在这场不分上下的比赛中，我看得提心吊胆，生怕一个不留神，就错过了精彩瞬间。我们班的选手也没有辜负我们的期望，顺利地拿下了冠军。班里一片欢呼，就差把选手抬起来庆祝一番了，班长看到我们这么激动，安抚我们："别这么激动嘛！下面还有很多场比赛，我们肯定还会赢的，照你们这么个激动样，还不兴奋得晕过去啊？"我们哄笑起来。

下面是1500米的比赛，该我们班班长上场了，这次隔壁班也派出了他们的体育委员。我们在观众席看得紧张又兴奋，紧张是因为遇上了一个强劲的对手，兴奋则是因为两个实力不相上下的对手聚在一起我们自然也能看一场精彩的比赛了！选手要上场了，我们忐忑不安地期待着班长能够拿个好成绩，给班长倒水也小心翼翼，班长看我们的紧张样儿哭笑不得，无奈说道："放宽心，比赛的又不是你们，怎么就这么紧张呢，放心嘛，我会尽全力拿到好成绩的。"我们听了这话便稍微放松了一点。

比赛随着哨声开始了，班长慢悠悠地跑着，隔壁班的体育委员和他不相上下，我们看着都着急，就这样持续了五六圈，班长一点一点加速，缓缓地超过了前面的选手！第四……第三……第二！

班长差点拿到了第一，我们不禁惋惜了起来，同时也为自己能看到这么一场精彩绝伦的比赛而高兴！

运动会真令人热血沸腾，无论是谁，都在期待下一场运动会的到来！

运动会

赵依茹

今天上午，我们听到了一个好消息，说过几天学校要举行一年一度的运动会，同学们听完十分激动，都兴致勃勃地讨论着，就连老师也露出了阳光般灿烂的笑容。

终于到了运动会这天，同学们早早地来到了学校，个个精神抖擞，校长致完辞，宣布运动会正式开始！

首先我们来看跑步比赛，现在是50米短跑，看一班同学蓄势待发，似乎要将冠军收入囊中，二班同学也不甘示弱，等待着哨声的响起，想要和一班同学一决高下，三班、四班更是希望自己可以为班级争光。突然，哨声响了起来，啦啦队卖力地喊着"加油"，比赛的同学像离弦的箭一样冲了出去，短短的几秒钟内就决出了胜负，啦啦队爆发出了激动的欢呼声。

紧接着就迎来了400米的长跑，每个班都派出了跑得最快的同学参加，哨声响了，我的眼前就像刮过一阵风一样，运动员不相上下，似乎都可以拿冠军，就在一班同学快要碰到终点线的时候，他的脚突然扭到了，就这样，他与冠军失之交臂，二班的同学获得了冠军。

接下来又开始了跳远的比赛，我们班派出了跳远健将，但他的肚子突然疼了起来，看来这次的冠军可能拿不到了。我们都十分失望，但为了不给他增加压力，我们都没有表现出来，但他却说让我们放心，他一定可以的。我们班的运动员的上场号码是八号，同学们都耐心地等待着，希望可以出现奇迹。终于轮到了他，他纵身一跃，出乎意料地跳了最佳距离，欢呼声、呐喊声响成一片，最终，我们班获得跳远的冠军。

最后的一场比赛是跳绳，如果获得该项目的冠军，我们班就是级部冠军。跳绳一个班可以派出两名同学，我们派出了班长和副班长。"开始"，随着一声令下，同学们都开始跳了起来，啦啦队员们用尽全身力气为他们加油，即使已经晒了一天，但丝毫不影响为班级加油。结果出来了，我们并没有得到冠军。

我相信，功夫不负有心人，下次我们一定能获得冠军。

运动会

朴文哲

今天我们学校迎来了一年一度的校运动会,我心中满是兴奋与期待。

令我记忆犹新的是接力跑,因为我参加的就是这个项目。比赛开始了,只听"砰"的一声枪响,第一棒的赵凯同学像一支箭一般冲了出去,只见他准确无误地把棒传给了下一个同学,这时我们已经超过了两个班。

马上到我了。这时,我的心就像进了一只兔子似的直跳,我紧张极了,生怕掉了棒。前一个同学把棒传给了我,我一点也不敢犹豫,抓起棒就往终点冲,在跑的路上,我听见了旁边的同学在为我加油。我使出全身的力气向终点跑去,因为我前面有两个班,但最终我只超过了一个,得了第二,我非常自责,自责没跑好。

随后1500米比赛开始了,纪欣雨冲在了最前边,他是我们班的长跑冠军,我相信他一定可以得第一名的。他跑了一圈又一圈,我们喊加油喊了一遍又一遍。终于,他来到了终点,在他跨入终点的那一刹那,他瘫坐在地上,这时我的心中不由得一颤,到底是一股什么力量将他推上了1500米这一个漫长又富有挑战性的赛道呢?突然,我明白了,是坚定的毅力和无比巨大的勇气!啊,运动员们,我们为你们骄傲,我们为你们感到无比的自豪!

通过这次运动会,我明白了一个道理:我们的人生道路就像是运动场,需要的是拼搏和勇气,才能带领我们跨越胜利的终点线。

运动会的故事

赵子戊

几天前的一节体育课,老师让我们比赛赛跑,我心里可高兴了,赛跑可是我的强项,终于有机会可以大显身手了。老师的哨声一响,我就如离弦的箭飞快地向前冲去。左右事物如一条彩线,在我身边飞快地闪过了。呵呵,轻而易举,跑了个第二。正当我窃喜时,一个声音传来:"男生前三名参加运动会长跑项目。"

没过几天,运动会就拉开了帷幕。大家举着彩旗、气棒,纷纷来到操场,为自己班中的同学加油。操场上,来自各班的"强手",都摩拳擦掌,做好了比赛的准备,眼睛里流露出自信的色彩。

"二号!二号!请二号马上到位!"广播连续呼唤着。我期待地站到赛场上,做好起跑的姿势，"预备，跑！"风呼呼地在我耳边吹过，400米刚好是操场的两圈，我努力向前冲刺着，可是，我却跑在第三名。我十分着急，可这又能怎样？"加油！加油！二号加油！二号最棒！"我耳边响起了同学们的呐喊声，脚上不自觉地加快了速度！我飞速地冲到了第一名，但我自己知道，这不过才300米，我已经浑身无力。剩下的100米是多么漫长，真的好想放弃，但是，我再次听到了老师和同学们的呐喊声，我不能放弃，我要拿第一名！

最后的总决赛是最紧张最刺激的接力赛！我们老师派出了班里跑得最快的男生，纪温浩、吴远航、姜企泰还有我。我们是这样分配的：我是第一棒，姜企泰是第二棒，吴远航是第三棒，纪温浩是第四棒。

接力赛即将开始，教练手上的枪"砰"的一声，一颗红色的信号弹腾空而起，我也做好了准备，开始起跑。我一直在冲刺，并快速地将接力棒递给了姜企泰，他紧握接力棒，像踩了风似的冲了出去。等吴远航拿到接力棒后，他犹如飞箭一般冲了出去，传给了纪温浩。纪温浩又仿佛像一头豹子一般，冲向了第一名，我们拿下了冠军！

运动会结束了，这次运动会让我懂得了一个道理：遇到难题不要放弃，不管是否成功，总该拼一拼！

运动会的故事

纪芸清

这秋高气爽的十月里，我们迎着秋日的阳光，伴随着收获的季节，迎来了欢快精彩的校运动会。

一大早，全校师生就来到了运动场，有的安排场地，有的整理道具，有的安放运动器材，忙得不亦乐乎，原本寂静的赛场一下子热闹起来。

随着宣布运动会正式开始，各班队伍依次入场。此时进行曲骤然响起，一个又一个班级排着整齐的队形，大踏步向主席台走来。他们个个衣着鲜艳，面带笑容，昂首阔步，展示出青年特有的朝气与活力。当所有班级都走完了，我们举行了庄严又神圣的开幕式，每一个人的脸上都透露着激动和快乐。校长站在主席台上说："友谊第一，比赛第二。下面我校秋季运动会正式开始。"这时站在台下的我们都鼓起了掌，十分激动。

比赛开始了，我们回到了自己班的座位上聊着天，突然主席台喊800米长跑运动员请准备，我才想起我还报了800米长跑这个项目。"预备，砰，开始！"风呼喊的声音在我耳边呼啸而过,但是不一会儿我就累了,旁边有人超过了我。当我跑到靠近班级的地方时我听到同学们在大声地为我喊着"加油!加油!"快到终点线时我突然发力超过了前面的人获得了第二名的好成绩。

到了下午全班人参加了拔河比赛,经过前两轮的激烈比拼每位参赛的同学双手都已经被绳子勒红了,强烈的疼痛已麻木不堪,让我们抓到绳子都觉得那么困难。

第三轮眼看就要开始了,这轮比赛对双方都非常重要,只要这轮我们赢了就可以赢得冠军。最后在我们的集体努力下终于获得了冠军。

回顾这惊心动魄的一幕,我觉得在任何时候,只要团结一心,是没有什么事情可以被难倒。

运动会锻炼的是体力,激活的是生命,弘扬的是个性和青春活力,收获的是笑脸和精神风貌。

运动会那天

纪玲玲

运动会是每年学校都会举办的活动之一,也是我喜欢的活动之一,每一年都特别的热闹。

运动会那一天空气中飘散着运动和汗水的气息让人精神抖擞,激情一触即发。

主席台那边响起了音乐,我们也开始走方队了。很快就轮到我们了,我们到了主席台前,边走还边喊着口号,然后我们沿着操场跑道走到了操场的中央。

随后六年级的同学也来到了操场中央,然后只听校长一声令下:"运动会正式开始!"心中有一种按压不住的激情,让人热血沸腾。

运动员们到操场开始做准备,因为很快他们就要上场了。四人接力赛已经开始了,运动员们平均分在四个点上,只听裁判员喊道:"预备,跑。"运动员像箭一样飞快地跑着,汗水"哗啦啦"地流下。"加油,加油"我们喊着,为他们打气,好险刚才那一组险胜,真为他们捏了一把汗。

大约三十分钟后男生组和女生组都比完了,我们班居然双双夺冠。

开心完后就遇到了难题,我们班大部分人的水瓶里都没水了,随后有个同学鼓起勇气向老师打了个报告,然后我们四个人就拿着大部分人的水瓶"艰难"地向班里走去,拿着这么多的水杯向楼上走,不但特别的累,还要防止杯子掉到地面上。

好不容易装满水了,我的同学们居然"抛弃"了我,拿着水杯先跑了,这些水杯本来就很重，很难拿住，现在加了水，更加难拿稳了，我太难了！我好不容易才把水杯拿下楼，一路上可以算是"跌跌撞撞"了，真是太不容易了！

热了一天，终于到了下午我们最喜欢的时刻，那就是颁奖典礼。今年不同往日，之前我们都算总成绩，这次，我们每一个项目算一次成绩，所以我们班获得了好几个奖状。

真是难忘的一天啊！

不一样的运动会

纪铭瑶

九月，迎来了秋高气爽，送走了炎炎夏日，但风中还残留着末夏的痕迹。热情似火的菊花绽放开来，亭亭玉立的荷花也逐渐凋谢。秋季给人们带来了一种热情，一种奔放。

在这个热情似火的金灿灿的九月，我们开启了一个不一样的运动会。虽然这场不一样的运动会已成为过去，但是我们可以用笔尖来回忆这个美好的时间。

一大早，全校师生就来到了运动场，他们有的安排场地，有的整理服装，有的安放运动器材，忙得不亦乐乎，原本寂静的赛场一下子热闹起来。随着宣布运动会正式开始，各班队伍依次入场，每一位班主任也融入我们的队伍中。此时进行曲骤然响起，一个又一个班级排着整齐的队形，大踏步向主席台走来。他们个个衣着鲜艳，面带笑容，昂首阔步，展示出少年们特有的朝气与活力。在宣布本次运动会正式开始后，整个校园又一次响起热烈的掌声。

"加油！加油！"随着阵阵欢呼声，我们开始了一项让人激动的项目——老师们的拔河。每个班的学生都在为自己的班主任加油打气，老师们的动作也是铿锵有力。每个人的腿成弓字，脚一前一后地站着，身体向后倾，口中喊着响亮又整齐的口号。两个打头阵的老师涨红了脸，脸上的表情丰富有趣，可逗笑了不少学生呢！老师们的拔河进行了一轮又一轮，不管是从老师的动作、表情上，还是口号上都能感觉到老师们略有些累了。但是，每一位老师依然在用尽全力认真对待每一轮比赛。老师们的投入，让同学们喊得更加激烈。

老师们的拔河比赛只是一个小小的铺垫，为老师们打气的各位同学们，才是今天这场运动会真正的主角，他们个个都是每个班的运动小将，接下来的比赛肯定会让你目瞪口呆。

　　紧张的时刻终究还是会到来，过不多时，激动人心的50×4接力跑在大家的摩拳擦掌中就要开始了。赛前，每个班的运动员都在努力练习接棒姿势，生怕一会儿会失误。每个运动员随时准备着开始！"各就各位，预备……跑。"随着"砰"的一声枪响，各班的第一棒犹如脱缰的野马，向着对面的同学冲去。每个人都全神贯注，每个人的脸都紧绷着，密切地关注着每位同学奔跑时的情况。每个人都为自己班的同学喊着加油！

　　快乐的时光总是那么短暂，虽然有些许不舍，但是这一次不一样的运动会也将会成为一个美好的回忆。九月，穿过留在夏季的所有温度，在窗棂上刻画成一朵雾花，留下些许在心底的不舍。

运动会

纪欣雨

　　时间流逝，回想起在学校里欢乐的时光，脑海中瞬间涌现出许多美好的回忆以及同学们的欢笑声。

　　我们的学校都会在一些节日或一些有意义的日子举行活动或者嘉年华，或许是四年级的十岁生日，又或者是玉兰杯读书节。

　　金秋十月，我们学校举行了一年一度的秋季运动会。

　　"站整齐！向右看，一二一！"这是我们的班主任在催促我们站好队。没错，我们正在为运动会的方队做准备。

　　第二天，班主任就利用班会的时间跟我们把所有的项目都说了一遍，还问我们有没有想要报名的。本来同学们还挺活跃的，都纷纷举手说想报名，而到了800米长跑的时候，班里却鸦雀无声，只有几个男生举起手来。老师见状，轻声叹了一口气。好不容易把男生的都给凑齐了，现在就只剩女生800米了。

　　下课，老师把我叫到了办公室，问我愿不愿意参加女子800米长跑，拿不拿冠军不重要，重在参与。我本想拒绝的，因为去年我还是田径队的队员，老师就把我和另一个同学给报上名了，当时我拿了冠军。老师就想我可能有经验，可我当时拿冠军是纯属意外。可我又想到老师失望的神情，便答应了老师。虽然老师说重在参与，但我这个好胜心强的人，是绝对不允许名次低于自己的要求的。

　　于是，我开始了我的锻炼计划：早起去晨跑，体育课有时间锻炼一下，放学回家走回去，晚上在小区里跑几圈，回家后做一些仰卧起坐、俯卧撑。其他的还可以，就是晨跑有点困难，要起得早，我有时候实在是不想起来，但是为了拿冠军，我咬牙坚持，天天不落。

转眼到了运动会当天，运动场上，选手们个个摩拳擦掌，准备亮出自己最好的一面。上场前老师帮我整理了一下衣服，鼓励我说："欣雨，经过最近几天的练习，你有实力拿冠军，不要被对手吓倒，加油。"我点了点头。

我站在赛道上，看到了去年的高手在朝我微笑，我既兴奋又紧张。心想：我才不怕你。哨子一吹，枪声一响，所有人都开始奋力向前跑，我很快就跑在了最前面，没过几圈，去年的高手风一般地超过了我。我不甘心，握紧拳头加快了速度，又反超了她。因为跑得太用力，很快便有点吃力了，拉线的姐姐一直在鼓励我，"还有两圈了！""加油啊！最后一圈了！"终于，我冲过了终点线！

"耶，太棒了纪欣雨！"这是同学们欢呼的声音；"很不错嘛，纪欣雨！"这是老师夸奖我的声音；"让我们恭喜五年级一班的纪欣雨同学取得第一名！"这是解说员的恭喜。忽然间，我觉得我努力的一切都值了。

那天下午，我都沉浸在和同学们的欢声笑语中，久久不能忘怀。

备战运动会

乔如意

今天，班主任李老师告诉我们一个好消息——学校要举办运动会，让我们大家踊跃报名参加运动项目，为班级争光添彩。听到这个好消息，我马上报了一分钟跳绳比赛，因为我喜欢跳绳。

放学回到家里，我找出我的跳绳，让妈妈拿计时器给我计时，我听见妈妈喊"预备，开始"，我便甩着绳子嗖嗖地跳起来。"停，时间到！一分钟78个"，妈妈说道。我累得气喘吁吁地问："妈妈，怎么样呀，你觉得我能拿到名次吗？"妈妈笑着说："能啊，不是还有几天时间吗？可以再多练习一下，努力提高自己的成绩，只要努力，就会有收获！"

接下来的几天里，每天下午放学写完作业后，我都会主动拿出时间跳绳，自己在家练习，还要求妈妈给我数数计时。虽然每次都累得满头大汗，可我一直没有放弃，坚持天天练习。

我们盼望已久的运动会终于到了，这天阳光灿烂、晴空万里，我穿上美丽的校服，吃过早饭、收拾好书包，再最后练习一下跳绳便去往学校。

来到学校，运动会开幕式准时开始！我们排着整齐的队伍，喊着嘹亮的口号："团结一心，奋勇向前，一五一五，努力拼搏！"各班级有序进场，开幕式结束后运动会开始了。

终于轮到一分钟跳绳比赛了，运动员陆续到场，人员到齐后，裁判一声令下，我便使出全身力气，飞快地甩着绳子。只听一声"停"，裁判报成绩"第一名，乔如意，104个"。我心里别提有多高兴了，我为班级争光了，还奖励了一个书包。果然，努力就会有收获！在以后的日子里，我会更加努力的！

记一次难忘的运动会

纪艾林

那天阳光明媚，春意盎然，淡蓝色的天空飘着几团大小不一的云，像是一群嬉戏的小绵羊，正在你追我赶。在这样一个舒服惬意的天气里，学校迎来了我们期盼已久的一年一度的春季运动会。

一大早我和同学们就兴高采烈地来到操场，找到自己的位置坐下，满心欢喜地等待运动会的开始。

随着我们张校长的一声"运动会开始！"各个班级就按排练好的队形开始走方队。首先进入我们视线的是六年级的大哥哥大姐姐们，他们迈着坚定的步伐走了过来，后面紧跟着低年级的同学，他们一点儿也不示弱，整齐的步伐伴着响亮的口号，响彻整个操场，这一瞬间我仿佛置身在小小的军营。

比赛开始了，操场上参加跑步的运动员们走到起点线，弯下腰，做好了准备，随着裁判员一声枪响，运动员们像离弦的箭一样冲了出去，你追我赶；观看比赛的同学们更是紧张，不停地高声呐喊，加油助威……主席台上的两位主持人播报着比赛的内容和运动员们的成绩。场上场下忙忙碌碌，一派热闹的景象。我也报了跳远项目，每次跳以前我都长长地吸一口气，尽量使自己保持平静，再用力向前冲去，身子腾空跃起。最终我得了第二名，但是我不能骄傲，下次争取能拿第一名。

不知不觉到了中午吃饭时间，同学们有的在休息，有的在看书，有的在玩游戏，有的在聊运动会的那些事儿。到了下午两点，所有的班级都来到了操场。最激动人心的时刻到了，拔河比赛马上就要开始了。只见操场上有一根长长的绳子，绳子中间有一根红线，随着老师的一声哨响，拔河比赛开始了，双方都互不相让，一会儿红线到了我们这边，一会儿又到了他们那边。突然红线离我们远去，眼看我们就要输了，只听见我们班同学们的欢呼声、呐喊声"一班加油、一班加油"，场上的运动员们听到后便齐心合力地用力向后拔，红线一下子过来了，我们赢了！我们赢了！

时间在欢乐中总是过得很快。一天的运动会也伴着夕阳落幕了，但同学们那一张张胜利的笑脸和付出的汗水与努力却永远铭记在我们的心中。

运动会

纪鑫裕

记忆就像花园里五彩缤纷的花朵，有红色、粉色、白色、蓝色、黄色……千姿百态，各不相同。在香气扑鼻的花丛中，轻轻捧起一朵，便展开了一段回忆……

那是一个阳光明媚、春暖花开的五月，迎着微风，我们盼来了期待许久的运动会！

当太阳把金色的光辉洒满校园时，我们已经在老师的带领下，各自拿着小板凳、水杯，戴着小黄帽，井然有序地排好队，到达各班指定位置。

评委席上已经布置一新，上方挂着特别醒目的红底白色标语"大北曲小学春季运动会"，大喇叭里播放着激动人心的《运动员进行曲》，光听这音乐，看这标语，就让人兴奋不已。

运动会上第一个项目是走方队，从一年级到六年级，每一位同学都斗志昂扬。瞧！他们多有自信，昂首挺胸！胸前的红领巾随风飘扬，一年级四个班的小同学们都是手拿小红旗，二年级和三年级的同学都是手拿彩带和小星星，四年级的同学拿的是向日葵，五年级和六年级的同学拿的是彩球，他们跟着音乐自信地走来，每个人的脸上都洋溢着欢快的笑容。

方队在评委席前列好队，由校长致辞，然后在老师的带领下各就各位，运动项目正式开始。

我们班级有跳绳，50米跑，800米跑和接力赛。第一个比赛的项目是跳绳，体育老师把参加跳绳比赛的几个同学召集到热身场地，带领他们进行赛前热身运动，活动手腕、脚腕、压腿等，并再三叮嘱同学们"现在别太着急，保持平常心态，保持体力，一会儿比赛的时候全力以赴"。说话间比赛开始了，我们班的选手个个都是"种子选手"，跳起绳来，都看不清绳子，只能听到跳绳甩打在地面上清脆而又响亮的"啪啪"声。一分钟很快过去，裁判吹哨宣布跳绳比赛结束。成绩也很快宣布，我们班第一名，太好了，开了个好头，我们高兴地鼓起掌来。

下一个项目是50米跑，虽然是短跑，可也正能看出同学们的爆发力。随着发令员的一声枪响，同学们飞一样地冲出去。我们在旁边高声呐喊助威。二班和我们班的两位选手在飞奔中不分上下，但还是二班快了那么零点几秒暂时领先。没跑个第一，我们都唉声叹气，老师走了过来，安慰我们说："同学们别灰心，剩下的两局，我们争取赢回来"！果然，在老师的鼓励下，最后我们以0.3秒的速度险胜了其他选手。顿时，同学们欢呼雀跃，手舞足蹈，高兴得不得了。

第三个项目是800米长跑，这可是考验一个选手毅力的时候了。对于我，跑一圈就累得够呛！可是，对于我们班的长跑能手来说，这并不算什么，看看他，精神抖擞，一点儿都不畏惧。他来到起跑地点，先是右脚后跟抬起，脚尖着地用力转自己的脚腕，然后又用同样的方法活动了左脚腕；紧接着他又原地高抬腿跑步；最后，他前腿弓后腿绷，双手按住膝盖，活动膝关节。这时发令员高喊"各就各位"，运动员立刻身体成蹲姿前曲，随着"砰"一声枪响，他们像离弦的箭冲向前方。我们在赛道旁高声为他们加油，第一圈四班遥遥领先，但是跑到第二圈时，渐渐落后了。第三圈时，所有的选手开始体力不支，慢了下来，趁此机会，老师带领我们齐声喊"三班加油！三班加油！"在老师和同学们的助威声中，我们班的选手开始加快速度，终于冲过终线赢得第一！欢呼声再次响起，我们激动地跑上前祝贺他。

接下来就是接力赛，老师向比赛的同学又嘱咐了一遍，千万拿稳了接力棒，传递过程中一定要对方接到手后再松手。结果没有让我们失望，接力我们也拿了第一名，我们的班级不愧是学校的运动强班。

比赛场上还同时进行着别的项目，有跳远、跳高、扔铅球等。

在我五彩缤纷的记忆花朵中，这次的运动会是最令我难忘的，也是最绚丽的一朵。

记一次难忘的运动会

金佳颖

说到运动会我可参加过好几次，而且还都得到了好名次。但去年的那场秋季运动会的女子4×50米的接力赛，虽然过去了半年多，却还是记忆犹新，好像深深地刻在了我的脑海里。

接下来，就由我来给大家讲讲当时的情况吧！

那天早上，我早早地起床上学，很期待那一学期仅一次的运动会。

一切准备就绪，运动会开始了。首先我们走了方队，接着就是一系列的开幕致辞，然后才是比赛。

终于听到主席台老师宣布："现在让我们一起观看四年级级部的女子4×50米接力赛！"

这时我的心里开始忐忑不安，但还是故作镇定地走到操场的跑道上。我是第三棒，我瞄了一眼其他班的选手们，天啊！居然个个都是短跑高手，我的心提到了嗓子眼，腿开始发抖，竟出了一身冷汗。

随着"砰"的一声响，第一棒出发的悦悦开始跑了起来，却差点儿摔倒，因此落后了别的班选手一大截，尽管她奋力追赶但目前只是第三名。"哎呀！完了，这次肯定得不了第一名了"，我想。想着想着接力棒已经传到了第二棒的豆豆手里，我只好摆好架势。"一班输定了！""对呀！""的确，落后了这么多呢！"其他班的选手们议论着。豆豆把接力棒传给了我，我像飞似的，使出了浑身的劲儿跑了起来，竟跑到了第二名，我赶紧把接力棒传给了第四棒小琳。经过小琳的奋力追赶，我们还是得到了四年级级部4×50米接力赛的第一名，全班同学都欢呼起来，我们高兴极了。

通过这次比赛，我明白了只要齐心协力，就没有事做不成的道理。

记一次学校运动会

纪明杰

今天我早早地到了学校，因为今天是我们一年一度开运动会的日子，我们十分兴奋！

开幕式开始了，校长笑容满面地走到台上致开幕词："又到了运动会的日子，尽管天气如此炎热，但是抵挡不了大家的热情……我现在宣布：运动会开始！"

比赛开始了，我来到了跳远运动场地，广播在喊着："请五年级跳远运动员到指定地点准备。"我看了看周围，发现只有我在准备比赛。过了一会儿，耳边传来了一个声音："他是谁，长得那么矮小，是二年级的同学吧！"我顺着他说的方向望去，竟然是我以前的同学，便走过去跟那个同学说："他也是五年级同学，四年级的时候得过跳远第一名。"那个同学听了非常吃惊。

这时裁判员叫道："这位选手，准备。"他用力摆了几次手臂，双脚用力一跳，落地。"一米八"裁判员大声报出成绩。"什么？"两旁的人觉得不可思议。围观的同学热烈地鼓起掌来。接下来轮到我了，我用力一跳。"一米六"裁判员报出成绩。我有一丝惊讶，因为我平时的最好成绩是一米五，虽然我不是第一名，但我也很开心。

我比完跳远就走开了，想去看看其他比赛。这时，我看见一群人围在一个地方，我也走过去挤了进去，原来是50米跑。我看到了我们班的同学，比赛还没开始，只见裁判员严肃地走过来，吹了一声哨，把红旗往前一指，运动员像箭一样冲了出去，我大声喊："加油！加油！"只见我的同学一直领先，冲过了终点线，拿到了第一名。

这次运动会上的一幕幕，让我非常难忘。

难忘的运动会

纪欣怡

今天，阳光明媚。我们学校召开了春季田径运动会。

我们踏着春天的气息，迈着轻盈的脚步。我们向往的坚韧不拔，我们渴望大海的博大精深，我们更痴迷于你们的速度激情。来吧，尽情释放你的活力。你的每次冲刺，都扣动着我们的心弦；你的每一次跨越，都吸引着我们的视线；你的每一次起跳，都绷紧我们的神经。我们为你呐喊，我们为你自豪，我们为你疯狂。

我们班开始入场了，我们穿着干净整洁的校服，喊着我们班响亮的口号"脚踏实地，励志求志，齐心协力，勇攀高峰"朝着主席台走去。我们希望这届体育节圆满成功。

你听！操场上震耳欲聋的鼓号声，让我们欢呼雀跃。同学们的声声呐喊，都将成为上场的悦动健儿们动力的源泉。

"砰"的一声响，100米短跑比赛开始了，坐在旁边的一二年级的小同学，异常兴奋，高声大喊"加油"。运动员们你追我赶，奋勇冲刺。不论成功与否，他们依然不灰心，努力争先，我真为他们感到骄傲自豪。

400米比赛开始了，忽然在我们眼前出现了一名小运动员，我们兴奋地站起来，大喊"加油！加油！"在全场同学们的加油声中，他奋力向前奔跑着，快了，快了，快到终点了，这是最后冲刺的阶段，是决定胜负千钧一发的时候。观众席上的啦啦队员个个满脸通红，大喊"快！"有的同学干脆站出来，又蹦又跳，手舞足蹈地助威。果然，那位同学不负众望，取得了第一名的好成绩，顿时，操场上响起一片欢呼声。

竞争最激烈的就是4×100米的接力赛了。我们班的第一棒是我，第二棒是刘诗嘉，第三棒是孙馨悦，第四棒是金玟廷。"砰"的一声枪响，我以最快的速度冲向第二棒。只见她们个个疾步如飞，奋力追赶，不分上下。最后一棒了，这是决定胜负的一棒。比赛结束了，我们去看成绩，我们班是第二名，虽然不是第一，但能证明我们都努力了，才能取得这个佳绩。

这次运动会，不仅是展现同学们体能的大舞台，也是促进同学之间的友谊之台！

我永远也忘不了这一个运动会，永远也忘不了那激动的场面、激动的心情和激动的泪水！

学校的运动会

宋奕辰

今天秋高气爽，天气不冷不热，是个开运动会的好时节，我们迎来了秋季运动会。

那一次运动会前，我们按照自己的特长报名不同的体育项目，有报名跳绳的，有报名长、短跑的，还有报名亲子比赛的，可惜我爸爸妈妈没有时间陪我一起练习，我只能报名个体比赛和参加班级的走方队训练了。训练走方队的时候，我们不怕风吹日晒，直到练习到老师满意的时候才解散，之后又经过无多次提高训练，到真正运动会开幕式的时候，大家精神抖擞走出训练以来最好的队形。

我记忆最深刻的是老师们的拔河比赛，我们的纪老师在那里使劲往后拔，再看别的老师，也丝毫不放松手中的绳子。我们在旁边兴高采烈地喊着："老师加油，老师加油！"同学们不停地给老师鼓掌鼓劲，两边老师的实力相差不多，费了很大的劲儿，最终还是我们纪老师这边更胜一筹，取得了胜利。

我唯一参加的项目便是跳绳比赛，我的体育项目都不出色，本着重在参与的精神才报名参加了这个比赛项目，赛前各种忐忑不安，生怕跳不好，给班级丢脸。到了比赛的时候，我抛开一切杂念拼尽全力地跳，最后也只在规定时间内跳了85个，最多的同学能跳100多个呢，好在这个项目我们班合力拿到了第一名，我高兴极了。

别的比赛项目，我只有当啦啦队员的份啦，最热闹的是我们班男生的短跑赛，这是我好朋友航航最拿手的项目。比赛枪声一响，航航第一个冲出跑道，迈开大步，我在旁边紧张地盯着他，嘴里甚至忘了喊加油。当然，没有半点悬念，他取得了第一名，我真替他高兴。

快到中午的时候，各项比赛接近尾声，老师们开始统计名次。最让我高兴的是我们班集体走方队居然得到了很好的名次，我们捧着大家一起努力得到的奖状，高兴地回到班级。这些奖状是我们大家一起用汗水换来的，班级的荣誉高于一切，大家都忘了因为自己比赛没有得到奖状的遗憾，一起欢呼！明年我们还有小学生涯最后一次运动会，我要从现在就开始锻炼，争取为班级争荣誉！

一次精彩的运动会

俞玄辰

星期五的早晨，太阳总算是升起了，阳光暖暖地照着大地，我盼望已久的秋季运动会来到了！昨天一晚上我都激动地没睡好觉，起床后，带着两只"熊猫眼"，但是这并不影响我激动的心情。为什么呢？因为这次我要以运动员的身份参加这次运动会。

这次运动会我要参加的项目是跳绳，为了在这次运动会上取得好成绩，我可没少下功夫，自打老师宣布了比赛日期，我就每天在家练习跳绳。

运动会这天，各班迈着整齐的步伐，喊着响亮的口号进入了场地。当校长宣布运动会开始时，我的心情无比激动。

上午9点，广播响起，"请参加跳绳比赛的同学到操场左侧集合"，我飞快地跑到了跳绳区。裁判吹响哨声，我开始一上一下地跳起来，时间一秒一秒地过去，有的同学已经跳不动停了下来，有的同学还在坚持跳着，我虽然也感觉上气不接下气，双腿颤抖，但是当听到同学们"加油！加油！"地喊着的时候，我告诉自己一定要坚持到最后。终于，一分钟时间到了，我跳了113个，这大大超出了我的预想，让我明白，只要持续的努力，不懈的奋斗，就一定能成功。

这次运动会给我留下了深刻的印象，我通过自己的努力为班级争光，期待明年的运动会能早点到来！

我的运动会之旅

邵雨霏

一天快放学的时候，班主任面带微笑地走进了教室说："请同学们安静，老师现在要宣布一个好消息。我们下周二要举行春季运动会了。"

同学们高兴得手舞足蹈。老师接着说："希望同学们积极参加，有单人项目和团队项目，团队项目是考验我们班级团队力量的时候，我们要好好准备，展现我们一二班的风采。"

　　我想为班级荣誉贡献一分自己的力量，于是找老师报名了团队项目50米接力。放学后我和其他三个同学去操场练习，几个回合下来，我们热得满头大汗，躺在草坪上，虽然很累，但是我们很开心。

　　到了开运动会的那一天早上，我起得很早，吃了妈妈专门为我准备的营养早饭后，整理好校服，高高兴兴地来到了学校。

　　上午第三个项目就是50米接力，我和同学们来到了比赛地点，做好准备。"砰"一声枪响，拉开了比赛的帷幕，我们按照练习好的方式，拼尽全力去跑，冲到了终点，听到裁判说："第一名一二班，第二名……"我流出了激动的眼泪，我们胜利了。

　　这次运动会，我体验到了集体荣誉感，我为能给班级付出努力赢得荣誉而高兴！

我和运动会的故事

张玉瑶

　　春天，在一个阳光明媚的日子里，在同学们的翘首企盼中迎来了一年一次的校运动会。

　　同学们拿着水杯，带着马扎，在老师的统一安排下坐到了操场指定的区域，等待着运动会的开始。

　　操场上彩旗飘飘，随风舞动，像快乐的孩子在跳舞。每个班统一着装，精神抖擞，步伐整齐，一一从主席台经过，入场式结束后，激烈的运动项目比赛开始了。

　　我代表二年级二班参加了50米跑和仰卧起坐两个项目。

　　站在跑道上，我的心情既紧张又激动。激动的是，经过很多天的锻炼，终于可以在运动会上检验锻炼的成果，紧张的是，害怕比赛中出现失误，拿不到好的名次。正在我心情复杂交替的时候，裁判员的号令枪声响了，我迟疑了一下，看到身边的同学已经撒腿跑出去了。我赶紧追，使劲跑，使出全身的力气，无奈身旁跑道的同学速度很快，还没追上就到终点了，结果我是第三名。

　　回到队伍里，我懊恼、生气，这么多天的训练白费了。我委屈地哭了，同学也过来安慰我。我擦擦眼泪，心想重在参与，锻炼身体为主，我下次努力练习，不出现失误，一定能拿到好成绩。

精彩难忘的运动会

娄一晨

在这个春意盎然的日子里，终于迎来了一年一度的春季运动会。而我也很开心地入选了4×50米的接力比赛，不但可以参加我喜欢的运动项目——赛跑，而且还能够很荣幸地代表班级参加此次运动会，赢得为班级团体争得荣誉的机会。

我一边等待比赛，一边和队友做着准备活动。我在最后一棒，体育老师告诉我，这是至关重要的一棒。我心里暗暗为自己加油鼓劲，看到队友们脸上也都是激动的表情。我们围在一起，互相鼓劲着，还有班级的啦啦队，也在旁边喊着加油的口号。

终于到了激动人心的比赛时刻，我们斗志昂然地走上了跑道。随着发令枪响起，每个比赛选手都像豹子一样冲了出去，我回头看着队友，握紧拳头，心里默默地喊着"加油"。这时，我看到第二棒的队友有点跑偏，心里咯噔一下，"稳住，稳住"，我心里默默地为他加油。队友很快调整好状态，让比赛步入正轨。第三棒的队友有惊无险地完成了比赛，我们暂时处于落后状态。接力棒到我手的一刹那，瞬间点燃了我的比赛热情，我旋风般地跑了出去，耳边呼呼的风声吹过，全神贯注地看着正前方，渐渐地，我逼近其中一个选手，并超过了他。这时，耳边传来队友和啦啦队激动的呐喊声："娄一晨，加油，娄一晨，加油。"在同学们的呐喊声中，我和另外一个选手几乎同时冲过终点。随后，队友们一起围过来，我们焦急地等待成绩。

很快比赛成绩出来了，我们获得了第三名！一刹那，我们激动地欢呼跳跃起来，非常高兴为班级争得了荣誉。

今天真是开心的一天呀，我想迫不及待地把今天运动会精彩的比赛告诉爸爸妈妈。

快乐的运动会

张硕

学校一年一度的运动会马上就要举行了，我和同学们怀着激动的心情来到学校，准备在这次运动会上再展雄风。

我们听从学校的安排来到操场上，那里已经有好多同学和我一样满怀激情地等待运动会的开始。我参加的项目是50米跑和班级的迎面接力比赛。首先开始的是接力比赛，男女生各10名，相距30米进行接力棒的传递。一开始，我们班就处在领先的位置，我的小伙伴都很认真地传递着接力棒，一点儿也不敢马虎。

50米跑开始了，我站在赛道上，心里既紧张又激动，听到发令枪一响，拼命向前冲去，听到旁边同学们的加油声，我加快速度奔向终点，但最后只得到了第二名，心里很难过。老师笑着安慰我说："没有关系，下次再来，要知道失败是成功之母。"我点点头，下定决心下次的运动会一定要为班级拿第一名，不辜负老师的期望。

春季运动会

纪铭瑶

盼望着，盼望着，运动会的脚步近了，我怀着无比激动的心情参加了本次春季运动会。

首先，各个班级穿着漂亮的服装，迈着轻快的步伐，雄赳赳，气昂昂，精神抖擞地喊着响亮的口号走过主席台，展示出我们永不服输的精神风貌。

接着，女子组100米跑开始了！一声枪声，运动员们像离弦的箭一样冲出去，小鞠如同脱缰的小马向前奔跑着。同学们在操场拼命为自己班的选手加油，到了最后的时刻，只见小鞠使出全力，像拧足了发条一样，拼命向终点跑去。最后她得到了冠军！

随后，激烈的800米跑开始了，我们班的参赛选手是小石。她在起跑线上伸伸腿，弯弯腰，做着热身运动，好像对这次的比赛胜券在握。随着发令枪"砰"的一声响，各位选手们如离弦的箭向前飞奔出去。可是，第二圈时，小石体力不如第一圈了，同学们都拼命地呐喊着："小石，加油！小石，加油！"听到我们的加油声，小石似乎产生了无穷的动力，奋力向前跑去。虽然小石没有拿到第一名的佳绩，但尽自己所能得到了第三名就是最棒的。

随着闭幕式歌声的响起，四周渐渐地平静下来，但是我们的心还在为精彩的比赛波动着，虽然我们最后没能获得优异的成绩，但是我们依然很开心，我相信明年的运动会我们会做得更好。

我心中的胜利者

高华琳

一年一度的春季运动会终于开始了。今年运动会，我遇到了一位令我敬佩的女孩。

五年级400米女子组的赛场上。"各就各位，预备"，裁判老师喊道，"跑！"声音一落下，运动员们就好像脱缰的野马般，飞快地奔驰而去。

"有人摔倒了。"不知道是谁说的，大家都往跑道上看。原来跑在最前面的那个女孩，不知道被谁撞倒在跑道上。别人都出去十几米远了，只见她慢慢站起来。我仔细一看，她的膝盖磕破了皮，流出了一点点血。可她并不打算退场，而是快速地跑了起来。

我愣住了，心里想着："如果是我在比赛中受伤，也会这样继续比赛吗？这样的坚强不屈，永不放弃吗？"突然，耳边传来一阵加油声。对，我也要给她加油。

她赶上来了，全场的加油声更大了，"加油！加油！"还有最后50米了。她现在每跑一步，我的心就跟着颤动一下，我坚信她能取得一个理想的成绩。"嘭……"她又摔倒了，看到这一幕我不禁握紧了拳头，大声地为她喊着"加油！加油！站起来！"这一次，她更是不顾腿上流淌的血液，加快速度，冲向终点。

虽然她只得了第三名，但她却是我心中那个"胜利者"，是我最敬佩的那个人。

运动会的故事

纪仝晨晖

春天快要结束的时候，我们举行了一次难忘的运动会。

到了8点，运动会开幕仪式开始了，全校同学身穿整洁的校服，排着整齐的队伍，走起了方队，口里喊着自班的口号，每个人的脸上都洋溢着澎湃的激情！结束了方队仪式，紧张的运动会开始了！

第一个运动项目是六年级男子200米跑。发令枪一响，运动员像一支支离弦的箭冲了出去，我班的运动员起步被撞了一下，被落下了，我们都十分紧张，心一下子提到了嗓子眼，我们拼命地呐喊助威，运动员好像也倍受鼓舞，开始加快了速度。渐渐地，他超过了几名运动员，与第一名拉齐并超过了第一名，冲进了终点线，获得了第一名！我们高兴得又蹦又跳，为他喝彩。

最令我记忆犹新的是4×50米接力，因为我也参加了这个项目。比赛开始了，只听"砰"的一声枪响，所有运动员都冲出了起点，只见我班第一棒的同学准确无误地把接力棒递给了下一位同学，暂居第一。马上到我了，我的心里像揣了一只兔子一样，怦怦直跳，我紧张极了，生怕掉了棒。终于，前一个同学把接力棒传给了我，我一点也不敢犹豫，抓起棒就跑。渐渐地，二班的同学超过了我，冲进了终点线。虽然我们没有拿到第一名，但是我们非常自豪。

在这次运动会中，我感受到了同学之间的互帮互助，同学之间的团结友爱，还有同学之间深厚的友谊之情！

那一次运动会

路欣瑶

红旗飘扬，晴空万里，阳光明媚，太阳懒洋洋地照着大地，照着红色的跑道，一年一度的运动会再次拉开帷幕。

同学们个个热情高涨，不停地呐喊着，加油着，好像不满足于只坐在观众席上，要下去和运动员一起拼搏似的。刹那间，场内场外，院内院外，洋溢着欢呼声、呐喊声。

跑道上的运动员们摩拳擦掌，跃跃欲试。有的在热身，做着跑前运动；有的眼神眺望远方，好像在沉思；有的在向人群招手，好像在祈祷着成功的到来。"砰"的一声枪响，场上的运动员像脱缰的野马似的，飞奔出去。这时，观众们的心情一下子涨到了高潮，一边呼喊着，一边望着场上的运动员们。离终点越来越近的那一刻，场上突然安静了下来。运动员们开始最后的冲刺，50米、20米、10米……当场上出现了第一名时，大家都欢呼起来。

终于，到了我报名参加的800米，我激动不已。"砰"的枪声一响，比赛开始，我快速跑完了第一圈，但是因为用力太猛，导致后面体力不支，正当我想要放弃的时候，我听到了场外正在为我欢呼的观众们，瞬间，我充满了力量，飞快地跑完了最后仅剩的两圈。

运动会，考验的是同学之间的鼓励，考验的是同学互相帮助的集体精神，考验的更是顽强拼搏的勇气……加油吧，运动员！

"身不由己"

尹秀敏

伴随着雄壮激昂的运动员进行曲，振奋人心的校园运动会开始了。

这次运动会，我很荣幸地被选拔为800米女子长跑选手，心中满怀激动的同时，也有些担心。因为从来都没有参加过这么长的跑步项目，但为了班级荣誉，我暗自下定决心，一定要拼尽全力，跑出好成绩。

"砰"的一声枪响，队员们像离弦的箭一样冲出去，我也不甘示弱，使出全身的力气加快脚步，快速占据了跑道的内道，保持在第二的位置上。我全力以赴地飞奔着，拼命追赶前面队员的同时还时刻注意后方队员有没有追赶上来。

一圈，两圈……我气喘得厉害，胸部开始闷痛，感觉心脏快要爆炸了似的。我的速度渐渐慢了下来，视线也变得模糊，看不清跑道，也看不清为我加油呐喊的同学们，只见一个一个的身影从我身边飞过。我不知道我的前面究竟有几个队员，我只知道我的身体已经不听使唤了。

三圈，四圈……我觉得腿已经不是我的了，胳膊和腿晃动得不在一个频率上。

在剩下最后半圈时，我突然想起妈妈说过的话："最后一圈，大家都是筋疲力尽的时候，胜利与否，关键就看能不能克服困难，在此时最后冲刺。"我恍然大悟，使出吃奶的劲，拼命想要加快速度，但不管我怎么使劲，腿还是在慢步走着，无奈我只好用双手拖着它一步一步走到了终点。

这次运动会让我彻底体验了一把什么叫"身不由己"。身体不由自己做主的感觉实在是让人哭笑不得。

精彩的运动会

刘承贤

金秋十月，学校隆重召开了一年一度的运动会，操场上彩旗飘扬，我们随着运动会进行曲迈着整齐的步伐步入了会场。

校长站在主席台上，郑重地宣布："全校秋季运动会正式开始！"我站在台下，十分兴奋，因为我已经准备好要在这次比赛中为班级争得荣誉。小涌力气最大，他报名扔铅球；小成在我们班最机灵，他报名仰卧起坐；而我和小远、小翔、小锦的比赛项目是接力。

第一项比赛是扔铅球，小涌是我们班的大力士，只见他两手轻而易举地托起一个铅球，用力往后抛了出去，这一下就抛出去8米远，连裁判老师都连连赞叹。

轮到我们比赛了，只听裁判员一声枪响，我和其他班级的三位同学像离弦的箭一样冲了出去，赛场上你追我赶，各不相让，我一直领先在前，并把接力棒传给了小锦。

小锦又以最快的速度传给了小远，小远铆足了劲，像一匹战马驰骋在赛道上，并把接力棒传给了最后一棒的小翔。小翔以最快的步伐奋力冲向终点，并将对手远远地抛在身后，当他第一个到达终点时，赛场上响起了热烈的掌声，同学们开始欢呼，我们高兴极了。

所有的比赛都结束了，当我接过校长手中沉甸甸的奖状时，我心情非常激动，我为能为班级争光而感到自豪。

难忘的运动会

尹圣恩

盼星星盼月亮，终于盼到了一年一度的秋季运动会。这天我穿着崭新的校服，怀着激动的心情来到了学校。

刚到学校不一会儿运动会就开始了。蔚蓝的天空中漂浮着几朵白云，就像碧波中的一朵朵浪花让人看了舒服极了！

开幕式开始了，会议书记宣布运动会正式开始。伴随着雄伟的《义勇军进行曲》我们欣赏着同学们表演的节目。看完演出我们喊着口号"三三！三三！能文能武！第一！第一！非我莫属！"来到了操场上。

运动会的第一个项目是4×100米的接力赛。运动员站在起跑线上弓着身子，两眼注视着前方紧张地等待着裁判员的发令。"各就各位！预备跑！"裁判员一声令下，运动员们好像离弦的弓箭"嗖"地一下就飞奔了起来。坐在操场旁的啦啦队都在为自己班的运动员加油。第一棒是纪润佳，她咬着牙使劲往前跑，很熟练地把棒递给了袁佳奕，接到棒子的袁佳奕飞快地冲了出去，并迅速地递给了金智恩，后来纪梅洁领先跑完了全程，我们班得了第一名。

这次我报的项目是跳绳，我又兴奋又紧张，因为第一次参加跳绳比赛，而且代表班级会有点小压力。终于到我上场了，计时器开始计时，我一个接一个地跳起来，"一、二、三、四、五、六……"刚开始跳的时候很轻松，但过一会儿就浑身没劲了，真想马上停下来休息，可我一想这是代表班级参赛，我还听到同学们为我喊加油，于是咬着牙坚持到了最后，结果我的成绩排到第二名。虽然有点小遗憾，但我已经尽力了，老师和同学们都为我热烈鼓掌，我感动得流下了眼泪。

在热烈的气氛中运动会结束了，运动会既丰富了我们的课余生活，又锻炼了我们的身体。经过这次运动会我深深感受到我真正属于三年级三班的大团体。

第2节 活力体育课

小学三两事

纪云

朝朝暮暮，花开花落，风风雨雨，潮起潮落，弹指一挥间，六年的小学时光马上就要结束了。回首往事，昔日同学间的点点滴滴仿佛就在昨天，回想这六年，有欢笑，有泪水，有成功，有失意，有感动……

记得第一个让我记忆犹新的事是入学以来的第一次拔河比赛。那是一个晴朗的下午，老师说我们班男生要和二班男生进行拔河比赛。同学们迅速排好队，来到操场上，体育老师拿来一根大粗绳，中间系着红布。目测一下，我们班不占优势啊，因为二班的男生个个身强力壮，力气看起来很大。再看看我们班，一个个小男生怎么都那么瘦呢？我不禁为他们捏了一把汗。两个班的男生都做好了准备，各自握住一边的绳子，目不转睛地盯着中间的红布。随着一声清脆的哨响，拔河比赛正式开始了。只见我班男生，双手紧握粗绳，身体向后仰，脚像钉在了地上，不肯有丝毫的松懈。可是对方也不是省油的灯，他们都很壮实，一个个满面红光，显得英勇无比。旁边的啦啦队也没闲着，"加油，加油……"我的心在这一刻无比的着急，平时看着我们班的男生嘻嘻哈哈的，此时他们都无比认真，使出了浑身的力气，为了班集体的荣誉拼尽了全力，豆大的汗珠从他们的脸上滚了下来，一个个的脸涨得通红。在给他们加油的同时我也被深深地感动了，虽然面对比自己强大的对手，但是他们却没有害怕，小小的身体爆发出巨大的能量。中间的红布，一会儿往东，一会儿往西，我们这些啦啦队员的心也被这块小红布时刻牵动着。突然，红布偏向了二班，"啊"，几个女生不由叫了一声。这时班长站了出来，带头指挥我们女生一起为男生喊"加油"，说也奇怪，只见二班的几个大个男生，一个个汗流浃背，大口喘着粗气，像是没了力气。绳子慢慢偏向了我们班这边。"耶！我们班赢了！"同学们都激动地欢呼起来。通过这件事我懂得了什么是团结，什么是集体荣誉感。

一年级以来，我学习上没怎么努力，但成绩还算可以。进入四年级，妈妈生了弟弟，有点顾不上我，我的成绩一点点下滑了，但是自己还是不以为然。有次数学考试，我才考了70来分，老师看见了，心急如焚，把我叫到办公室，语重心长地说："你知道为什么这次考得这么差吗？"我紧紧握着衣角，声音像只小蚊子："因为我的心思没在学习上。"老师摸着我的头说："你的心思没用在学习上是应该批评的，但是你已经意识到了错误，这是值得表扬的。以后好好学习，不要辜负父母、老师对你的期望。"随后老师给我把错题讲了一遍，又给我分析了做错的原因，给我又布置了几个同类型的题，让我明天拿给他看。后来经过老师的督促，我期末考试取得了不错的成绩。老师您是我前进道路上的指路灯，感谢您的教导。

六年丰富多彩的校园生活有很多值得回忆的事，在此不能一一列举。感谢老师同学们带给我的感动，我会将你们铭记于心。

体育课上的温暖

李文萱

成长是一条色彩斑斓的路，装满欢声笑语。总有一些难忘的事情，让我记忆犹新，记得这件事情是我一年级下学期的时候发生的。

上课铃响起了，同学们纷纷跑向操场，在体育班长的指令下，我们从乱七八糟的队形，变得井然有序。这节是体育课，开始的时候，老师让我们先围着操场跑步。这个操场不大也不小，好像200米，体育班长跑在最前面，我们紧随其后。在跑到一圈半的时候，后面有一个同学摔倒了，这个人不是别人，正是我的好朋友小洁，她的膝盖磕破了一层皮，手也破了。我和几个同学都急忙跑过来，把她扶起来，问："你没事吧！疼吗？我给你吹吹，妈妈说吹吹会缓解疼痛。"瘦瘦的她，却笑着说："不疼。"能看得出她是尽量地把眼泪克制住。

体育老师看见了，安排我留下来照顾她，其他人继续上课。我和小洁在外面待了一会儿，我就扶着她进教室了。小洁非常感谢我这节课陪她照顾她，度过了一节不一样的体育课。我说不客气，只是不能替代你的疼痛。

帮助别人的感觉真好啊！能够温暖他人的心灵，又能提高自己的情操，建立深厚的友谊。帮助他人是一种美德，也是一种修养，更是一种好习惯。

体育课上的故事

侯艺萱

那天下午，天阴沉沉的，空气很潮湿，给人一种很压抑的感觉。第一节课上体育课，我就不想去，因为我想陪着我们班主任吕老师。但是为了我的身体健康，为了"阳光一小时"，吕老师坚持让我去上体育课。当我下去的时候，刚跑了一圈热身，突然下起了小雨，老师就让我们集合起来，怕我们淋着雨就带领我们去大厅的地方上体育课了。体育老师说："今天我教你们一个新的活动。"我们听了很兴奋，心想：是什么有趣的活动呢？正在想着，体育老师说话了，打断了我的思绪。老师说："今天我教你们报数，听到我说报数的时候，你只需要转头而身子不需要动，把头转向你下面一个人并且大声地报出你自己的数字。"然后先让我们试验了一轮，我们这一轮最后得分76分。

老师点评了这一轮的报数情况，还说："给你们两分钟时间，小组长带领着组员练习一下，等会我们再来一遍。"经过几轮练习，我们组得了86分，我很高兴，因为付出有了回报。

不知不觉下课铃响了，回到教室我还在回味。学知识，只要经过自己不懈的努力，就会有所提高。我以后要好好努力，争取更大的进步。

精彩的拔河比赛

纪鹏涛

"一二三……加油，一二三……加油。"操场上传来一阵阵呐喊助威声，这是怎么回事呢？原来是三年级在上体育活动课，正在举行激烈的拔河比赛。

首先上场的是我们三二班对战三三班。只见场上的队员们一个个精神抖擞，像凶猛的小老虎似的。随着裁判老师的一声哨响，比赛开始了。双方队员开始使足了劲用力拔。啦啦队的同学们个个喊得热火朝天，有几个同学都恨不得自己冲上去帮他们拉一把。

场上的队员们比刚才更用劲儿了，只见我们三二班的"大力士"纪绪德，他站在最前面，身体往后倾，咬紧牙关，脸涨得通红，像一个充满斗志的勇士，使出吃奶的力气往后拉。三三班的队员们也毫不示弱，一副不得胜利、誓不罢休的样子。绳子上的红领巾，一会儿偏向我们，一会儿偏向他们。最终，由于我们体力不支，败给了三三班。

　　虽然我们输了比赛，但是只要我们不气馁，相信下次比赛我们班终会战胜其他班级的，我期待着这一天的到来。

拔河比赛

步佳恒

　　一天上午，老师宣布了一个令全班同学沸腾的消息：下午要举行拔河比赛，每个同学都攒足了力气迎接下午的比赛。

　　好不容易熬到了下午。老师把全班同学分成两队，同学们个个怀着无比激动的心情准备比赛。

　　"预备！"裁判员大喊一声，两组队员立刻死死抓住了绳子，摆好了架势，用最牢固的弓步式，双脚分开，互相顶着，身子往后倾斜，双手像小螃蟹的铁钳似的，用力抓住大麻绳。双方互不相让，一个个紧紧握住粗粗的绳子，身子向后倾斜，脸蛋儿憋得通红。双方都攒足了劲，红布条儿忽左忽右忽上忽下。

　　边上的啦啦队员不停地欢呼、呐喊。红布条从中点开始慢慢地向我们移近，眼看胜利就在眼前大家便放轻松了。就在这时，对面的同学猛一使劲，我们猝不及防，他们胜利了。

　　通过这次比赛，我悟出一个道理：只要齐心协力，互帮互助，就没有干不成的事。

难忘的拔河比赛

孙梦瑶

　　今天，我们学校进行了一场激烈的拔河比赛。

　　远远地就听见操场上人声鼎沸，走近一看，操场的中央放着一条又粗又长的麻绳。比赛马上开始了，紧张的气氛令人窒息。首先我们和红队进行比赛，我们不费吹灰之力就获胜了。

　　比赛继续进行着……

　　终于，扣人心弦的决赛时刻到了，我们将和蓝队一决胜负。同学们的欢呼声一波高过一波。选手们有的拍拍手，有的蹬蹬脚，活动活动筋骨，然后提起粗粗的麻绳，腿成弓步式站好。大家身子往后倾斜，双手像螃蟹的钳子一样，紧紧地抓住麻绳不放。哨声一响，同学们便像一只只猛虎似的，用力拉紧绳子，身子慢慢地向后倾斜着。一个个小脸憋得像红苹果，两眼瞪得如铜铃。我们啦啦队的同学更是扯着嗓子喊："加油! 加油! "

再瞧瞧我们班的参赛者，每个人的手都被绳子勒得红红的，脸上汗珠滚滚，使出全身力气，可是麻绳上的红绸始终在中间位置。突然，蓝队发威了，把红绸一下拉向他们那边。"嘟嘟……"结束的哨声响了，蓝队获胜了。

第二场比赛马上要开始了。我在心里默默地给队员们打气。气氛更热烈了，参赛者们使出了九牛二虎之力。只见小明的脸憋得通红，他咬紧牙关，两手死死地抓住麻绳，闭着眼睛，使出全身的力气，身体几乎躺着，肌肉紧绷，连别班的同学也一起为我们加油。可是，参赛者们的脚一直往前挪，红绸也慢慢靠近蓝队。"嘟嘟……"我们还是输了。

虽然比赛结束了，但这场比赛的场景深深地刻在我的脑海里，因为我从中懂得了团结就是力量。

运动伴我成长

吴豪彬

我爸爸是位爱好体育运动的人，而我应该是受了爸爸的遗传，从小酷爱体育活动。

听妈妈说，我从会走路开始，就喜欢拍球。我喜欢的玩具不是汽车、积木，而是各种球类。两岁多，我就能原地不动拍篮球100多个。后来慢慢长大了，我就跟着爸爸去体育场尝试各种运动。打羽毛球、投篮、踢足球，一次次的尝试，一次次的失败，我着急过，哭过，闹过。但爸爸安慰我说，你还小，只要坚持练习，总会做好的。每次的运动都会有小进步，都增强了我的自信心。

现在我是一名一年级小学生了，在学校我最爱上的就是体育课。记得一年级上学期的学校运动会，也是我成为一名小学生参加过的第一次运动会。我有幸被选为50米短跑和跳绳小小运动员，虽然那次比赛我都只拿了第二名，但还是挺高兴的。

除了跑步、打球外，我现在还喜欢跳街舞，街舞也是一项锻炼身体的运动。别看我年纪小，在班里我可是小小街舞高手哦! 做什么事情只要有付出就会有收获，记得大班暑假时候，我专门学习了街舞中的风车接跳转动作。一开始，因为找不到技巧，加上各种不熟练，肩膀后背全是青一块紫一块的，姥姥看了心疼地掉泪，妈妈鼓励我说："坚持就是胜利。付出就会有收获，继续坚持继续加油。"终于，我的努力没有白费，一个假期的时间我学会啦！

　　爸爸告诉我，体育不仅仅是跑步、跳跳绳、打打球，体育更是一种精神。体育运动让我成长，让我快乐，让我阳光。同学们，让我们一起运动起来吧！

第3节　炫酷社团

我爱踢足球

金泰旭

因为我最喜欢的运动是踢足球,所以就参加了学校的足球社团,每天下午我都会去训练。

下午我来到了足球场,已经有好几位队友在自由练习了。哇!他们都好厉害啊!我迫不及待地加入了他们当中。我将全部的力量集中在右脚上,准备射门,守门员一个跃身把球挡了回来。正当我们玩得高兴的时候,教练吹起了口哨。我们快速地跑过去站队,教练说:"我们先来围着球场跑两圈热身,之后我们今天要和胶州队进行一场比赛。"

跑完操以后教练把我们分成了雄鹰队和狮子队。我被分在了狮子队,我要像狮子一样凶猛无比。分组之后比赛马上就要开始了。

比赛开始了,我们队先发球,球传在了我的脚下,之后我飞快地向前跑,突破了对方好几道防线,一直跑到对方的球门前,在队友们的帮助下我射门了。太棒了,球进了,我和队友欢呼起来。就这样上半场结束了。

休息了几分钟后,下半场开始了。下半场对方发球,球传在了对方的脚下,我过去抢球。只见队员们你争我抢、互不相让,对方一个大脚,眼看要进球了,可是还是被我们的守门员给挡住了。接着对方很是拼力,连着进了两个球。

最后很遗憾,我们1∶2输给了雄鹰队。虽然我们输了,但我不会气馁,因为下一次还有机会。

学习踢足球

王海成

我是足球队的一员,是一名初级前锋。教练教我们学习踢足球,踢足球分为三步:带球、过人、抢球。

首先是带球,学习带球前教练先让我们围着操场快跑四百米,再回到足球场,教练说："去足球门前面离开五十米射进八个球就算过关，射不进八个球就会受到惩罚，围着操场跑四圈。"这对于一个初学者来说挺难的。轮到我踢球了，可我只射进了六个球，就围着操场跑了四圈。

其次是过人，过人对我来说太简单了，我左一脚右一脚轻松地把过人完成了，教练都表扬我，我很开心。可是教练又让我围着操场跑三圈说是给我的奖励，我怎么这么苦啊！

第三是抢球，抢球是最精彩的。教练给我们组队，说是一球定输赢，在玩了几个回合后胜负难分，我只好放大招了，我用我的"黄金大右脚"猛地一踢竟然进球了，我们队赢了。

学游泳

宋丹煜

几天前，学校组织我们去学游泳，而且还不用花任何费用，这是学校给我们的福利。但游泳装备需要自己准备。妈妈、爸爸说我必须去，因为如果学会了，不仅可以锻炼身体、保护自己，而且还可以帮助到别人。

学游泳的那天，我们去了游泳馆，里面很大很大，泳道分四个，第一泳道是教学区，第二泳道是深水区，第三泳道是练习区，第四泳道是浅水区。

教练终于开始教我们了，教练说："要想学会游泳，就必须要先学会憋气。"本来以为憋气很简单，但实际情况却不一样，我刚把头伸进水里，很快就出来了，因为我的头伸进水里的时候会感到莫名的恐惧。

就在这时我突然想起了教练说过的话，首先是心态放松，不要害怕呛水，勇敢地面对才会学得更快。不管是哪种泳姿，必须要注意三点一线。你的腰一定要挺直，这样会让你的游泳速度变得更快。你的背肌力量大，肯定会游得快。再就是呼吸，就是在憋气的同时，在下水的那一瞬间，一定要吸够氧气然后下去，下水的这段距离，不要急于马上呼气，是要憋着气的，当你感觉呼吸困难，再把头伸出水面深呼吸。就这样我屏住呼吸按照教练要求，全身放松，结果还真的浮了起来。在不断反复磨练与实践中，我不仅学会了蛙泳，还学会了仰泳和自由泳。

通过这次学游泳，让我明白，"世上无难事只怕有心人"。恒心和毅力是打败困难的对手！

学习蛙泳

纪文雪

学校组织三年级免费学习游泳，妈妈看了看通知书，想了想，在"参加"后面打了一个"√"！不可思议！我之前去海边，被海水呛了，便开始怕水，没想妈妈竟然让我去参加！我对妈妈说"我去？我怕水哎！"但妈妈没有一丝动摇。哎，看来只能去了。

准备游泳的东西就交给妈妈了，东西到了以后，我看了一下东西真多啊，有泳衣、泳帽、泳镜、浮袖……

游泳那天，大家一路上说说笑笑，有人在聊树木的形状，有人在聊变化无常的白云，有人在猜谜语讲笑话……到了游泳馆大家都换上泳衣，教练带大家去浅水区学习憋气。刚开始我怕呛水头低不下去，但渐渐地我不怕了。

第一节课我学会了憋气，并且不怕水了 。

第二节课教练带大家去深水区学习漂浮。漂浮不难，只要把头低下去，四肢伸直自然就浮起来了。

第三、四节课没有下水，教练在活动室教我们蛙泳腿。蛙泳腿有些难，脚很难做标准。

第五到第八节课教练带我们下水练习，在水里和陆地不一样，越来越难了！

第九到十一节课，学习蛙泳手和呼吸，这两样并不难一学就会了。

最后一节课是教练让大家在浅水区游个来回。

这十二天我学会了蛙泳，感觉有种成就感，加油！

学游泳的故事

郭浩辰

最近，我们学校开展了游泳课。我非常喜欢游泳，我和同学们一起兴高采烈地来到了游泳馆。和老师打过招呼后，就先穿戴好泳衣、浮袖等，然后就进入了学习状态。

首先，我们学习的是蛙泳，老师一共教了我们四个动作，这四个动作老师要求我们必须熟练。我们一直在努力练习这几个动作，没过多长时间，就都会了。终于，我们可以下水了，我很激动但也很害怕，因为我是第一次下水。到了水池里我刚开始小心翼翼地移动着脚步，不一会儿我就能借助游泳浮袖和浮板的力量在水里游来游去了。时间过得真快呀，我们今天的第一节课就结束了。同学们都还沉浸在学习游泳的乐趣中……

接下来的几天我和同学们每天都去学习游泳，每天都练习重复着相同的动作。虽然好枯燥没有意思，但是老师告诉我们，如果动作不练习熟练就不能下水游泳，经过大家反复练习，我们全部得到了老师的肯定，将浮袖和浮板摘掉后就下水游泳了。有好多小伙伴们第一次都没有成功，不过在老师的悉心教导下我们班同学全部都学会了游泳。

经过学习游泳这个集体活动，从中我学习到了无论做事还是学习都不要嫌麻烦，要反复去尝试才能掌握，还有就是大家要互帮互助才能共同进步。

训练比赛的故事

刘若谷

春天本应是个浪漫放松的季节，可是对于我来说，今年的春天尤为紧张，因为我要参加我的第一场羽毛球比赛。比赛的时间日益临近，教练也严肃地说要全员集训，我知道一定是魔鬼式训练了，哎！

不出意料的魔鬼训练开始了。队员们自动分成两组，一组先绕场十圈热身跑；另一组跟教练做拉伸活动，全场充满了紧张的气氛，完全没有了平日的嬉笑打闹。我加入了跑步热身组，对于平时疏忽锻炼的我，这简直是极大的惩罚。十圈跑下来，我感觉都要站不住了，心想：这是平时训练的三倍呀！接下来还要怎么折磨我们呀！哎，为了能有个好成绩，拼了！谁让我那么主动报名参赛呢，坚持，我一定要坚持。接下来两组对换项目，拉伸运动可是我的强项，毕竟有着五六年舞蹈的功底呢。看着那些大男孩、小男孩龇牙咧嘴的样子，我倒是表现得很从容，这个项目轻松过关。接下来要步入正规训练了：发球要求有小技巧；接球挥拍要到位；步伐跑动前后左右不能乱……一系列训练下来有条不紊。一遍、两遍、三遍……教练的声音一次比一次高，要求也越来越高。所有成员都严格要求自己，完美配合，就连平时一累就哭的"小胖子"这次也没有掉一滴眼泪；一训练就频繁上厕所的小哥哥，这次一回厕所也没有去过；我们三个女队员和男队员一样的运动量也没有一个叫苦的。我瞬间感到一种前所未有的集体荣誉感，团队的力量竟如此的强大。难道这就是竞技运动应有的氛围吗？那些奥运冠军可真是不容易呀! 付出的比我们多得多, 是值得我们尊敬的人。

今天的训练结束了, 在做整理运动时, 教练讲评优点和不足, 看来我们应该学习的还有很多很多。这样的训练还要持续十天, 不过, 我不会退缩的。等到比赛的那一天, 发挥出我最好的水平, 为自己交上"运动生涯中"第一份满意的答卷。

第四章

美

第四章　美

①
②	③
④

①炫舞团

②炫舞团

③读书美

④美术社团

　　培养美德、美行最好的办法莫过于在学生主动参与的各种活动中潜移默化。让学生在活动中去体验，在体验中去认识，在认识中去进步。只有这样，才能让美德、美行转化成为学生的内在品质和外在表现。2018年6月1日，和美小镇迎来了孩子们最重要的节日——六一儿童节，"在阅读中遇见最美的自己"是这次和美小镇六一儿童节的主题。提前一个月，镇长办公室就发出倡议，在五月份精读一本书，与书中的主人公来一场美丽的邂逅。在阅读中遇见最美的自己，在生活的舞台上展现精彩的自己，让节日的快乐跟随每一个孩子，让阅读的习惯始终陪伴着孩子们。

第1节　美在课堂上

趣味美术课

纪智敏

　　今天下午第二节是美术课，是我最喜欢的课。我提前把彩笔、图画本准备好等待上课。

　　"丁零零"，上课的铃声响了，同学们快速走进教室坐好。漂亮的美术老师来到教室。这次老师没有按照她的规定让我们画画，而是让我们发挥自己的想象力来画。老师刚说完，同学们就兴奋起来，相互讨论，说自己要画的内容。我心中早已想好，迫不及待地拿笔画起来。

　　我先用黑笔画出我心中的城堡，高高宽宽的三层塔楼，还有一个漂亮的塔尖，上面飘着一面彩旗。在每层塔楼上我用黄、红、粉、绿、蓝等多种颜色的笔画了门和窗户，窗户的形状有圆形、方形、菱形等，有的还画上小花边，漂亮极了。在城堡的后面我画上了翠绿而高大的树木，两边画上了五彩缤纷的花儿，有的花瓣全开了，有的刚开两三瓣，有的还是花骨朵儿。花儿的香味引来了一群蜜蜂采蜜，一只只漂亮的蝴蝶在翩翩起舞。在城堡的前面，我画了一条小河，河水清澈见底，小鱼小虾自由自在地玩耍。关键是我在城堡里还画了一位美丽温柔的公主和健壮帅气的王子，他们幸福地生活在一起。我多想变成那位公主呀，住在城堡里无忧无虑地生活。我完全沉浸在自己的世界里面，老师走到我的身边我都不知道，直到老师夸奖我画得非常棒，我才从我的世界里走出来。听了老师的夸奖，我心里比吃了蜜还要甜。

　　"丁零零"，下课铃声响了，我喜欢的美术课结束了，好期待下一节美术课！

画动漫人物的手

郑琰默

我最开心上的一节课，就是每周四下午五点的美术课。

今天，我又早早地来到教室。美术老师说："今天我们画动漫人物的手，它的特点是整体肥大。"在老师向我们介绍了如何画手之后，我们就开始画了。老师让我们画八个不同手势的手。过了十几分钟，我画完了。一开始我自信满满，等交给老师看了以后，老师却说："手画得太瘦、太小了。"那时我的心情低落到了极点。我又回去重新把我原来画的手放大放肥了。老师说："这次画得很好！"听到这句话我非常高兴。

回到家中，我把这幅画给我的爸爸妈妈看，他们看了这幅画说："画得不错，你能不能再画十个手势出来，下周四的时候给你的美术老师看一下呢？""好呀、好呀"我开心地说。说完我就去我的房间画画去了。十几分钟后十个手势画好了。爸爸和妈妈看了之后说："很好，比上一幅画要好上几百倍！""真的么！"我高兴地回答道。

等到了下个周四，我把那幅画给老师看，老师说："画得非常好。"下了课之后，老师因为我回家复习巩固多给了我5个和美币。我感到非常高兴！

剪纸的故事

陈璇

我最盼望过周五了，因为每周五下午都会有小镇课程：剪纸，这是我最喜欢的课程。在剪纸课上，老师教给我们很多剪纸的方法，我剪了好多剪纸，为此，还特意制作了一个剪纸画册。

画册里第一张是一个小女孩自由奔跑的剪纸，这是我最喜欢的剪纸。有一次，我把画册带到学校给同学们展示，我的同学特别好奇，为什么第一张是小女孩的，里面是不是有什么故事呢？

在同学的央求下，征得老师的同意，我开始讲述其中的故事。以前有一个小女孩，她跑得很快，是村子里跑得最快的孩子，每次和小伙伴比赛，她总是得第一。为此，她很骄傲，认定了自己是跑得最快的，每次都会把输的孩子数落一顿。她的那些小伙伴都很生气，从此每天练习，每次都要跑上好几千米。有一天，她们找小女孩比赛，小女孩不以为然，爽快地答应了。终点定在一千米外的一棵大树下，比赛一开始小女孩就冲了出去，结果小女孩的伙伴一个个都超越了她，而且当她跑到终点时气喘吁吁，但她的伙伴明显比她轻松多了，她很懊恼。她的妈妈对她说："孩子，人外有人，天外有天，你可不能再骄傲下去了。"小女孩听了妈妈的话发誓再也不骄傲了，每天刻苦练习，又变回了那个村里跑得最快的孩子。后来，经过自己的刻苦锻炼，她参加市里的长跑比赛，取得了第一名。说到这里，我眼里闪着泪光，因为这个小女孩就是我自己。

听到这里，同学们给了我掌声和鼓励，我会记得这一天，也会永远收藏这张剪纸。

这张剪纸对我意义重大，因为它让我明白了"人外有人，天外有天"的道理，是我无声的老师。

美术使我成长

纪锦怡

要问我最喜欢的课是什么课，那当然是美术课啦。因为我的爱好就是画画，画画能使我开心。

记得上个周三的美术课上，老师给我们规定了一幅画让我们完成，我对自己的作品不太满意，因为涂色的时间不够。原因就是那一天天气很晴朗，我的注意力全都放在天气上了。因为自己注意力不集中，使得涂颜色都涂丑了，我的画也就越来越丑了。那个时候我在想："怎样才能让我的画变漂亮呢？"于是我就请教老师，老师给我指点了一下，果然使我的画变得很漂亮了！

不知不觉一年级的美术课已经快接近尾声了，我要和一年级说再见，要和二年级招手了。美术让我们更好地成长，使我们变得更好，因此以后我想从事与美术有关的工作，发挥自己的优势，这样我就要每天都好好学习，天天向上。因为有这个梦想，我就要超越自我，永不放弃，有始有终。有梦想就会有希望，加油吧，少年！

流淌在指尖的旋律

黄桢恩

这个学期，学校开展了竖笛课程，同学们都兴奋极了，盼望着竖笛课的到来。

终于到了那一天，同学们手拿竖笛和乐谱向音乐教室前进。我们班就像一片欢乐的海洋，到处洋溢着我们的欢声笑语。

到了音乐教室，音乐老师笑着对我们说："从今天起，我们开始学习竖笛。"同学们无不鼓掌叫好，脸上都绽开了花朵一样的笑容。

但竖笛可不是什么好学的乐器，需要掌握许多乐理知识。刚开始，我对吹竖笛一窍不通。但是老师细心教导我们吹竖笛的指法和几个基本音之后，我就能隐约吹出几个调儿来了，这可把我高兴坏了。

同学们在各自的小组里激烈地讨论着，目不转睛地盯着竖笛，一起练习，交流。后来，老师教给了我们一首新曲子——《欢乐颂》。这可是一首大家耳熟能详的曲子，要是把这首曲子用竖笛吹出来那是一件多好的事情啊。"嘟……嘟……"有的同学无论怎么用力都吹不出来，脸憋得和红苹果一样。我们细心认真地听写老师示范的每一个小节，每一个音。在分组练习的时候，许多同学还会主动帮助有困难的同学。整个教室里虽然有些吵闹，但是我却感到很和谐、温暖。当我们能够吹出一个完整的片段的时候，都会开心得合不拢嘴。

这节课的最后五分钟，老师让我们一起吹奏一遍。"一，二，三，开始！"同学们都吹奏了起来，还真有点儿演奏家的模样。同学们吹得整齐而又响亮，老师都不禁为我们竖起了大拇指。

学竖笛虽然困难，但却充满了乐趣。在这节课中，我明白了许多关于音乐的知识，也明白了吹竖笛要有合作进取的精神才能完整地把曲子吹下来。这真是一节有趣的竖笛课。

一节有意义的音乐课

纪雯迪

"丁零零"，踏着上课的铃声，美丽的音乐老师走进了教室。我爱唱歌，我非常喜欢上音乐课！今天，音乐老师要教我们唱《少年先锋队队歌》。因为，我们很快就要加入少先队，成为一名小少先队员，这是一件值得骄傲的事情！

老师先给我们放了两遍歌曲，然后教我们唱了一遍，当唱到最后：为着理想勇敢前进，为着理想勇敢前进前进，为着理想勇敢前进，我们是共产主义接班人。虽然我不懂歌词是什么意思，但是我的心里莫名地想哭，因此我想起了爷爷给我讲的小英雄抗战的故事。

学完以后，老师告诉我们，我们现在坐在宽敞明亮的教室里上课是一件很幸福的事情，因为现在还有很多小朋友没有我们这么好的学习条件。听完老师的话，我告诉自己，一定要认真听讲，好好学习！整整一节课的时间，教室里的歌声余音绕梁，我们一遍又一遍地学着唱着，幻想着自己已经是一名小少先队员了！

这就是我难忘的一节音乐课，它让我想到了很多很多，也让我自己知道，我应该更努力地学习，沿袭着革命前辈的路，把祖国的将来建设得更美好！

开心的音乐课

黄敏静

今天第三节课是音乐课，一打铃音乐老师就进了教室，我们有的在认真坐好，有的却没看见老师在转头说话，老师进来看见了，严厉地说："全体起立站着。"我还是第一次见音乐老师生气，平时音乐老师对我们都很好，还会摸我们的脸蛋儿说我们可爱呢。老师看我们三组站得很好就让我们先坐下了，老师说："你们谁站得好就可以坐下。"站得不好的同学都赶快立正站好，老师看他们站得都很好就让他们坐下了，这时谁也不敢再说话了。老师让我们拿出陶笛，给我们一分钟的时间让我们练习一下手势。

老师问我们谁能把整首吹下来，有4个男生、5个女生举手。老师让我们女生先上来检查手形对不对。我们到讲台上站好，摆好手势，老师让我们一边唱谱子一边对手形，我们都对了。然后又检查男生的手形对不对，男生有两个人摆错了，老师让他们回座位再练习一下。后来只剩我们7个人了，老师让我们7个人上讲台去把前两句吹了一遍，看我们吹得都挺好，手形也都对了，还给我们照了相，我很开心。

这真是令我开心的一节课，更是令我难忘的一节课！

难忘的音乐课

周子芊

"丁零零"，伴随着上课铃声，音乐老师笑容满面地走进了教室，亲切地跟我们说："同学们，马上就要加入少先队了，作为一名少先队员，会唱我们少先队员的队歌吗？《少年先锋队队歌》，今天我们就来学唱这首歌。"同学们异口同声地说好。

老师先是给我们放了一遍音乐，然后又给我们唱了一遍，最后还是决定一句一句地教我们唱，老师唱一句同学们唱一句，大家都学得特别认真。

在唱歌的时候，我的心情特别激动，想象着自己戴上红领巾的那个时刻，想象着每天戴着红领巾上下学，那是一件多么骄傲的事情。老师还告诉我们，红领巾是国旗的一角，是用革命烈士的鲜血染红的。

我想象着即将到来的那一天，戴着鲜艳的红领巾，对着国旗宣誓："我是中国少年先锋队员……"

时间过得真快，不知不觉中下课铃声响了，老师带我们唱了最后一遍，虽然唱得不是很整齐，但是我们会好好练习，在加入少先队的时候整齐地唱出我们自己的队歌。

第2节　社团促成长

难忘的舞蹈比赛

崔宝颖

我参加过很多舞蹈比赛，但是让我印象最深刻的是我跟刘婷老师去参加"六一"嘉年华选拔赛，因为那是我最精彩的一次表演。

那天下午两点在舞蹈大厅排练，我们穿上了金光闪闪的上衣宛如波光粼粼的水面，裤子是红白相间的颜色，穿上去特别漂亮。接下来就要开始化妆了，先涂粉底再化眉毛，用的都是黑色，眼影用的是黄白相间的颜色，腮红是粉红色的，最后涂了深红色的口红。

时间一分一秒过去，我们耐心地等待着比赛。彩排期间我们就像一只只花蝴蝶在花丛中漫天飞舞。我们跟着美婷老师把所有舞蹈动作都复习了一遍，之后休息了会儿，接下来就是补妆时间。15分钟后，我们跟随着音乐的步调又跳了一遍、两遍、三遍……我心想："怎么还没到我们？"就在这时我听到主持人说："下面是36号准备登台表演。"到我们啦！我特别高兴，音乐声响起，我们演绎着优雅的舞姿，都各自陶醉在音乐中不能自拔。表演结束后，每个人都累得大汗淋漓，但却笑得异常开心。

伴随着所有的节目接近尾声之时，主持人宣布了比赛的第一名——《花仙子》。我们脸上都洋溢着开心的笑容，虽然很累，但是因为我们的坚持不懈的精神，我们赢得了第一名的荣誉。在以后的学习中我们也会继续发挥这种精神！

我的舞蹈情缘

刘百雪

我喜欢舞蹈，每当看着同学穿着漂亮的衣服，跳着优美的舞蹈，我特别羡慕。

在我上二年级的时候，在我的强烈要求下，我参加了学校的舞蹈社团。去舞蹈班的第一天，我别提有多兴奋了，第一节课我学的是卷腰，看到其他人都练得面红耳赤的，我不禁害怕起来。轮到我了，老师让我趴下，把我往后卷，我疼得龇牙咧嘴，又有点喘不过气，忍不住哭了起来，但是我又一想，不吃苦怎么能学好舞蹈呢！于是我怀着这样的心情忍住眼泪坚持了下来。

现在我已经学舞蹈四年时间了，对学舞蹈的态度也有了转变，从刚开始上课时特别兴奋，到后来渐渐地没有了那么大的兴趣与激情，开始有了些厌倦。舞蹈老师发现了我的情绪变化，努力地开导我，给我讲一些成功者的经历，让我对舞蹈有了新的认识，我又开始对舞蹈越来越感兴趣了。学舞蹈让我尝尽了酸甜苦辣，却换来了优异的成绩。我现在已经考到了舞蹈六级，参加了很多的演出，获得了很多的荣誉证书和奖杯，我以后一定要更加努力，争取更大的荣誉。

通过学习舞蹈，让我相信：不管是学习还是舞蹈，只要不怕吃苦，什么都能学会，不经历风雨怎么能见彩虹；不好好学习，怎么能取得优异的成绩呢！

舞 蹈 比 赛

李婷雅

我是二年级四班的李婷雅，也是我们学校舞蹈团的队员。这学期开学以来每天下午都要练习舞蹈，因为我们要代表学校参加2019年城阳区"区长杯"中小学艺术比赛，我很兴奋也很紧张，这几天都非常努力地练习舞蹈。现在来看看我们练习得有多辛苦，多开心吧！

有一次我不小心在练习的过程中受伤了，摔倒在地上，大哭了起来，有一个姐姐马上来到我的身边安慰我，让我觉得很温暖。姐姐们对我们年纪小的妹妹一直都非常照顾，我们相处得特别好。

终于到了比赛的日子，我们很早就到了比赛的地方，老师给我们每一个人细心化妆、扎头发，马上就要到我们上台了。老师说："一定要仔细跳哦，老师相信你们，加油！"我们鼓起勇气走向了舞台，按照平时练习的样子完成了舞蹈。最后我们取得了第一名的好成绩，我们胜利了，太高兴了。

我喜欢跳舞，虽然辛苦，有时候也会受伤，但我会一直努力练习下去的！

第3节　活动展风采

读书节——诗配画

周心琪

很幸运在这草长莺飞的4月份参加了大北曲小学举办的诗配画的大赛活动，对于画画和写字，我很有自信，这两项也是我的拿手绝活。

我的参赛作品题目是《悯农》，这首古诗的大意是农民在中午的时候，在田地里清除杂草，汗水一滴滴掉落在土地里，又有谁知道这些庄稼的来历呢，每一粒都是那么辛苦。根据古诗配的画是一位农民伯伯，劳作累的时候歇一歇，在地里看着自己的庄稼茁壮成长，累并快乐着！

妈妈说：我们这一代生长在幸福的环境中，一点苦也吃不着，每天都是好吃的，好玩的，好穿的。这个"五一"节妈妈和爸爸带我体验了一把种菜的不容易。我的姥姥家里有一片菜地，菜地里种着各种各样的蔬菜，有生菜、茄子、西红柿、黄瓜、小油菜、豆角、辣椒，这些都需要定时地浇水和施肥。今天让姥姥好好歇歇，我们一家四口给这片菜地浇水和施肥，分工明确，爸爸有肌肉，长得结实，挑水非他莫属，我和妈妈施肥，妹妹在一旁玩耍。我们干着活，不一会儿汗珠就从脸上流下来了，妈妈说：这下知道农民伯伯种地的辛苦了，所以不要随便挑食，不要浪费粮食，吃多少拿多少，因为这些饭菜，都是农民伯伯靠自己的双手劳动和辛勤的汗水换来的！

第五章

劳

第五章　劳

①	②
③	

①劳动体验课

②劳动体验课

③植树节环保活动

劳动技术教育是向学生传授现代生产劳动知识和生产技能,培养学生正确劳动观点,养成良好的劳动习惯的教育。劳动技术教育包括劳动教育和生产技术教育两方面。加强劳动技术教育已成为世界各国教育发展的一个趋势。培养学生的劳动观点,形成劳动习惯,并使学生初步掌握一定劳动技术知识和技能的教育。

第1节　校园劳动

从小培养劳动意识非常重要,也是一种锻炼。为了培养学生的劳动能力,学校每周都有劳动体验课,学生在其中感受劳动的艰辛、体会劳动的快乐,同时也让学生体会别人的辛苦来之不易,从而养成保护环境的好习惯。

特殊的劳动课

黄玺诺

"丁零零",清脆的上课铃声响彻整个校园,我们迅速回到教室,还没来得及坐下,老师就已经站在教室门口了,他环顾了一下四周,走进教室说:"大家坐好,准备做眼保健操。"我们迅速闭上眼睛,做好了眼保健操的预备动作,"1、2、3、4……"跟随着眼保健操的节拍我们认真地做了起来。

突然,我听到一阵阵"沙沙"的声响,这是什么声音?一向有好奇心的我,偷偷地把手挪开,睁眼一看,只见老师拿着一把扫帚正在扫地。等到做完眼保健操,同学们都发现了,我很纳闷,心想:今天老师怎么不上课,扫地干什么?这时,老师边扫地边说:"这堂课是劳动课吧,我们班的同学就是聪明!"我们听了又是一阵迷茫,但老师肯定是话中有话,说这话究竟什么意思?老师见我们无动于衷,不明白他的意思,就又重复了一次,并且加重了"聪明"两字的语气。一向活泼好动的魏承锡,若有所悟地下位拿起一把扫帚跟着老师扫了起来,接着眼疾手快的纪文坤和汪宸宇也各拿起一把扫帚,紧跟着全班同学都行动起来了,有的扫地,有的捡纸屑,有的擦桌子,有的整理讲台……在我们全体师生的努力下,一会儿工夫,教室被我们打扫得干干净净,原来看似还算干净整洁的教室,居然被我们清理出一小堆、一小堆的垃圾,看着它们,大家面面相觑,很是惊讶。再看看现在整洁明亮的教室,同学们心里美滋滋的。

老师语重心长地对我们说:"班级是我家,卫生靠大家。只要我们每个人心中都想着集体,都出一份力,我们班的各项工作就一定能很轻松地完成,而且一定能取得最佳效果。"

这时我心里也生出了一个疑问，教室每天都有值日生打扫，为什么还有这么多垃圾？不应该呀！其实原因很简单，要么是大家平时值日马马虎虎，敷衍了事，要么是少数同学有乱扔垃圾的坏习惯。看来我们平时要养成良好的习惯，无论做什么事，都要认认真真，来不得半点马虎。在学习上更要这样，必须认真写好每个字，做好每道题；否则今天遗漏一些知识，明天再遗漏一些，日积月累，我们学习上的困难就会变得跟教室里的垃圾一样多，所学到的知识自然也就会少了很多。

劳动体验课

纪鹏祺

还记得那次的劳动体验课带给我的温暖与感动，我终生难忘。

那天，老师说下两节课上劳动课，男生打扫男厕所，女生打扫女厕所，然后把楼道教室打扫一下，看男生女生谁完成得又快又好，就是"劳动之星"。我们听了后，都摩拳擦掌，大家都想获得"劳动之星"的称号。

上课铃响了，我们便各自打扫起卫生来。我去了男厕所，男厕所里又脏又臭，唉，这可怎么打扫呢！刚开始我们又争又抢，大家都想打扫好打扫的地方，还险些发生冲突。之后我们决定让力气大的去打扫难打扫的地方，力气小的就去打扫容易打扫的地方，打扫完了的同学可以去帮助没打扫完的打扫，不一会儿我们便打扫完了。而在打扫的过程中有一位同学不小心摔倒了，我们便一起把他扶起来，还好没什么大事。差不多的时候，女厕所也打扫完了。

下一步，我们就要开始打扫教室和楼道了。男生打扫教室，女生打扫楼道。我们这次合理有序地分了工，便如火如荼地开始了我们各自的工作。瞧！一位同学接完水后搬不动自己的水桶，另一位同学急忙上前去帮他，帮他抬回了教室。一位同学正因为地上有一块东西弄不掉而苦恼，另一位同学便帮他把这块东西弄掉了。每个人都在互相帮助，互相鼓励。不一会儿，我们的工作都干完了。女生打扫完的时间也跟我们差不了多少。

终于到了最后一步，评选"劳动之星"的时候了。大家都紧张地讨论着，都觉得应该是自己这边，甚至有些男生女生已经吵起来了，整个教室里乱成了一锅粥。这时，老师到了，大家便都安静了下来……老师不紧不慢地说道："本次劳动体验课的劳动之星是……"大家都竖起了耳朵听，细密的汗珠从脸上滑落。"男生和女生！"大家都很吃惊。老师说："因为这次女生和男生都干得又快又好！"之后老师又语重心长地说："男生和女生是一个团体，可不能分崩离析，大家要团结一致，才能让这个班级更好！"大家听完后，都很开心，也明白了团结的重要，刚刚吵架的男生和女生也不再吵了，并且还互相道了歉。老师说："下课！"大家都起立："老师再见！"愉快的两堂课便在我们的欢声笑语中结束了！

这次的经历，我永远都不会忘记！

劳动体验课

魏子涵

良好的环境有助于身体健康，让人心情愉悦，精神爽朗，可以让我们更专心地学习听课。所以，班级安排了一次劳动课，我们举行了大扫除，把教室变成干净明亮的学习场所。

为了更好地完成这次大扫除，我们分组行动，各个组长分配好了任务，我们撸起袖子就开始干活。同学们都拿了自己的工具，一时间，卫生间挤满了人，有洗抹布的、有接水拖地的……卫生间一片狼藉，还好有同学积极地帮助保洁阿姨打扫卫生间。

我走进教室，放眼望去一片忙碌的景象。擦窗户的同学踩着凳子，边干活边聊天。走廊里擦墙壁的同学一丝不苟，连角落都不放过。整个楼层非常热闹，其他班的同学也不示弱，争着、抢着干。

过了一会儿，同学们大汗淋漓，额头上坠满了汗珠，马上就要完成任务了。而我呢，已经把墙壁擦得干干净净了，只等组长来检查了。通过大家的努力，教室焕然一新。这次劳动让我们体会到了保洁人员的辛勤，更让我们体会到了爱护校园卫生的重要性。我们各尽其职，表现积极，认真地完成了自己的工作，也帮助了其他同学，就连平常最淘气的同学也认真起来。细心的同学考虑得更周到，把教室的桌椅摆齐了，又把讲桌擦得一尘不染。

人没有贵贱之分，打扫卫生的保洁人员也在为这个世界出力。所以，我们应该不乱扔垃圾，爱护环境卫生，让这些"城市的美容师"也休息休息。

通过这次劳动，我明白了很多，懂得了劳动的重要性，同时也体验到了团队合作的力量。

劳动的影子有你也有我

周瑞泽

不管是在家里还是在学校里，我都争做一个劳动小健将。

有一次，我们学校组织运动会，能跑能跳的运动健儿们在为各个班级增光添彩，我们就当小啦啦队为他们加油呐喊。运动会结束后我发现所在班级的地面和周围的环境比较差，当老师的目光投向几个小女生的时候，我心想不管老师选不选我打扫卫生，我一定要帮忙清理干净，校园是我们共同的学习家园，卫生干净才能使我们快乐地学习、健康地成长。于是我撑起垃圾袋，一边走一边捡，临近中午，那一天太阳特别晒人，汗水从我的脸颊流了下来，我感觉又热又渴，但是操场上还有很多垃圾，我决定把所有垃圾都收干净。我默默地对自己说："周瑞泽，加油，一定要把操场上的垃圾都捡干净再回教室。"最后终于见到成果，操场干净漂亮了。虽然我的膀子酸酸的，但看到老师同学露出满意的微笑时，我也感到很开心。

在家里，我也是一个热爱劳动的人。

姥姥家在崂山，种了许多茶树，每当周末的时候我都会跟妈妈去姥姥家里帮忙干活。一天妈妈要陪姥姥去采茶，烈日当空，她们真是辛苦，见到此景我主动提出帮忙干活，此时姥姥便拿出早已准备好的小太阳帽，戴在我头上，让我背上小背篓。到茶园后其实我也是瞎折腾罢了，妈妈忙于帮姥姥采茶，我就把她们采好的茶一点点地拿到阴凉地晾着，就这样一遍又一遍地搬运着，妈妈看到后会心地笑了，说道："大儿子，你真能干，棒棒的"，我听后开心极了。

劳动的影子有你也有我，同学们你说我是不是劳动小健将？

我值日的一天

王瀚永

今天又是我值日的日子，我很开心，因为我又能大显身手了！

下午放学铃声响了，同学们把书本放进书包，都陆陆续续走出教室，我就开始我的值日了。我先拿黑板擦去黑板上的字，使劲踮踮脚才够得着。一会儿黑板就被擦得干干净净，看着亮亮的黑板，心里甭提多高兴了。

开始扫地啦！我先把凳子全部放到课桌上，一个，两个，三个……再把讲台上的粉笔灰轻轻地扫下去，然后从第一排一直往后扫。当我正要开始扫第一排的时候，安智妍跑了进来说："王瀚永，我和你一起扫地吧！"我开心地说："好啊，谢谢你！"没一会儿，地就被我们扫干净了。手擦着汗，看着干净整洁的教室，我们开心地笑了。

　　这就是我值日的一天，我非常喜欢值日，我的同学们也很喜欢，因为我们爱我们的教室！

值日中的一件小事

曹楚欣

　　"丁零零"下课铃声响了起来，我们结束了一天的学习生活，收拾书包准备回家。突然想起来我今天要值日还要去上钢琴课，于是急忙放下书包，拿起笤帚开始扫地。

　　由于时间有些紧张，我干得有些着急，这里，那里，一下，两下，扫一遍，再扫一遍，终于扫完了，我如释重负地舒了一口气，心里想着上钢琴课可别迟到了。刚想把笤帚放回到铁皮橱里，却发现小华在那边撒了些什么东西，我跑过去一看，哎呀，刚刚扫完的地怎么又给撒了很多小碎纸屑，一股怒火冲上心头："你怎么这么不体谅人，我辛辛苦苦刚扫完的地你立马又给弄脏了。""不是我，我没有……"小华急忙辩解。"别狡辩了，刚才就见你鬼鬼祟祟地在这里鼓捣什么，原来是在搞破坏，我还着急去上课，你怎么这样不珍惜别人的劳动成果，我要去班主任那里告你……"我根本就不想听小华解释，因为我认定他就是故意和我过不去。小华急得脸通红，竟也说不出话来。

　　就在这时小红跑了过来说："你错怪小华了，这个纸屑是我扔的，刚才我肚子疼，想去上厕所，找不到卫生纸了，所以翻遍了桌洞，把书包里的纸屑不小心丢到地上了，顾不上捡就跑去上厕所了，小华他是过来帮我捡纸屑的。你真是错怪他了。"啊，原来是这样，小华不是故意扔的纸屑，小华是在帮我打扫卫生，而我却冤枉了他。我不好意思地低下头细声问道："小华对不起啊，我不应该不听你的解释，自以为是地冤枉你，你能原谅我吗？"小华笑着说："没事，我知道你着急去上课，我不怪你。"

　　通过这件小事我明白了一个道理：人与人之间遇到矛盾时，要多多沟通，不能光顾着发火，逞一时之快，要静下心来，多听听别人的解释，很多矛盾就会迎刃而解。

保护小花

梁正贤

为了美化教室，我们班种了许多盆花和绿植。它们都需要我们照顾和保护。

2019年4月5日到5月28日由我来保护和照顾。从第一天开始我就觉得我的责任重大，于是我每个课间都会过去看它们。看土有没有干，叶子有没有枯萎，如果缺水就及时浇水。偶尔我也会把它们搬到窗边晒太阳，让它们充满朝气。下课了同学们总爱打闹，有的时候会碰到花盆，我就会让他们远离花盆。

这是春暖花开的季节，我们班的小花在我的照顾下都盛开了。花朵非常好看，就会有很多的同学去摘花。这时我就会特别紧张，如果有同学想摘花我就会制止他们。跟他们说，我们应该一起爱护小花小草。

班级里养花草可以美化环境，让我们的生活不单调；还可以吸收我们呼出的二氧化碳，对我们非常有益。所以，我们要保护它们。

这段时间我一直很负责地照顾这些花草，得到了同学们的认可，老师也表扬我认真负责。我真高兴！

浇花的故事

李玉婷

在我们教室门口，有一排书架，书架上整齐地摆放着我们班的课外书。在书架的旁边，有一排小花，它们的花盆五颜六色，花朵五彩缤纷的。其中有一盆是我最喜欢的，我给它起了一个名字叫"爱丽丝小公主"，因为她看上去就像一位亭亭玉立的小公主站在那里。我平时一有时间，就拿着一本书，坐在"小公主"的旁边给它讲故事。

有一次，中午值日的时候，老师分派我和萌萌给这些花浇水。我们俩开心地拿着两个水瓶，去卫生间接了满满的两瓶水。我们小心翼翼地拿着两个水瓶来到花的跟前。我想先把这些花摆放整齐一些，然后再给它们浇水。我一个一个地摆了起来，萌萌看我在摆花，就拿起水瓶给小花浇水，正当我拿起"爱丽丝小公主"的时候，萌萌的胳膊不小心碰了一下我的手。我一下没拿稳，只听到"啪"的一声，我心爱的"爱丽丝小公主"掉到了地上，摔了个粉碎。我们俩看着满地的碎片，不知所措。这时我想起了老师对我们说的话，做人要有担当。我打算重新买一个花盆，把"小公主"放进去。

第二天我拿来了一个新花盆，轻轻地把"爱丽丝小公主"放到了花盆里，又在上面加了一些土。我最喜爱的"小公主"又回来了，我心里美滋滋的。

通过这件事情，让我明白了一个道理：遇到事情，要勇于承担责任；而且我以后浇花的时候，一定要小心，不再犯同样的错误了。

劳动体验课

袁若萌

每当看到别人在种花时，我就会眼馋，因为我也想有一株自己亲手种的花。这天我做完作业后，实在忍不住了，便缠着妈妈给我买了一包花种、营养土，还有花盆。

这是我第一次种花，所以我既兴奋又紧张，兴奋是因为想到以后自己种的花能开出美丽的花朵，还能每天闻到花香；紧张是因为如果种不出来，就会辜负妈妈的期望，当然，我有信心可以种出美丽的花朵。

拿到花种后，我迫不及待地把营养土倒入花盆中，又把种子一下子倒入土里，然后准备浇水，"停，别急！让我们看看说明书再种。"妈妈及时地制止了我，我和妈妈认真地看起培栽说明书。

"种子需要一颗一颗尖朝下播种……"妈妈一边看说明书一边说。糟糕！我赶紧把土和种子倒出来，然后把种子找出来，按照说明书开始操作。我先把花盆里装上土，再用小棒戳一个个小洞，把花种一颗颗尖朝下种上，用土填上，然后再浇上水。这时，妈妈又提醒我："萌萌，浇花时水不能浇多，浇多了水，花反而活不了。""哦"我回答道。

花种好了，我坚持天天给它浇水，同样我盼望着小花苗快点长出来。过了几个星期，小花苗从泥土里探出头来，我高兴得不得了，赶紧把这个消息告诉妈妈，妈妈也替我高兴，这可是我第一次通过自己的努力种出来的花呀！

又过了一个星期，小芽又长高了许多，有的已经长出了四片叶子，那长出来的叶子，像手掌一样摊开。看到它们一天天长大，我更有成就感了。

看到我和妈妈辛勤培育出来的小花苗，我的心里乐开了花，同时我也盼望花儿快快长大，赶快开出美丽的花朵，和我们一起成长！

班级大扫除

金智妍

　　我们的生活时光大部分都是在校园中度过的，发生的事情，参加过的活动也是各式各样：有嘉年华，有十岁生日，还有六一儿童节……但我觉得最有意义的一件事就是班级大扫除。

　　新的学期马上就要开始了，伴随着开学也迎来了新的教室和新的班主任。搬教室本来是一个很简单的事情，谁想到，我们要搬的是音乐教室和音乐器材室，这下谁还能说出"简单"两个字呀！

　　早上，大家一同到达了学校，来的家长只有五六个，加上班主任有七个人还都是女生，但也不能小瞧女生呀！她们转身化为一个个"女汉子"，当起了"搬运工"。班主任带领所有家长搬运物品，她们挽起袖子，一个人搬起柜子的一边，从一楼抬到了四楼，那些柜子特别的重，老师同家长们在一同抬上来之后流着满头大汗，气喘吁吁。

　　我们看了看未来的教师办公室——音乐器材室。那里堆着一大堆乐器，中间还有一整排的衣服，旁边堆着一堆鞋子，此时，我内心不由得挂起了一个问号："这些都要搬到下面吗？"当然答案已经摆在了眼前。老师带领着大家，抬起一个个大鼓，小心翼翼地往下走，来来回回好几趟，成功地把乐器搬完了。接下来又要完成一项"大工程"了——搬衣服，衣服都是用栏杆挂着的，老师和几个劲儿大的家长，扛起铁栏杆，站起来，抖着腿，一颤一抖地向外走，下楼梯时，他们更是小心谨慎，如果脚下踩空，整个人就会摔下去，还会"牵连"别人。接下来，我们学生也"行动"起来了，我们一个人搬着三四个鞋盒子，一层一层地向下走，时不时地转一下头，免得一脚踩空。啊！终于搬完了！整个教室、办公室焕然一新，我们拥有了一个全新的教室！虽然我们一个个汗如雨下，浑身脏兮兮的，但我们都露出了微笑，没有一个人在抱怨，或者说"累"这个字。

　　就在这时，我们发现旁边是新搬来的一年级，那里的老师独自一人疲惫地搬着桌子。看到这样的情景，我们"放下"休息时间，毫不犹豫地奔向一年级，默默地搬起桌子。通过大家齐心协力，很快，一年级的班级也变得亮洁如新。虽然很累，但是我们也帮助了别人，这让我们的疲惫又少了几分。

　　从这次大扫除中，我得到了很大的收获，在老师和家长的感染下，我们在心中也"种"下了一粒粒"正能量的种子"，以后我们也会像她们一样乐于助人，传递爱心！

第2节　家务劳动

　　培养劳动意识，让孩子热爱劳动，不仅仅是在学校，还要延伸到家庭。下面我们一起看看在家庭劳动中的故事。

一次家务劳动

刘雨涵

　　以前，我每天就只知道吃喝玩乐，在我的字典中从来都没有"劳动"这两个字，认为劳动很轻松，爸爸妈妈做就行了，直到那一天，让我彻底改变了这个想法。

　　记得有一次周末，我赖在床上睡懒觉，妈妈走进我的卧室，对我喊道："赶紧起床，太阳都要晒屁股了！再看看你的卧室，乱得跟个猪窝似的，你呀，就是里边的那头小猪，赶紧起来收拾收拾。"我极不情愿地起了床，对妈妈说："今天是周末，起那么早干吗呀，再说你们也能收拾嘛！""你赶紧收拾，在午饭之前收拾完了的话我给你一个小奖励。"小奖励？听到这句话我立马爽快地答应了这件事。

　　我望了望我的卧室：床上一堆书，地上一堆书，就连窗台上还有一堆书！我心里不服气地想：哼，就算是一只猪我也是一只有文化的猪。想完，我就立刻开始打扫起来。我先把地上的书一本一本地捡了起来，再一本一本地放到书架里去，整个过程进行到一半，我的腰就酸得不行了。放完之后，书架满满当当的。我又把我装书的箱子搬了过来，继续装。"糟糕，又满了！"我小声说道。我绞尽脑汁地想剩下的书该放哪儿？突然，我的脑子里闪过一个好办法，我立刻搬了一把椅子放到床边，把书放在椅子上，这样的话，我在床上也能看书，而且还不乱啦！

　　终于干完啦，凌乱的房间被我收拾得井然有序，感觉周围的空气都变得很清新。我躺在床上一动不动，腰酸得不行了！妈妈走了过来说："我的宝贝真棒，今天中午做了你最爱吃的虾哦！"我听完后，立马站了起来，感觉腰也不酸了，心里就像小孩子吃了蜜糖似的，甜滋滋的，可开心了。

　　这次家务劳动，我得到了收获，内心感到很欣慰，同时也体会到了爸爸妈妈的辛苦，我以后一定要多帮助爸爸妈妈干活！

帮妈妈做家务

卢泽涵

　　一个晴空万里的清晨，我的房间里射进来一缕阳光，我慢慢地把眼睛睁开一条小缝。对了，明天就是六一儿童节了，是我们小孩盼望已久的节日。

　　我早早地穿好衣服，下了床，来到了厨房，吃好了丰盛的早餐，我对妈妈说："咱们俩剪刀石头布吧，谁输了，谁就去洗盘子。"妈妈出了剪刀，我出了布，不用说，我输了，只好按约定，去洗盘子。首先，将碗筷放入水盆泡一下，等大部分油迹、杂物被水冲洗了以后，再抹上洗洁精，等油迹、杂物几乎全下来的时候，再使劲搓一搓，然后用清澈又干净的水冲洗干净，盘子就洗刷完成了。

　　这是我第一次洗盘子，妈妈看到后，对我笑眯眯地说："你很棒！妈妈没有教过你的家务活，你竟然做了出来，而且做得还很棒。"我对妈妈说："谢谢妈妈，我以后会经常帮您做家务活。"妈妈听到我的回答，开心地笑了！

　　通过这个体验也让我充分地喜欢上了劳动，因为劳动既可以帮助妈妈，又能使我体验劳动之美！

有意义的一天

纪苒

　　星期天，妈妈去上班了，只有我和爸爸在家。

　　"爸爸，今天我们做点有意义的事情吧。"我对爸爸说。

　　"好啊！做什么呢？"爸爸问。

　　"我觉得家里有点乱，我们一起打扫卫生吧。"我提议说。

　　"这真是一个好主意！"爸爸高兴地说。

　　说干就干！我负责整理自己的卧室和阳台的绿植，其余的地方归爸爸打扫。

　　忙碌的时刻开始了！首先整理我的床铺，我学妈妈的样子把被子叠成豆腐块状，整齐地摆放在床头，再把床单整理平整。然后开始整理书桌，我的书桌非常凌乱，是整个房间最难整理的地方。我先把桌面上的书挑出来，按类别重新规整到书架上，再把桌子上的作业本放回书包里。然后是我的各种笔的规整，水彩笔、油画棒分别放回笔筒，铅笔收回笔袋。最后用抹布把桌子擦干净。接着整理我的衣橱，衣橱平时有妈妈帮我整理，所以比较整洁，我只需要把几件外套叠整齐就好。还需要清理地面，我按爸爸的嘱咐，先用笤帚把地面的碎屑清扫干净，再用半干棉布把地面擦一遍，大功告成！

开始整理阳台的绿植啦。我家共有十盆绿植，有绿萝、虎皮兰、发财树、芦荟、茶花、多肉等等。从六岁开始，妈妈就把这些绿植交给我照料了。我先把地面的落叶清扫干净，花盆摆放整齐，然后检查绿植们是否健康，如果出现黄叶、虫害等情况，便立即告诉爸爸妈妈处理。最后是根据绿植的生长习性酌情浇水。我的任务完成了！

那边，爸爸也完成了他的劳动任务。我们看着整洁的房间，欣赏着自己的劳动成果，心里美极了！这真是有意义的一天！

难忘的一次家务劳动

纪栋炜

今天是星期天，我没有出去玩，因为妈妈生病了，躺在床上休息，我和哥哥决定要帮妈妈做家务。

吃完了中午饭，我们就开始干了，哥哥负责擦地擦桌子，我负责刷碗。这可是我第一次刷碗，我来到厨房站在水盆前望着一大摞碗，不知所措，爸爸看见我愁眉苦脸的样子笑着对我说："来爸爸教你刷。"说完，爸爸拿起一个碗熟练地教了我一遍，我照着爸爸的样子拿起一个碗，笨拙地在水龙头上冲洗着，先清理掉碗上的杂物，然后再把刷碗棉上喷上洗洁精，揉出丰富的泡沫，用刷碗棉从里到外抹了一遍泡沫，最后用清水冲洗干净。爸爸看完我刷了一个碗的全部过程，称赞着说："刷得不错嘛，加油哦！"我说："爸爸，你去忙吧，不用看着我了，你放心我会刷干净的。"

就这样，我刷了一个又一个，正当我得意扬扬的时候，只听"砰"的一声，由于洗洁精太滑了，我一不小心把碗摔碎了，我傻愣愣地站在那不知如何是好。爸爸闻声赶来看了看我说："没事，只要没伤着就好，要不我来刷吧？"我心想这点小事我一定会做好的，便向爸爸保证不会再摔碎的。爸爸只好答应让我继续刷，还嘱咐我小心点。我小心翼翼地刷完最后几个碗，长长地嘘了口气，终于干完了，我把刷得干干净净的碗整齐地放进橱柜里，得意地走出厨房。

这时哥哥的活也干完了，我们相视一笑，好像在说：以后我们一定要多帮爸爸妈妈做家务！

劳动的快乐

许泽宇

在中国，一年中有很多节日，其中五一劳动节比较重要。劳动能培养我们吃苦耐劳的品质，能够培养我们的责任心。很多人认为劳动是苦的是累的，其实这只是"劳动"一词的障眼法。劳动是甜的，是快乐的，是宽容的，只有亲身经历才能体会。

有一次我去乡下的外婆家玩耍，正好赶上外婆下地干农活。外婆看我闲着无事，就叫我跟她一起去体验一下劳动的意义。我们来到了一片绿油油的草地，外婆说："今天的任务就是把这片草给除掉，然后种一些地瓜。"我望着这片草地，心想这有什么困难的，拔掉不就好了。我摩拳擦掌，撸起袖子，挽起裤腿，弯腰拔起草来。这时候一阵风吹来，小草微微点头好像在跟我说："你来呀，你来拔我啊！"可是我拔了两下就腰酸背痛拔不动了。小草又好像对我说"：来呀，你的劲跑哪里去了呢？"这时我像蔫了气的皮球一样，浑身无力地坐在草地上。这时外婆说："除草不仅可以用手拔，还可以用锄头锄的。"接着我就拿起锄头乱除，外婆看我不会恰当地用锄头除草，便教我如何使用锄头。左手拿锄头的前半部分，右手拿后半部分，弯着腰恰当地用力就可以了。我恍然大悟，立刻明白了怎么使用锄头！同时我也感到农民使用工具的智慧。

经过一个小时的不懈努力，我们终于把草给锄完了。接着就进入种地瓜环节。外婆先是拿着一根根地瓜藤，叫我把这些地瓜藤放在地上。接着外婆就用锄头把土放在地瓜藤的杆上面，一边翻土一边告诉我地瓜的生长过程。先是埋在土里的地瓜杆慢慢长出地瓜根，根越来越粗，慢慢地变成了小地瓜，在这个过程当中还要不断地浇水、施肥、松土，最后才能变成我们吃的大地瓜。原先我以为种地瓜是直接把地瓜种在土里长出地瓜的，没想到小小的地瓜是这样来的。

通过今天的劳动，我体会到了劳动的乐趣。同时我决定，以后要多帮大人干活，节约粮食不浪费粮食。今天的劳动虽然很累，但是我很开心。

今天我当家

宁夏

生活中，爸爸妈妈或者其他亲人一定帮你做过许多事吧！但是你却不珍惜他们的劳动成果。今天，我就要体验一下他们的辛苦了。

　　早晨，我要为家人做一顿美味可口的早餐。不过，我还得劳烦奶奶来指导我一下。首先，从冰箱里拿出2片面包和2个鸡蛋；然后，打开煤气，开火，把鸡蛋打到锅里；时机一到再把鸡蛋整个翻起来；再过一段时间之后，鸡蛋就煎好了。面包也是这样煎的，煎的时候不要忘了加点油。

　　在吃完自己做的早饭之后，我就开始做家务了。我拿起扫把，把全家上上下下都给清扫了一遍。之后，我又拿起拖把把扫过的地方又拖了一遍。

　　干完之后，我又把衣服给洗了。首先，把脏衣服在水里面浸湿并泡一泡；然后，在脏的地方，袖口、领子等打上肥皂，再使劲一搓，就把污渍全都搓了下来；最后，再用水透干净，透干净后就可以放在晾衣架上晾干了。

　　干完这一上午的活我已经累得气喘吁吁，一屁股坐在沙发上休息。我这才做了一上午的家务都这么累了，妈妈天天干这些活肯定比这更累，我们一定要尊重他人可贵的劳动成果呀！

第3节　社会实践

难忘的植树节

石硕

今天是植树节，老师带领同学们去植树。我们来到郊外的植树地点，老师给同学们做好分工。同学们自愿三五成群地进行植树活动。

我和好朋友兰兰、小明一组。小明是男子汉力量大，于是他拿起铁锨开始挖坑，好久没下雨，地面有些硬，开始还可以，后来小明的体力耗尽，汗珠顺着脸颊滚下来，累得气喘吁吁的。我负责拿小树苗，兰兰用水桶提了两桶水来灌溉小树苗。我们三个齐心协力，想着来年这些小树苗便可以长成参天大树，我们的成就感油然而生。

就这样，我们重复着栽小树的步骤：挖坑，栽种小树苗，然后把土埋上，最后灌溉。绿油油的小树苗像一个个听话的小战士一样，笔直地站立在那里，我们看着自己的劳动成果，开心地笑了。

时间过得好快，一上午的时间就这样过去了，我们一个个累得气喘吁吁，浑身是土，手也磨起了泡，但是我们没有一个喊苦喊累的。这是我第一次植树，真是有意义而难忘的一次劳动，劳动最光荣。

快乐的植树节

郭鑫博

阳春三月，万物复苏，春风送来了春姑娘！今年的3月12日植树节，我们学校举办植树节活动，我报名参加了。

这是一个阳光明媚的早上，我们一行人乘车来到了鸟语花香的山间，山里的野杏花开了，空中弥漫着一阵浓浓的花香。鸟儿叽叽喳喳地叫着，好像在欢迎我们的到来。来到一块空地，组长先讲了植树时的一些注意事项，然后给我们每人发了一棵小树苗、一把铲子、一个水桶和一包化肥。我们个个迫不及待地拿起了铲子，开始挖坑。我挖得满头大汗，挖了一个大约二尺深的坑，轻轻地把小树苗放进坑里，用土把小树苗的根埋上，然后打了一桶水浇水，最后施上肥。树苗栽好后，我在心里说："小树啊，小树啊，你可要好好长啊！你长大了，好让这片森林变得更加美丽！"就在这时，我们开始了第二项活动，锄草。大家说干就干，每人都拿着一个铲子挖掉野草。我跑到了一个长满野草的地方，埋头苦干了起来。野草好难挖，稍有不慎就会被锋利的草刮伤手指头，还会流血。我还没挖完就被刮了好几个口子。功夫不负有心人，经过不懈的努力，我终于挖完了所有的野草。

"小树啊，你要快快长大，长大后森林就会变得郁郁葱葱；长大后小鸟们又可以有一个安稳的家；长大后我们就可以乘凉了！"看着我栽的树，看着我锄的草，心里真是高兴。如果我是诗人，我会作出一首赞美植树节的诗，赞美这节日带来的绿色；如果我是画家，我会用画笔绘画出植树节快乐的场景；如果我是歌唱家，我会用嘹亮的歌声唱出植树节的欢歌笑语！

快乐的一天结束了，我期盼着下一个植树节！

第一章

悠悠师生情

　　"和美"学校的建设必须有一支具有"和美"特质的教师队伍。经过多年的努力，和美教育集团打造了一支具有高尚的师德修养、有理性的思辨能力、有扎实的基本功底、有娴熟的教育技能的"和美教师"队伍。在这支队伍里，每天都在发生着不同的故事，有泪水，更多的是幸福。

第一章　　悠悠师生情

①和校长有约
②校长陪我吃午餐
③我和校长"打成一片"

人世间有一种美好的情意，那就是师生情。世代传承的师生情成为推动"和美教育"砥砺向前的温暖力量。和美校园的师生间又发生着哪些故事呢？

温暖的苹果

刘爱红

2014年，我接到了全校最特殊的班级，班里的孩子上课随便说话是平常事情，上课下位是家常便饭，关键是里面还有好几位极其特殊的孩子。

小森就是其中的一位，他看上去很帅气，大眼睛，白皮肤，这是从三年级接手这个班他给我的第一印象，再有的印象就是听之前班主任说，他的父母很难沟通，他是一个特殊的孩子。特殊到什么程度呢？上课在最后一位，自己玩自己的，书桌上从来没有任何的书本，老师讲课他低头玩，老师走到他眼前他就赶紧把手里的物品藏起来，你想让他拿出来是不可能的，他会通过"无声的抗拒"回绝你。他没有朋友，总是在自己的世界里玩耍。只要犯错他就会躲到教室的门后藏起来，几个人都别想把他拖出来。再就是站在我眼前，犯错了就自己打自己，口里还念念有词地说："我不敢了。"上课自己溜出去是常事，开学初上课派孩子们出去找小森是常事。课间操从来不去上，我带着孩子到操场安顿好后总是到教学楼去找他，一般自己躲在没有人的地方偷偷地玩，看见我来了撒腿就跑，没有任何的纪律观念。

记得有一次，小森又不在课堂上，于是我安顿好班级学生，和其他班干部开始在校园里找他。每个楼道，每个洗手间，每个可以藏身的地方我都找了，就是没有他的踪影，怎么办？他出校园了吗？不会的，我已经到门卫查过监控，没有啊，一定还在学校的角落里。于是，我重新回到班级询问学生最后一刻看见小森的位置，学生说在三楼的楼道上玩。于是我重新上三楼，又在四楼一点一点地检查，在四楼通往天台的门口，我发现门上的锁链虽然在，但是锁是开着的，我一下明白了，这孩子在天台上玩。为了不惊动他，我慢慢地推开门走进去，发现他果然坐在天台上低头玩耍，我悬着的心终于放下了。小森一见我撒腿就跑，我怕吓着他，就原地不动，轻轻招手示意他过来，并且劝说他，班里在做实验需要你的帮助，他不听，使劲地摇头。我继续谈话稳住他，谈书本上的小故事，谈他喜欢的话题。慢慢地，他能听进我的话。我试探着走近他，终于我拉住了他的小手。当劝完小森走进教室时，我已经吓出了一身冷汗。过后，我把这件事情告知校长，并和管理安全的王校长一起协商，在我们班级门口单独安装一个监控。

是啊，这就是小森，一个极其特殊的孩子。面对这样的一个孩子，如何教育？切入点是什么？如何和他父母沟通？这都是需要我及时解决的难题。通过家访，我了解了他的家庭情况，归根到底都是溺爱惹的祸。知道原因后我针对这个孩子制订了一个计划。我先观察小森在学校的点滴，并每天写观察记录。首先我发现小森很聪明，虽然上课自己玩自己的，但是他考试的成绩还可以，说明他不是不听，而是不愿意让别人发现他在学习，他总是在掩饰自己，不想让别人走进他的世界。他很爱看书，什么书也看，只要是书他就喜欢，而且很安静地在读。抓住这个优点，我及时鼓励，随时把我家里的书籍拿给他看，这样的几次接触他渐渐地不再抵触我，并且试探着接近我。有一次下课，我在教室批改作业，其他小朋友围过来看，他竟然也破天荒地围过来探着头看我，我一抬头，他赶紧地低头离开，我知道他慢慢地喜欢上我了。接着我把他调到第一排，离着我很近，这样有助于我及时观察他。上课我经常叫他起来回答问题，并及时给予评价和鼓励，如"小森今天的声音很洪亮，小森的理解能力很强哦，小森是一个爱学习的孩子……"渐渐地他举起手，并试探着抬头看我，当我们的眼光交汇在一起时，他不再低头，而是有了少许的自信，我知道他在改变。趁热打铁，我只要有时间就找机会和他聊天，聊一聊他读什么书？回家干什么？好朋友都有谁？他慢慢地愿意和我交流了，不再是紧闭嘴巴，封闭自己的小男孩。我把这样的喜讯及时地告知他妈妈，妈妈很欣慰，对我的工作也是大力的支持。在三年级的圣诞嘉年华活动中，他妈妈给班级每个女孩都做了一个漂亮的发卡，我很感动。谁说他的父母难以交流，只要有爱，有耐心，教育孩子的桥梁就永远畅通。

　　在这样的关爱中，在平安夜的这一天，我收到了小森的礼物，一个漂亮的盒子，里面有一个大大的苹果，周边有几颗糖果。我问小森："这是谁给我准备的礼物？"小森很认真地说："是妈妈陪我去买的，盒子是我挑选的，糖果是我放进去的。"捧着红红的苹果，我的眼泪在眼眶里打转，多少个日日夜夜，多少次的沟通交流，我的小森变了，学会感恩了，这样的变化怎能不让我热泪盈眶呢？

　　三年的时间小森彻底地变了。他有了很多的朋友，别人有困难他会主动帮助；课堂上他积极举手回答问题；为了挣尚学币他主动要求打扫卫生，关门窗、关电源等，并且完成得都很认真。他不再自闭，不再是一个特殊的个体，他的进步得到其他任课老师的肯定。在五年级最后一次语文考试中，他的70分基础知识一分没有扣，这是我们班唯一一个基础知识得满分的孩子。三年的时间他学会了感恩、理解、宽容、帮助，懂得了纪律的重要性，有强烈的班级荣誉感，成为我们班一个优秀的孩子。

　　虽然他偶尔不戴红领巾和小黄帽，为班级扣分；虽然他还会偶尔在课堂上做小动作，让我发现后批评；虽然有时也会偷懒不完成作业……但是他的改变是巨大的，他不再特殊。教育是有力量的，是要有爱心和耐心的，在这个平凡的岗位上，我愿意一直走下去。

选择教师这一职业，就选择了奉献和责任。身为一名班主任，一名有着十五年党龄的共产党人，必须以身作则，忠于职守。多年的教育经验告诉我，爱是一座能真正沟通师生心灵的桥梁。一个班级就像一个相亲相爱的大家庭，班主任要善于用清泉滋润学生的心灵，用一双发现的眼睛去捕捉学生身上的每一个闪光点，让它更明亮。

一杯柠檬蜂蜜水的故事

张美兰

作为一名人民教师，特别是一名班主任老师，每天在忙碌的教学工作中看着学生有所成长、有所收获、有所进步是特别幸福和喜悦的事，在和学生们的相处中会发生很多感人的故事。

我们班有一名同学叫辰辰，她上课听讲的时候眼睛总是闪闪发光地紧盯着老师。突然有一天上课时，辰辰无精打采的，一点精神也没有，也看不到她那闪闪发光的大眼睛啦。我很纳闷，于是走过去摸了摸她的额头，有点烫，原来孩子发烧了。在安顿好其他学生之后，我赶紧给辰辰测量了一下体温，37.5℃，我立刻联系了辰辰的家长，可是她的爸爸妈妈正在市里处理事情会晚点回来。这可把我急坏了，因为自己是一位母亲，懂得一些物理降温的方法，而且总是当低年级的班主任，清楚很多的小学生不喜欢喝白开水，为了让孩子们喜欢上喝水，我的办公室总是常备着自己在家里制作的柠檬蜂蜜水，与学生们一起分享。这时我找来杯子倒上柠檬蜂蜜水，然后用温开水冲开，给辰辰端过去让她喝上，并且一到课间就监督辰辰继续喝，到了中午午餐时我又给辰辰量了一下体温，竟然退烧了，她也感觉舒服多了。辰辰脸上洋溢着笑容，她走到我跟前抱紧了我说："老师，谢谢您，您的柠檬蜂蜜水太神奇了，而且特别的好喝，您老是这样无微不至地照顾着我、关心着我，有一种妈妈关爱女儿的感觉，我感觉特别的幸福，老师，我爱你。"

第二天我所教的班级教室里就多了一大瓶辰辰同学和妈妈一起制作的柠檬蜂蜜水，一下课辰辰就会走到柠檬蜂蜜水旁嘱咐同学们要多喝水，与同学们一起分享她的柠檬蜂蜜水，久而久之我们班的柠檬蜂蜜水从来都没有断过。爱就这样一点一滴地传递着。

虽然这只是一杯柠檬蜂蜜水，可是在大家的眼里、在我们的心里，它是一杯具有强大爱心的柠檬蜂蜜水，是相亲相爱一家人的一种精神。故事虽小可是处处充满正能量，处处都有爱的味道，特别地暖人心，让我们一起将爱传递下去吧！

"一句话"的力量

沈小莉

工作十几年来，掐指一数，教过的学生有两千余人，每每想到他们，就满满的幸福感。今天故事的主人公就是这两千分之一，他叫于昊，一个个子高高的男孩。

那年春天，他转学到了我们班，被安排在最后一排和数学课代表同桌。对他的第一次"试探"是在我的数学课上。和往常一样，出示问题，学生自主探究交流想法。"于昊同学，你能试着说说你的想法吗？"看到他一直不举手，我就提问他。于昊站了起来，迟疑了一会儿，没说话。我鼓励他："别紧张，你再想想，老师相信你一定能行的！"我和同学们静静地等待着。过了一会儿，他顺利地说出了想法。我鼓励："你思维严谨，说得有条有理，是个研究学问的好料子！请坐！"第一次"试探"，他给我的印象是：有点腼腆，但资质不错。一周后单元练习，他的成绩却让我失望，可我坚信他一定能赶上来。后来，我经常在课堂或课后和他谈心，给他学习和生活上的指导，慢慢地他越来越爱举手回答问题了，人也变得越来越自信了。我很欣慰！

一次回家的路上，我骑着车，隐约听到身后有声音："沈老师……"我停下车，远处一个孩子疯了似的往前跑着。是于昊！原来他在玩的时候，发现了我，就一路追了过来，追到我时，已经大汗淋漓。我拿手擦他额头上的汗珠，问："于昊，有事吗？""哦，老师，没事儿，看到您，就追了上来！"瞬间，我被感动了，不为别的，就为见老师一面，和老师说句话！这就是一个孩子天真而简单的想法，如一湾泉水，干干净净，清澈见底！我感受到了他满满的爱！

后来才知道，他爸爸是外科医生，妈妈在他很小的时候就去世了，爸爸又组建了新家庭，他就从老家搬来和舅舅一起住。每想到这些，我的眼睛总噙着泪水。他对我的爱远超过了师爱，更多是从我身上感受母爱！

再后来，子承父业，他考入医科大学。大一那年，他从北京回来看我。他已成为意气风发的青年，而我增添了几缕白发。我感谢他这么多年还记得我这个小学老师。他却说："老师，其实我在老家学习一直不好。第一次数学课，您的一句话改变了我！那天，您让我说想法，其实我走神了，可您却让我别紧张，再想想。后来是我同位悄悄告诉我答案的，当时我怕露馅，可您却说：你真了不起，居然和数学家想的一样，我很欣赏你！从来没人这么夸过我，后来您一直关心我，像妈妈一样，谢谢您！"

从没想过自己的"一句话"在孩子心中会有这么重的分量！亲其师，信其道，乐其道，我付出了爱，也收获了爱，尝到了鼓励的甜头：告别走心，让鼓励实实在在！我庆幸，做着育人的工作，我骄傲，拥有一份阳光下最神圣的职业！

如果你愿意，可以叫我"妈妈"

尹娜娜

雨霏是一个漂亮、聪明又可爱的小姑娘。依稀记得一年级开学第一天，雨霏穿着漂亮的新衣服，背着新书包，扎着马尾辫，拉着爸爸、妈妈的手开开心心地来到了教室的门口，见到我，先是有点害羞地冲我笑了笑，然后鞠躬并问了一声："老师好！""真是一个懂礼貌的好孩子。"我笑着说。

半年下来，雨霏的学习成绩非常优异，在学习方面仿佛永远不需要老师操心。在相处的半年时间里，我们成了可以分享小秘密的好朋友。她会经常跟我分享，昨天在家里又有什么比较有趣的事，和哪个小朋友玩了，又学会了什么……有一天早上，她早早地来到教室，高兴地跑到我跟前告诉我她妈妈生了两个双胞胎弟弟，小弟弟可爱极了！看到她这么高兴，我也由衷地替她高兴："祝贺你当大姐姐喽。"

不知不觉寒假结束了，经历了一个假期再开学，我觉得雨霏变了，那个活泼开朗、爱说爱笑的小天使变得沉默寡言、闷闷不乐，也不主动来找我分享小秘密了，她的变化让我看着很担心，于是我就问她："雨霏，你是遇到了什么事情吗？能跟老师分享一下吗？"雨霏抬头看了看我，眼泪汪汪的却没有说话，我伸手抱了抱她。放学后，我一直牵挂着这个孩子，于是就给她妈妈打了一个电话，了解了孩子在这个假期经历了什么。雨霏妈妈告诉我，因为自己身体原因，需要住院动手术，爸爸要留在医院照顾妈妈，而奶奶要照顾两个弟弟，现在家里没有大人能顾得上雨霏。第二天上学，大课间的时候，我把雨霏叫到了跟前，看着心情低落的她，我轻轻地问："想妈妈吗？"孩子一听，眼泪禁不住地流了下来，她哭着跟我说："老师我想妈妈。妈妈生病了在老家住院，我很担心她，我也很想她。"这还是个一年级的小孩子啊，心理竟默默承受了这么多！我很揪心，抱着她在我的怀里哭了一场。哭完，我跟她说："我们雨霏真是一个懂事又坚强的女孩子，你担心妈妈，妈妈同样很担心你。你要坚强，妈妈现在生病了，可不能让她再因为担心而分神，相信妈妈一定会快快好起来。家里还有两个小弟弟，奶奶一个人年纪大了，你作为大姐姐，还要帮助奶奶照顾弟弟，如果弟弟看到你如此坚强，他们会以你为骄傲的，你觉得老师说得对吗？"雨霏想了想，缓缓地点了点头说："老师，我一定会坚强，让妈妈放心，也会成为弟弟们的骄傲。"看着雨霏如此坚毅的目光我很欣慰，同时也很心疼她。我摸了摸她的头，然后认真地说："雨霏，如果你愿意你也可以喊我一声妈妈，这也是我们俩的小秘密。"听完，她又一次含着眼泪向我点了点头。

从那以后，那个活泼开朗、爱笑的小女孩慢慢地又回来了。我的身后就多了一个时不时喊我"妈妈"的小女孩。

"代币奖励"，让我重新认识了可爱的孩子们

赵薪钞

2020年，是我当班主任的第二年。今年我接手的是一年级一班，很荣幸我成为他们的启蒙老师。

为了让孩子们尽快适应学校的生活，更好地管理班级，在我们班实行了"代币制"奖励。谁表现好我就会对他的行为奖励一颗星星贴画，集齐五颗星星就能换取一张5角的和美币。这让一年级的小朋友学会了规划和记录，他们会专门找个本子贴星星，会把妈妈不用的钱包拿来装和美币。我开始重新认识这群小孩子。每个周四的下午，是孩子们最期待的时间。期待到原本不舒服要请假，但是一看是周四了，忍着难受也要等到换取奖励的时刻。

刚开始实行的时候，有很多地方是不成熟的。那时候抽奖工具很简陋，礼物也很单一。渐渐地家长们也参与其中，为孩子们做了漂亮的抽奖箱；神秘和未知才会让人产生期待，为此家长们又做了抽礼物箱。班里孩子们抽签的内容也逐渐丰富起来，由一件礼物，变成一个拥抱，一次合照，几元和美币等。抽签过程也由最初的我全权负责，变成了让孩子们分工参与其中。能让全班同学在自己手里换取礼物，这是多么荣耀的一件事呀！这样的好机会我会更多地留给那些腼腆、不爱讲话的孩子，以此让他们融入班级；有时候还会找那些进步特别大的小朋友，比起那些物质奖励，我想这无形的认可更能激励孩子。

通过兑换小礼物这件事，我对班级的孩子有了更加深入的了解。我们班的体育班长龙龙同学是一位比较成熟懂事的小朋友，才上一年级就能自己摸索记忆方法。但是我发现，每次跟他说话，他都很客观冷静，没有其他小朋友的活泼开朗。有一次抽奖时，龙龙抽到的是"一个拥抱"，然后我就问他"可以换其他的奖励"，他说"不用"，

然后很开心地跑过来抱了我一下。这完全颠覆了我对龙龙的印象，原来龙龙是个渴望被关爱的孩子。

　　还有我们班的轩轩同学，她是一位品学兼优的小姑娘，考试经常考满分。但是每次走到她跟前抽奖换礼物时，她都说不换，我非常好奇，可是问她原因也不说，我觉得这真是一个奇怪的小姑娘。后来有一次换礼物，她同桌告诉我，轩轩要攒够一百张和美币再兑换奖励。瞬间我就对这个小姑娘肃然起敬，孩子也是有目标有梦想的。

　　这样的小朋友还有很多，虽然故事不同，但不变的是他们对班级的热爱和成长的进步。"落红不是无情物，化作春泥更护花。"我愿以我的爱心、耐心、责任心呵护这些花朵茁壮成长。

一笔一世界

林骊骊

　　作为一名美术老师，蓦然回首这些年来的教学工作，除了欣慰自己能完成每一次的教学任务之外，那么多天真活泼的孩子的影子还一直萦绕在我的脑海里。

　　在美术教学中我发现许多学生在绘画过程中缺乏自信。作为一名美术老师，怎样让学生真正地获得自信，爱上美术课呢？除了在平时处处播撒暖人的话语、露出会心的微笑、投去赞许的眼神，更重要的是，能让美术课被孩子们喜欢。

　　在一节学做贺卡的课上，我让学生在亲手做的贺卡上写上给父母的祝词，回家送给他们。一下课一个小女孩儿害羞地跑到我的面前，把她亲手制作的贺卡递到我的手上，神秘地说："老师，你等会儿再看。"当我打开那张她亲手绘制的贺卡时，一串大大小小的字映入我的眼帘："美术老师，您好。我很喜欢您。老师谢谢您让我喜欢美术课。请不要笑哦！"虽然这张贺卡做得很粗糙，画得也不是非常精美，但却是我收到的最漂亮的贺卡。

　　于是我回去也做了一张贺卡，写了一些鼓励她的话，当作回信送给了她。事后与她的班主任聊天时得知，她拿着我的回信看了很久，学习也比以前更努力了。

　　这不禁使我回想起了这个腼腆的小女孩儿刚入学时的样子。在第一节绘画课上，同学都开心地在画画，她却拿着笔不敢画。我走到她旁边，用手轻抚着她的头问："小朋友，你怎么不画画？"她说："我不会画。"我说："会写你的名字吗？写出来让老师看看。"她慢慢在纸上写出自己的名字。"写的字真漂亮，你会画圆形吗？"我边鼓励边引导。她又在纸上画了一个圆形，我问她这个圆形像什么？她说像太阳，我启发她把圆形添画成太阳后又说："你还会画什么形状？"她又画出了三角形、方形等，在我的耐心启发下，她把各种形状都添画了出来。

其实，在很多美术活动中，总是教师先说，或者先示范，然后学生按要求去画。这无疑对孩子掌握绘画的技能与方法是有利的，但也存在着一些弊端，学生往往以老师说的和示范为标准进行单纯的模仿，即便鼓励他们去想象，也无非是进行一些简单的添画，这显然会限制孩子的想象。天长日久，学生对绘画就会失去应有的兴趣，只是为完成画画而去画画。

所以，通过拓展学生的想象空间，激发创作热情，可以提高孩子的想象力和创造力。在整个绘画过程中我会提出一些要求，但不要求学生一定要做到，只要画得高兴就行了。

由于孩子们存在胆怯、缺乏自信的心理，使得平时的课堂教学中很少听到他们的声音。于是在美术课上我经常制造机会请他们回答问题。当我给予他们肯定时，他们会露出开心的微笑。我还会经常开展小组活动，通过一段时间的辅导和鼓励，让孩子们体验到成功的喜悦，也慢慢消除胆怯害怕的心理，克服不敢下笔画画、不敢大胆发言的心理障碍。

在教育的长河中，我们伸手可触的地方，就是工作中的每一个细微之处。只有把握住每一个细节，我们教育的田野，才会蓬勃着碧绿的春意，喧腾着生活的甜蜜，流淌着生命的魅力。只要我们真心对待每一个孩子，收获的将是一张张笑脸。

欣赏让改变发生

李春江

人都需要欣赏，也都渴望被欣赏。被欣赏的感觉真好，被欣赏是人前进的一种力量！

有首诗中写道："横看成岭侧成峰，远近高低各不同。"这句诗写得真好，看物是这样，看人又何尝不是这样？尤其是我们教师，每天面对着50个学生，如果能用欣赏的眼光来看待每个学生，你就会觉得每个孩子都有自己的优点。而学生在被欣赏的眼光中，在充满信任的肯定中，在满怀热情的交流中，在恰如其分的鼓励下，就会变得越来越优秀，优点越来越突出。

我们班有个比较调皮的男生名叫小纪，平时上课不怎么用心，下课又爱疯打，是个不折不扣的"坏小子"，老师们常常拿他没有办法。但是我发现这个孩子特别聪明，而且他的朗读水平和表达能力都很强。某日早读课，我走进教室，发现许多同学在领读员的带领下正认真地读着课文，而他呢？到这个位置上走走，到那个同学那看看，不然就是坐在座位上玩跷跷板。当时，我看得眉头直皱，恨不得马上走到他面前狠批一顿。但回头一想，这孩子在家中就一直被父母打啊，骂啊，也没起到多大的效果，光靠我骂一顿就有用吗？于是，我就装作没看见，在巡逻的过程中，来到他的身边，摸着他的头，微笑着说："小纪，老师真想听你读书。"起初，他还显得有些难为情，但当他看到我的笑容后，就毫不犹豫地端起书读起来，那声音是多么的清脆、悦耳。当我转了一圈，再回到他的面前，他已经完全投入到学习中了，还向我认真地请教了两个字，都是课外书上的，我先告诉他怎样读，然后说："如果从今天起你都能这样用心读书，那么你就能认识更多的生字朋友，信不信？"他点点头，非常用心地接着读下去。在那天的班会课上，我认真地总结了读书情况，表扬了同学们的学习习惯，并对这个特别的男孩子说："明天，你还能这样读书给老师听吗？"他使劲地点点头。

在随后的一段时间里，他的变化越来越大了，不光当上了班级的领读员，而且还被大家评为"写字小明星"，端正美观的作业本成为大家学习的榜样。课堂中的他变化更大，不仅能积极思考、踊跃发言，还能认真倾听他人的发言，并对他们做出有效的评价。一个个好词妙句常常博得同学们的掌声，我竖起大拇指对他说："你真了不起！"而他回报给我的就是那一脸灿烂的微笑。

回顾这件小事，我想到了很多：如果我们能用赞美和欣赏的眼光去看待每一个孩子，特别是那些缺点多于优点的孩子，他们的可爱之处也许就会不断出现，带给我们惊喜。如果这样能使他们显得更加自信、活跃，我们何乐而不为呢？

班级小故事

李秀秀

有人说："一切最好的教育方法，一切最好的教育艺术，都产生于教育对学生无比热爱的炽热心灵中。"无论他是品学兼优的好学生或是令人头疼的后进生，均应一视同仁，爱得公正，爱得让学生信服。

我们班里的小瑞同学是最令我头痛的一个学生，他对学习一点兴趣都没有，课堂作业不认真、家庭作业更是常常不做，无论是苦口婆心的教育或是声色俱厉的批评均无济于事，一副"软硬不吃"的样子。一段时间这个孩子在我眼中就是一个标准的"差生"。又因为他喜欢打架，所以只能让他单独一桌，独自坐在一个角落里。刚开始的时候他打架的次数确实少了，因为班里的孩子不太喜欢他，所以都孤立他。

但时间长了问题反而更严重，上课的时候，他总是低着头，一副与我无关的样子。课下却更爱找别的同学的麻烦了，旁人耳中一句很平常的话却能成为他爆发的导火索。于是我只能一次次地批评教育，但看着他倔强的眼神，我突然觉得孩子可能真的是受委屈了，成绩不好，脾气也暴躁，没大有同学愿意与他玩，原本想着和同学亲近，但方式却不太友好。

不久，刚好召开运动会，小瑞报了几乎所有的田径类项目，并且取得相当棒的成绩。那一天他真的让我刮目相看，在全班同学面前表扬了他，班里的同学们也为他高兴，那一刻，他笑了，笑容是发自心底的灿烂。

其实每个孩子都有闪光点，为何一定要要求他做传统意义上的优等生呢？但是上课不认真、打架这些坏毛病还是要改的。突然我想到，可以以这个作为突破口，让班里的孩子们看到小瑞的闪光点，同时帮助他改掉这些坏习惯，或许同学们就能转变态度。

于是，吃饭的时候我总是把他叫到身边，让他和我一起坐，以谈话的方式肯定他今天表现好的地方，其实也就是想告诉他哪些行为是对的，哪些行为对他人和自己都不好。刚开始他还很拘谨，可是时间长了，我发现他把我的话听进去了，不再以打架的方式和同学们交流，而是能顾及其他同学的感受。他脾气急，易暴躁，但这段时间特别生气的时候能记住我跟他说的，先静坐五分钟，反思自己做得对不对。所以一段时间过后，班里的同学发现小瑞变了，不再动不动就打人了，加上那段时间我一直夸他"田径小达人"，孩子们在玩的时候也愿意带上他了。看得出来他也很开心。

转眼一个学期过去了，第二学期的时候我发现他比以前有自信了，也开始爱学习了，上课的时候不能说一节课都很专心，但是能尽自己最大努力听，作业也能按时上交了，不懂的问题也愿意去问老师了。这些变化我都看在眼里，也为他感到由衷的开心。

平凡的班主任工作，可谓酸甜苦辣样样滋味皆在其中。我想，面对学生，对他们多一分耐心，多去了解他们一些，就会发现他们有自己的闪光点，所以每个孩子都是独一无二的，也希望他们越来越好，成为那个自己想成为的星星。

班级三两事

李娜

不是每个孩子都美丽，但他们一定是可爱的；不是每个孩子都听话，但他们一定是善良的；不是每个孩子都聪明，但他们一定是独特的。这需要教师用爱心去发现，用爱的阳光去照耀。

带领这一群天真活泼的孩子一个多月的我，有苦恼，有欢笑。对班上的情况用一句话总结就是大事不犯，小事不断。

我们班就有一个好动分子，经常有学生告诉我他欺负别人，我也发现上课的时候他总是坐不住，喜欢在下面和同学讲话，每当我问他情况，批评他时，他却总是理直气壮地说："我没有，是他先打我的，我才打他。"就是这样的一个孩子，我应该怎样对他进行教育和引导，帮助他改掉身上的不良习惯呢？我向其他班主任请教，得知这样的孩子一般都是缺少关爱，我们应该多多关注他们的内心。作为班主任，就一定要找到问题存在的根源，找到症结所在，才能够从根本上解决问题。也就是在这种想法的支配下，经过仔细琢磨、细心观察、深入了解，我发现其实孩子并不是什么坏孩子，只是他的思想认识有偏差，认为别人打了我，我就一定要还回来。

教育孩子一定要从正面引导，用积极因素克服消极因素。于是，在课下的时候，我找他谈了一次话，告诉他在班上打同学，怎么能够和别人交朋友，别人又怎么会喜欢你呢？如果有同学欺负你，可以跟老师讲，但打别人是不对的。这一次谈话后，他开始慢慢改变了。我忽然发现他也是个听话善良的孩子。

面对这样的学生，我从他的需要入手，约束他的行为。作为班主任，就要善于发现孩子身上的优点，进行鼓励，才能够帮助学生自觉约束自己。在课堂上，我观察到他虽然坐不住，喜欢动，但他却总是积极地举手想要回答问题，有的时候我没有点到他，他就有点着急了，站起来想引起我的关注，还不时地喊着："老师，老师，我知道。"于是，我决定从他的行为习惯入手，告诉他正确的举手姿势和坐姿，在老师没有点到他的时候一定要耐心并且安静地等待，谁坐得最端正，表现得最好，我就先点谁，并及时地鼓励他们，奖励他们。渐渐地，我发现不光是他，其他学生上课的时候也越来越喜欢回答问题，越来越规矩了。

在与他们相处的这段日子里，我发现这不仅仅是学生成长的过程，也是我成长的过程。我变得开始喜欢去研究学生的内心世界，喜欢去帮助学生改掉不良的行为习惯，喜欢去发掘孩子身上的每一个闪光点。教育是一个漫长的期待过程，需要我们老师有细心、耐心、爱心和恒心。我期待着学生一天天健康快乐地成长。

瞧，和美的舞姿

刘婷

2012年下半年我被分配到青岛市城阳区城阳街道大北曲小学任教，成了一名专职音乐教师。在那时艺术教师很稀缺，我的到来引起了学校领导的高度重视，被安排的第一个任务就是成立校艺术团——炫舞团。

炫舞团自成立以来，不知不觉间已经度过了7个年头，当时全校学过舞蹈的学生加起来才有13人，现如今一个班级里至少就有5~10人学过舞蹈，随着每年老队员的毕业退团，新队员们正大量加入，每年通过选拔炫舞团的人数基本稳定在24人左右。一路走来我们在排练中不断进步、在比赛中不断成长，取得了许多优异的成绩。

绿树浓荫夏日长，伴随着阵阵蝉鸣，炫舞团的队员们开始了新一天的排练。压腿拉伸、侧踢高抬腿……一切都在按部就班地进行，而站在队伍最中间那个笑容灿烂、舞姿舒展的小轩就是我们今天故事的主角。让我们把时间轴拖到一个月前那个阴雨绵绵的下午……

训练老师阴沉着脸，而孩子们也感受到了老师的怒气都一声不吭地等着。"小轩，以后你的位置移到最后一排的右边，面带表情就这么困难吗？"看到小轩一脸不情愿地站到队伍的最后，我在旁边不停地摇头。这个孩子动作标准，训练也下功夫，就是这个表情真是让人发愁，每次都是一脸苦大仇深的表情。"唉，本来是个好苗子，可惜了。"我心里正想着，那边训练老师也宣布了解散，孩子们一个个像霜打的茄子走出了舞蹈教室。

三天时间就这样过去了，我本以为用换位置的方法可以激励一下小轩，可没想到收效甚微。三天的时间反而坚定了我的想法：虽然小轩的基本功很好但是从舞台效果来考虑她确实不适合在队伍的中间位置。今天的训练结束后，我照常等队员们都陆续离开后，最后再检查一遍教室并锁门。"呜呜呜……"更衣室里传来的一阵呜咽声吓了我一大跳。听声音像是小轩！"小轩，是你在里面吗？发生什么事了？快给老师开门。"我赶紧敲响了更衣室的门。门打开了，映入我眼帘的是小轩哭花了的小脸，此时还在委屈地抽噎。"怎么了小轩，到底发生什么事了？""刘老师，她们都笑话我，我不想练舞蹈了。"这话一出我顿时觉得事情不对，连忙说道："小轩不要急，告诉老师都发生了什么事。"

最终，在小轩断断续续的诉说中，我明白了事情的来龙去脉。原来被调到最后一排后，她一直感觉是因为自己做得不够好而被惩罚去的最后一排。巧合的是，今天小轩在换舞蹈服的时候听到门外的几个女生在说"小轩一定是因为跳得不好才被老师换到最后的"。"对啊！本来还以为小轩能当上我们炫舞团的队长呢，这下肯定没戏了。"本身就很敏感的小轩顿时觉得别人是在嘲笑自己，自己躲到更衣室里哭了起来。

　　我没有想到本来是一个激励的策略却起到了反作用，现在小轩的自信心更是受到了打击。当务之急便是帮小轩重拾自信。我对小轩说道："小轩，老师让你去后面是因为你的舞台表情总是不到位，如果你在比赛前改正过来一样可以回到你原来的位置上。""真的吗？"小轩激动地跟我说，"当然！老师有一个办法，你想不想学？"小轩坚定地点了点头："我学！"

　　从那天开始，小轩按照我说的，找了一张自己笑的最开心的照片贴在镜子上，每天回家对着镜子和照片不断地练习自己的舞台表情，经过大半个月的练习，小轩的进步很大，不仅回到了自己原来的位置上，而且也成功地当选了炫舞团的新队长，那个自信且努力的孩子终于回来了！孩子们的每一个动作都向我们表达了自信阳光、勇于拼搏。这，便是我们和美的舞姿！

那个他

黄鲁璐

　　2017年8月23日，我接到领导的电话：整理一下你这个班级的材料，你需要接手新的班级。简直是晴天霹雳，因为当时我正准备抓住假期的尾巴要出去走走看看，可此时此刻电话的这头，我只剩下"嗯，好的，明白"这样简单的字眼。

　　上学时，心理老师经常对我们说："同学们，当你改变不了现状时也不要抱怨，抱怨是毒药。整理好心情，准备出发，相信自己是最棒的。"于是，我努力收拾好自己的心态，心里不停地在想接下来我即将开始的艰巨任务。

　　忘不了第一次见到他们的时候——本来乌泱泱的教室在我们目光交汇的那一刻，瞬间安静。面面相觑，颇有一股狭路相逢勇者胜的江湖味。还没等我开口，坐在教室最东北角的同学发话了："你就是这学期教我们的老师吗？"以我的经验来判断，此人不简单。我岔开话题反问他："请问这位同学你叫什么名字呀？""我叫李小东。"眼神中露出一丝骄傲。此时此刻我的内心早已老泪纵横，因为在接手班级之前我就找上一任班主任做了细致的调查，听说了他的"先进事迹"。"对付"他的招数还没出来，他就出招了。见招拆招，我不动声色地说："哦，你就是李小东啊，一直听说你很聪明，果真如此，同学们，我就是你们这学期的新班主任黄老师，主教大家的语文和数学，很高兴认识大家。"被我这么当着全班同学的面儿一夸，他好像更得意了。

第一天上学，因为刚开学又是新班级，下课的时候我不小心拖了两三分钟的堂。"老师，我要去校长室告你。"他一边看书一边毫不在意地说，我有点吃惊，教室里死一般的沉寂，同学们看看我又看看他，仿佛在等待一场暴风雨的来临。"告我？告我什么呀？"我也毫不在意地反问他。"告你非法占用我们课间休息时间。""这个啊，老师的确占用了你们的课间时间，但并不是无理由的，没关系，你觉得老师违法了，那你去吧，去听听校长怎么说。如果你不知道校长室怎么走的话我可以带你一起去。"他一听我这样说便不吭声了，噘着嘴看着我，因为我占用了他打闹的时间，眼里装满了恨。

随着对他的了解，我发现其实他是个很爱读书的孩子，有爱心，喜欢帮助别人；有责任心，能完成老师布置给他的任务。但是他也有一个坏习惯，上课听明白之后开始转头说话做小动作，下课喜欢与各种同学打闹，好像总是在有意无意地引起别人的注意，但总是恰得其反。作为班主任的我心里很着急，不仅关系到班级，还关系到这个孩子的心理。首先就是给他换同桌，先让他自己选，他自己选了好几个我都不同意，他问我为什么？我说："理由很简单，这些同学并不适合在你周围，因为你们品性相投，容易说话。"还得我出马，我把他的四周都换上了话少、纪律好、品行端正的学生。我对自己的调换非常满意，但实际上我发现，无效。这次我准备将他发配"边疆"，就在那一刻孩子的眼里满含泪水，那一瞬间让我感觉到他一定在那个位置上发生过什么，至少给了他不好的记忆。我没有多说什么，把他带到办公室。

"小东，看得出你很想引起同学们的注意，但是你的方式不对。其实你是一个很优秀的孩子，你的学习成绩优异，喜欢读书又有责任心，如果你能控制住自己的话，我想你会越来越好。"

"老师，其实我很想做好，但我控制不住自己。"他有点委屈。

"没关系的，老师会和你一起的。"

从那次之后，他好像变了一个人，上课认真听讲，下课在走廊中再也见不到他打闹的身影，直到现在他和以前天差地别，以前教过他的老师都感到吃惊。

学生像一朵花，花期不同开花的时间也不同，料理的方式也不同。

那个叫我"傻瓜"的小男孩

贾淑惠

　　转眼间自己做班主任工作已经四年了，尤其是低年级的班主任工作，我觉得自己可以说是经验比较丰富，对待这样的一群小孩子自己应该是得心应手。可是在遇到了小俊这个孩子以后，我天真的想法被残酷的现实狠狠打击了一把。

　　新生报到的第一天，我在讲台上就注意到了这个与其他孩子不一样的小男孩。以往的班主任经验告诉我他在今后的班级里肯定是一个调皮的男孩，而我需要特别留心这个孩子，从看到他的第一天起我就把他列为重点关注对象。报到那天是他的奶奶带他来的，别的孩子都是爸爸妈妈领着来教室里报到，我对这个孩子的家庭情况也产生了好奇。没想到这个孩子也对我这个老师产生了兴趣，一天的新生报到工作结束后，到了吃晚饭的时间，我接到了一个陌生的电话，接起来询问没有回答，过了一会儿一个稚嫩的声音在电话那头喊了一句"傻瓜"就挂断了。会是谁的恶作剧呢，我忽然想起了上午那个在教室里一点也坐不住的小男孩，但还没有想起他的名字，心想这个孩子以后肯定够我头疼的了，但没有第二天要找这个孩子质问的想法。

　　一年级的孩子开学初期，不是马上要求他们进入学习状态，而是引导学生怎样适应小学生活，完成由幼儿园到小学的心理转变和角色适应。所以开学的前一个星期，我们主要是在进行学生的常规养成练习。当所有的孩子都能按老师的要求在自己的座位上坐好的时候，小俊就会偷偷从座位底下爬出来，爬到别人的位置上。每当看到他这样做的时候我就感到很生气，认为他给其他的孩子树立了一个坏榜样，就会走到他的面前批评他，可是这个孩子对于我的批评无动于衷。有时静下心来反思自己，我觉得自己可能是太着急了，幼儿园的孩子本来注意力就没办法完全集中，这个孩子的注意力可能比其他孩子更差一些。于是我试着换个方法去改变他，当他有时跟其他孩子一样坐好的时候，我就会在全班面前表扬他，他会接受老师的表扬继续坐好，我很高兴，虽然他坚持的时间比别的孩子短，但起码他是愿意向积极的方向去改变的。

　　但是随着时间的增长我发现他是一个不懂得如何与别的孩子玩耍和沟通的孩子。当别的孩子不能按照他的意愿去行动时，他就会动手打人。家长纷纷给我打电话抱怨，觉得这样的一个孩子在班里会给其他的孩子带来麻烦和不安全。我联系了小俊的奶奶，可我没有想到更大的困难在等着我，他的奶奶是朝鲜族，不会说汉语，也听不懂我说的汉语，需要找人来帮忙翻译，当时我的心情糟透了，就像是一只泄了气的气球。他的奶奶让别人给我介绍了这个孩子特殊的家庭情况，一个单亲家庭的孩子，只有一个年纪很大的奶奶独自一人在中国抚养他，从小就缺失了父爱与母爱。了解了他的家庭情况以后，我心里对这个孩子充满了怜悯，我觉得自己既然作为他的班主任，那就应该像父母一样关爱他，给他很多爱，尽量弥补这个孩子从小缺失的爱，用爱来感化他。但我却没有想到，只有一时的爱是远远不够的，这种关爱，需要持久，需要很多的耐心和很强的责任心。

于是我开始试着用爱去感化他，当有孩子告诉我他又偷偷拿了班里谁的东西，我会找他谈话，告诉他如果他很想要一样东西，不可以去拿别人的，可以告诉奶奶和老师。他是一个聪明的孩子，上课只要他举手，我就会叫他回答问题，当着全班同学的面表扬他。一次在阶梯教室观看节目时，他又在队伍后面欺负同学，我就把他叫到了我的面前，坐在我的旁边，当我无意中用手抚摸他的头时，我发现他突然变得很安静，很听话，时不时抬起头用和善的目光看着我，我想有时关爱的几个动作要比我跟他说上一大堆道理有用多了。于是在放学的时候，我就会主动把他叫到教室的门口，替他系好围巾，穿好外套，再摸一摸他的头，提醒他回家的路上注意安全。这时他的眼神里会流露出一个孩子的真情和稍微的害羞。

有一天上课的时候我发现他趴在桌子上写小纸条，我没有走过去制止他，因为那样他就会完全跟你对着干，开始扰乱别人学习。下课的时候我刚想过去找他谈话，没想到他把小纸条放在我的桌子上很不好意思地走开了。我打开纸条看到上面的话，我的心里真是很高兴，"老师我以前做得不对，对不起"。看着那一行歪歪扭扭的字和里面的拼音，我能感受到这个孩子真挚的心，那是我最自豪的事情。就这样，他时不时地就会给我写一张小纸条，我都小心翼翼地保留着。一个学期很快就结束了，在学期的最后我看到了小俊的小变化，心里很幸福，我希望这个孩子在过完一个新年后，长大了一岁，能更懂事，越来越好。

可是开学回来以后让我深刻明白了教育具有反复性，尤其是对特殊学生的转化教育，耐心和包容是一件多么重要的事。小俊刚开学回来，就把我暑假里美好的希望给打碎了，他非但没有进步，又退回到了原点。在一次课堂上我的耐心终于在他的挑战下彻底失去了底线。当我在讲课的时候，他拿着手里的尺子在桌子上敲得当当响，学生的注意力一下子都转到他的手里去了。于是我生气地走下讲台，要从他的手里夺过尺子，可他怎么也不肯给我，我就要到他手里去拿，这时他的"防御系统"马上爆发，狠狠朝我腿上踹了一脚。下课的时候我把他叫到办公室，狠狠批评了他一顿，并给他奶奶打了电话。我很生气，觉得自己的付出并不值得，没有得到一点的回报，觉得这个孩子就是这样了，没必要再在他的身上浪费时间了。

　　但是在课堂上这个孩子碰到他喜欢的问题还是会积极举手回答，还是跟其他孩子一样也希望得到小奖励和老师的表扬。静下心来反思自己，是自己的要求太高了，他本来就是一个情况特殊的孩子，转化的过程肯定会有反复，自己不能因为孩子出现了反复就放弃他，否定他。我不能用教师的权威去压制和改变这个特殊的孩子，而是要用一种家人式的关爱和不放弃慢慢地去改变他。失败了，没关系，收拾心情，坚定信心，从头才来，用心付出，不计回报。

和"EAV"的故事

仇淑丽

　　与"EAV"的相识，是在2015年新生开学报到的那一天。那时候我是一年级三班的班主任，因为是第一天报到，班级的事情特别多，当时对她也没有太深的印象。

　　开学不久，一个眼睛大大、个子高高的，扎着小辫、肤色微黑的小女孩就给我留下了深深的印象。她坐在班级的最后一排，每一节课上她都会瞪着一双大大的眼睛，目光紧紧跟随我的身影。这目光饱含了信赖与崇敬，和那四十多双小眼睛融汇在一起，仿佛夜空中闪闪的小星星，霎时将我的心灵点亮。

　　这个小女孩叫EAV，是一个朝鲜族小女孩。我问"EAV"是什么意思，她的脸上露出灿烂的笑说是自己给自己取的名字，因为读起来特别有气势。看着她充满自豪、自信的小表情，我不禁从心底喜欢起这个可爱的小姑娘。她刚开始听不太懂汉语，读拼音的时候总被同学嘲笑。有一次，她十分努力地拼读黑板上的音节，结果还是有发音不正确的地方。看到这种情况，我努力地从发音方法、基本口型等方面耐心地指导她。也许是因为太过紧张，也许是因为缺乏自信，她愣愣地站在那里，一声也不吭。时间在一分一秒地过去，起先教室里一片寂静，渐渐地有人在窃窃私语，有同学开始嘲笑她，大家都在看我的反应。她那微黑的肤色显得更加黑了，头深深地低了下去。看到这种情景，我没有继续我的课程，而是让孩子们换位思考，说一说此时的感受。出乎意料的是孩子们说得非常好，有些孩子还能从EAV的角度出发谈自己的感受。我记得一个叫萱萱的小女孩激动得都要哭了，她说："如果是我不会拼读这些音节，我会很难过，都想哭，但是EAV是朝鲜族人，她还没有学会发音，我们不能嘲笑他，而是要帮助她。"看到时机成熟了，我把平常对这个孩子的观察告诉了大家，因为EAV个子比较高，她会经常帮同学们扶小板凳，特别是早晨很多孩子还没有来的时候她会把孩子们桌子上的小板凳悄悄地搬下去摆好。班里自发地响起了热烈的掌声，那些嘲笑过别人的孩子也惭愧地低下了头。从这天起，每天早晨都会有许多孩子帮助同学们扶小椅子，掉在地上的纸花也会有人悄悄地捡起来。课间也会有许多孩子自发地去帮助学习有困难的孩子，他们三五成群或在一起讲数学题，或在一起拼读音节，还有的在中午吃完饭后坐在走廊长凳上教别的同学读英语。

EAV渐渐有了自信，开始帮同学们发本子。我发现她的记忆力特别强，识字的能力也很强。再后来的写字教学中，她表现特别突出，经常因为书写美观受到表扬，班级宣传栏里时常会贴着她的字。

跟EAV只有一年的师生缘分，二年级开学的那一天她因为父亲工作的原因转学离开我们班，临别时她没有到我们班与我们告别，她的爸爸告诉我从早晨起床她就开始哭，害怕带她到学校见到老师同学她会更加伤心。睹物思人，看着她曾经坐过的桌椅，还有宣传栏里那些漂亮的铅笔字我不禁潸然泪下……唯一能够安慰的是相处的这一年我给过她的帮助，希望这微薄之力能够在她成长旅程中留下些许温暖，让她能够用"EAV"式的灿烂笑容面对每一天。

腼腆男孩不"腼腆"

李俊龙

陶行知先生说过，教育不能创造什么，但它能启发儿童创造力以从事于创造工作。但教育真正的魅力不止于此，它甚至能潜移默化地影响一个孩子的性格和人生。

有幸从事学校科技教育方面的工作，每每提起科技，大家都会认为性格开朗、善于动脑动手的孩子最为适合，而一次的经历改变了我的想法。一次科技比赛，需要选拔各个班级中优秀的人才，性格活泼的孩子早早地开始准备，积极地回应。当开始初步拟定人选时，我的办公桌上多了一张纸条，"老师，我可以试试吗？"我看署名，原来是我们班一个并不是特别出众，甚至有些腼腆和胆小的孩子。收到纸条的我感到既震惊又欣慰，震惊于这个孩子鼓起了多大的勇气才敢动笔写下这一句话，欣慰于他终于愿意突破自己，尝试新事物。在深思熟虑之后，我决定给他一个机会。

比赛的准备工作开始了，果然这个内向的学生并不能与其他队员良好地配合，总是自己闷着练习。我能感受到他的压力很大，很想抓住这次机会证明自己，但是越慌越乱，问题越来越多。这个孩子甚至有些想放弃，他觉得自己没有办法融入这个团队，他一个人的时候默默坐在教室里，阳光散下来，似乎照着这个少年落寞的身影。我轻轻地走过去，不想打破这份宁静，静静陪他坐着。他转过头来，冲我淡淡地笑着，一如既往地说："老师，怎么了？""你自己在这想什么？"他低了低头说："我觉得我不合适。""孩子，没有人一开始就合适干什么的，你很努力，但是我们是一个团队，成功离不开每一位队员，我们要互相配合，有不明白的、有异议都可以跟大家沟通，说出来，让每个人都明白你的心思。"

后来，我发现通过这一场场小小的比赛，他开始注重合作，愿意敞开心扉与其他同学交流，有不懂的地方立马会问，也愿意积极帮助别人，有好的建议会及时跟大家说。慢慢地，他的笑容越来越多，虽然还是一副腼腆的少年模样，但是他的眼神中多了一份自信，似乎有了更明亮的光，内心也慢慢强大了起来。他思维敏捷，努力钻研，最终，取得了一个很好的成绩。

比赛结束了，我领着孩子们照了一张合影，在合影当中，有一张张明媚的笑脸。比赛并不能说明什么，但是孩子们在比赛中获得的阅历与历练却弥足珍贵。愿这份经历能让孩子们有所收获，愿他们在人生这漫长的路上披荆斩棘，绽放光芒。

一百条裙子

单伟清

我国著名教育家陶行知先生曾经说过："真的教育是心心相印的活动，唯独从心里发出来的，才能打到心的深处。"这句话给我留下了深刻的印象。作为"园丁"的我们要"爱满天下"，因为关心和爱护每个学生是教育工作者的天职。

从事教育工作已有六个年头了，在这六年里，我深深地明白爱就是教育，教育就是爱。

在我们班中，有一个叫小丽的孩子，她热爱劳动，总是主动打扫教室卫生，但是，她喜欢玩钢笔墨，弄得桌上、本子上都脏兮兮的，再加上学习成绩不理想，所以同学们都不跟她玩，甚至欺负她。

"喂！你有没有搞错，干吗把我的本子借给她啊！"一位同学很是恼火地冲着收作业本的组长大叫，便一把抢回自己的作业本。

"踢给我，快！""踢给我！"这时一群同学拿着小丽的水杯在当球踢，而小丽先是奋力想抢回自己的水杯，但毕竟势单力薄，所以只能坐在位置上哭。

"干吗碰我的课桌，滚开！"这是小丽不小心碰了某位同学的课桌而遭到的谩骂……

当班干部将这一件件事情告诉我时，我愤怒极了，甚至难以控制自己的情绪，很想立刻为小丽打抱不平。于是，我把这些学生叫到跟前说教一番，然后看着他们给小丽道歉。但是，这样做毫无用处，过不了多久，他们又恢复原样了。我该怎么办？如今的孩子这是怎么了？为何会如此冷漠？我该怎样帮助小丽呢？为这事，我伤透了脑筋。

偶然的机会，我听了刘老师的班主任工作经验交流，教师要用爱感化学生。于是，我花了整整两节课的时间，声情并茂地给孩子们讲了一个故事《一百条裙子》，当场就有几个孩子小声地抽泣，我知道，成功了！果真，第二天，在孩子们的周记中，我看到了一行行真诚的话语，充满了懊悔和歉意。趁热打铁，我又在班里举行了一次名为"相亲相爱的一家人"的主题班会，通过这次班会，孩子们变得更加团结了，班级凝聚力更强了。

爱，是人类最美丽的语言，我用爱唤醒了孩子们心中的爱，孩子们用爱给予了小丽温暖，让她不再寂寞，让她幸福地笑了……

倾听花开的声音

尹娜娜

每每到了初春的季节，一有时间我就喜欢坐在妈妈的院子里，静静地欣赏着属于自己的小小的春，似乎可以听到小花小草们的轻声细语，似乎听得到花开的声音……

今年的春天跟往年有些不一样，院子里的小花竞相开放，我们班的"小花"也开了。

去年秋天，我们学校又迎来了一群天真可爱的"小精灵"，告别了熟悉的幼儿园，踏入新校园，孩子们对新的环境既忐忑又好奇，小学生活就此开始了。大多数的孩子对于新学校、新身份、新同学、新老师适应得很好，将小孩子的天真烂漫表现得淋漓尽致。

我班里有个小男孩叫小涵，他稚嫩的脸上有着不同于其他孩子的胆怯与自卑。小涵白白净净，个子高高，笑起来眼睛弯弯的好像会说话一样，脸颊上的小酒窝若隐若现。印象中刚入学的几天小涵在班里很安静，不怎么说话，我跟他说话他都不敢看着我，声音也很小，给我的感觉这是一个腼腆的、内向的小男生。有一天早晨，早读时间已经到了，但是小涵还没有来到教室，我刚要给他妈妈打电话问问情况，电话铃声响了，是小涵妈妈打来的，说孩子刚刚在校门口闹情绪，哭着不想来上学。我站在楼梯口，不一会儿就看见小涵低着头，脚步慢悠悠、不情愿地上楼了，我走上前摸摸他的头，问他怎么迟到了？他抬起头用红红的眼睛看了看我又把头低下去了。接下来的一段时间，偶尔会有这样的情况发生，本以为这只是孩子对小学生活尚未适应，但是这天的事情让我改变想法了。

中午午睡时间，我刚回办公室想要喝口水，班里有个孩子急匆匆地跑来跟我说小涵哭了，我急忙跑回教室问小涵怎么了，他泪眼汪汪地跟我说想妈妈了。我安慰了几句，孩子们也聚在他身边一起安慰他，他才终于不哭了。接下来的几天接连出现了几次这样的情况，我的言语安慰效果不太奏效了，他除了说想妈妈外，还会追问我是不是会一直留在教室里，我一走开他会害怕。此时我意识到孩子不是单纯地不适应学校生活，而是缺乏安全感，我走到哪里，他就用目光追随到哪里，生怕看不到我。因为这些现象，我与小涵妈妈的通话变得更加密切了。我了解到小涵爸爸因为工作的缘故，下班回到家宝贝已经入睡，早晨宝贝醒来爸爸早已上班了，因为时间的错开，长时间只和妈妈接触，小涵就对妈妈形成了过度的依赖感，什么事情都需要妈妈的陪伴才安心。在学校里妈妈不能来，就只能从我的身上去找妈妈的影子，于是就有了接二连三的小插曲。

当务之急，帮助小涵的任务刻不容缓。为了帮助他更好地融入班集体，我安排他做班里的环保小组长，鼓励他大胆地与同学沟通，并时常把他体恤妈妈的事在全班同学面前大力赞扬。我还联系小涵妈妈，尽量找机会让爸爸带小涵出去玩，让小涵从爸爸身上去学习勇敢、自信。这期间我和小涵妈妈的联系就没间断过，我会把孩子在学校的进步及时告诉他妈妈，也让他们表扬小涵。在我的真心付出和努力之后，我发现小涵身边的朋友越来越多，性格也原来越开朗了，作业也能保证按时完成，成绩有了明显提高，脸上的笑容也越来越多了。

今年春天如约而至，小涵会主动跑到我身边跟我分享周末在家里发生的趣事，上辅导班跟朋友之间的故事，会把我当朋友似的开个小玩笑，看到我擦桌子会跑来跟我说："老师你休息一下吧，我来帮你擦。"多么可爱的孩子呀，那一瞬间，我的心暖暖的，我对自己说："耐心等待，花儿终会开的。"

我喜欢倾听花开的声音。快一学期了，我试着让自己静下心来，去听孩子们的读书声，去欣赏孩子们读书时那摇头晃脑的神情，我会侧耳过去，听听他们打某个同学的"小报告"，说说同桌的"坏话"，看看他们的手舞足蹈，听听他们心中的乐事。

花儿会在一年四季绽放，花开的声音也在悄悄地进行。蹲下身子，弯下腰，静下心来，去倾听花开的声音。

用真心走进孩子的心灵

崔玲

　　小赞是我从四年级就开始教的一名男生,每天早晨是奶奶蹬着三轮车送他上学,那时候我知道他的爸爸妈妈去韩国打工了,好在这个孩子乖巧懂事,学习还挺自觉。四年级快要放暑假的时候,他兴奋地告诉我说要去韩国看爸爸妈妈了,那感觉就像一个婴儿一天都没有见到妈妈了一样激动,我也替他高兴。暑假回来后就是五年级了,我依然担任他的班主任,但是我明显地感觉到他的变化,一个缺乏父爱和母爱的孩子内心的空虚和不安全感围绕着他,我有一种不祥感,或许去韩国这一趟发生了什么事,我不敢细想。

　　接下来发生的事证实了这一点,他经常趁别人不注意的时候偷偷地溜出教室,躲到同学看不到的地方一个人静静地待着。一旦发现他不在教室,我就立马派学生去找他。多次这样让我很是担心他的安全。看到这个孩子的变化我也很心疼,多次和他沟通交流,他也只是敷衍我。我在和他奶奶的多次沟通交流中也隐约感到一些家庭的变化。有一天上课时间到了,又没有看见他的影子,我和班里的孩子又分头去找他。后来我在最后一排教学楼后面找到了他。他坐在长凳上,我也慢慢地在长凳上坐下来,和他聊了起来。"小赞我向你保证,今天和你说的话我会保密,你愿意告诉我你内心真实的想法吗?"他无意识地一直眨眼。我说:"老师想知道你为什么经常离开教室?如果你有什么困难可以告诉我,我会尽可能帮你的。""老师,我是不是抑郁了"?"抑郁?你知道什么是抑郁吗?"他迟疑着。"老师可以明确地告诉你,你没有。""老师真的吗?"小赞的眼睛湿润了。"小赞你别胡思乱想,你肯定有心事,想得太多了,告诉老师,你遇到什么困难了?"他哇地哭起来:"我跟你说实话吧,我的爸爸妈妈离婚了,他们不要我了,我也不想活了,我每天想……"他双手捂着脸哭起来,压在孩子心里的委屈和痛苦释放了出来。我拍着他的肩膀,劝慰着他,让他理解爸爸妈妈的处境,为了生活也是迫不得已。我转移了孩子的注意力,问他最近有没有给爸爸打电话,他说起爸爸一旦从韩国回来一趟,手头的工作就没有了,需要重新再找工作。我说:"你看爸爸为了看你一次,都要丢掉工作,这个代价也很大啊,你不能再给爸爸增加负担了,你是他的希望,你唯一能做的是好好活着,好好学习。"他似乎明白了一些,心情平静了许多。我们拉钩约定不要再离开教室躲起来。

　　从此以后他安静了很多,慢慢地能待在教室里认真学习了。后来我就抽空和他交流身边和他有类似经历的孩子的正面事迹来鼓励他,给他信心。我还送给他一些个人自传方面的书籍,让他从书中汲取营养。孩子慢慢改变了很多。

这个孩子今年已经上中学了,我们依然保持着联系。我很欣慰,挽救了一个认为自己得了抑郁症并有自杀倾向的孩子。2017年的教师节他给我写了一封信,他告诉我再也不会有以前傻傻的想法了,谢谢我"救"了他。

不忘初心,方得始终。在教育的道路上任重而道远,我愿做孩子的良师益友,陪伴他们成长、成才。

我和她的故事

赵畅

还记得在我教书生涯的第一年,严厉成了我生活中出现的最多的表情,只因为觉得这样做会在全班起到震慑作用,却没有去想这样做学生会有怎样的感受。孩子的心灵是纯洁而美丽的,如水晶,孩子的心灵是脆弱而易碎,如玻璃。我们做老师的欣赏着他们水晶般的心灵,更要保护着他们玻璃一样易碎的自尊。

我的班里有个女同学叫孙心悦,大大的眼睛,忽闪忽闪的很漂亮。但上课时眼睛没神,无精打采,不爱回答问题,作业速度慢,还经常不做,即使做了,也不完整,自卑感强,回避与老师、同学相处。根据她的情况,我决定从孩子、家长、学校三方面入手,争取家长配合、同学的理解、关心与帮助。课堂上我指导分析问题,请她来讲解,她大大的眼睛怯生生地看着我,我给她鼓励的眼神,她竟然讲解得条理清晰,我带头为她鼓掌。以后我经常叫她给学生讲解,帮她树立自信心。因为孩子们正在成长,难免会出现这样那样的问题。但是面对孩子的天真和信任,我们是否该对这部分孩子耐心一点,宽容一点。经过一段时间的辅导,孙心悦开朗多了,在她的脸上找回了自信,上课能坚持听讲,很少看到她愁容满面了,家长也反映作业能及时完成,回家经常声情并茂地读课文,进步很快。通过这个案例我发现学生总会有各种各样的缺点,作为教师应时常把眼光放在学生的优点与长处上,给予表扬,让学生体会到被尊重、被信任的温暖,品尝成功的喜悦。

老师就是一个学生思维的启蒙者,知识的领路人。作为老师,教授知识一定是严谨的,但作为导师,一定是亲切的,和蔼的。两者并一,就是一个老师的神圣职责吧!

花开太阳心
——我与一个男孩的故事

孙琨丽

高尔基说过："谁爱孩子，孩子就爱谁。只有爱孩子，他才可以教育孩子。"爱是我们作为教师最丰富的礼物，送给和我们相遇的学生；爱是我们作为父母最充沛的珍宝，赐给和我们相依相偎的孩子。但是爱要用在最恰当的时刻，才会产生最好的爱的效应。这些年来，我用满腔热情，一颗爱心无微不至地关注着我的学生。正是这份真诚无私的爱，孩子们才感受到那份快乐和幸福，我的教师生涯也充满更多的满足和欣慰。即使遇到再多的辛苦劳累，只要有孩子们纯真的笑容，心烦苦闷也就烟消云散、无影无踪。

这个学期，我幸运地与45个孩子相遇在二年级一班。说真话，看到长大的孩子，看到懂事的他们，我觉得每一天都是那么的充实、满足。因为今年的我更希望陪着他们一起走过二年级这段学习旅程。每天的数学课堂一起挑战数学的乐趣，每天共进午餐休息带来的欢乐时刻，我希望自己是一缕微风拂过孩子的心田，希望自己是一缕细雨飘洒在孩子的心头，真心地对孩子们好，润物无声地做好我自己该做的事情。

开学有一段时间了，我每天都仔细观察每个孩子在我数学课上的表现，及时地给予鼓励、称赞。我能感受到孩子们喜欢我的数学课，可是，我发现班级中有一个男孩张锦添，学习成绩优秀，但是他每天上课不是侧身坐着和后面的同学讲着话，就是一副吊儿郎当无所谓的样子，甚至还会在桌肚下弄出一些奇怪的声响，吸引别人的注意。每当此时，班级的孩子会哄堂大笑，而我很恼火。看到这种情况，我会及时调整上课纪律，希望通过其他同学的正面回答来给他一个友情提醒。可是每次都是其他学生很自觉地坐端正，唯独他似乎没有听到一样，依旧我行我素。面对这样的学生，我很生气地对他指责了一番，希望他下次上课注意点。我想也许我用全班警示他可能错了，这样对他不管用。或者看来他一定有我不知道的缘由或者秘密，我在等待这样的一个机会，等待打开他心结的机会。终于，有一天他主动找我承认错误，说自己控制不住自己！我想这正是我找他聊天的好机会，一个大课间，我拍拍他的肩膀，和他一起走在草地上，在我温暖关切的目光中，在我轻声细语的关心下，他终于说出了他的天大的秘密：他的爸爸和妈妈正在闹离婚，而且他的爸爸整天整夜地玩游戏，他妈妈受够了他爸爸不务正业的样子，天天吵架，家里一点温暖和安宁都没有。他含着泪水说：老师，反正我爸爸妈妈要离婚了，也没人管我，我不想上学，更不想听课。妈妈说不管我了，也不管我爸爸了，爸爸每天都玩游戏玩一夜，早上睡懒觉老是迟到，妈妈也不起来做早饭，反正都这样了，我也不想听课。我听了孩子的一番话，才知道他故意作弄的背后，原来是因为不能忍受父母的吵闹，用一种方式在宣泄自己压抑的情感，无处可逃的孩子只好在课堂上，用一些怪动作或者其他方式引起我们的注意。我如果不了解事情真相，胡乱地发脾气，对他冷言相加，也许一个需要关心的孩子，一个学习优秀的孩子，从此会走上一条冷漠的路，走上一条绝望的路，那该是多么可怕的一件事。我庆幸老天给我一次机会，一次走进孩子内心、听到孩子内心真实声音的机会。

　　这些天，我看到这个孩子在悄悄地改变，无论是学习上，还是生活中，他逐渐变得乐观开朗起来，在活动中，在课堂上，响亮的回答声让我感受到了一个孩子内心的关于爱的种子在悄悄萌发！有一天，他悄悄地跑来跟我说："孙老师，我喜欢你，也喜欢你的数学课！我现在很爱我的爸爸和妈妈，不管他们变成什么样子，我不恨他们了。"听着孩子的一番话，我的内心升腾起一种力量和希望，我要好好地播植我的希望，期待来年春天枝繁叶茂，繁花似锦。

　　我想，我只是用我的细微的小爱，关爱了一个孩子，抚慰了他的小小的不安分的心，抚慰了他受伤害的心。从此，不管狂风还是暴雨，不管困难还是挫折，我都希望在他的内心，有一轮蓬勃的太阳升起，朗照小小的他未来的路，我心向阳！

静等花开

杨佳

　　一个优秀的教师不仅要具备丰富的知识，更要具备良好的师德，即所谓的"学高为师，德高为范"。教师的教育，不仅要求学生在学业上有所收获，更要学会如何做人。

　　这学期，我们班转来一个男生李华（化名），学习成绩不算好，通过交谈得知成绩不好是他转学的主要原因，想换个环境好好学习。一开始李华表现得很积极，上课、下课、作业、背诵，虽然不能与其他同学一样，但也能按时完成。然而，好景不长，才短短一个月，除了学习上的困难外，李华身上还暴露出一些别的问题，如迟到、上课睡觉、与同学不融洽等。

　　有一次，上午第一节课是语文课，李华照例又迟到了。我踏上讲台用余光一扫全班，坐在第四组最前排的李华不见人影。我若无其事地开始讲课，同学们看到我没有问什么，便认真听起课来。十几分钟过去了，李华进了教室，我仍然什么话也没有说就让他回了座位。

下课后，学生们都跑去做操了，李华没有去而是跟着我进了办公室。我先开口问："有事吗？"他满含歉意地解释说："今天我起床晚了，所以迟到了。"我接着说："只是这样吗？"他不说话。我一边看书一边心平气和地说："好吧，你去吧。"

没过几天，李华竟然在英语课上睡着了，老师把他带到我跟前，说明了情况就走了。他没有辩解，我依然不问。半个小时后，他先开口说："老师，是我不对。"我追问："哪里不对？""不该上课睡觉。"我继续问："为什么上课睡觉？"他看事情已经没法隐瞒了，才说了实情，自己因为回家经常玩电脑所以导致白天犯困。听到这里，我打断了他的话，说："你对电脑很精通？"他被我问的话愣住了。我告诉他，我正准备上一节关于网瘾危害和网络安全的主题班会，并决定由他负责收集资料和制作课件。他被我的决定吓坏了，半天没说出话。我说："好了，你去准备吧。"他课件制作得很好，材料很丰富，讲解得也很到位，最后他用自己的例子提醒大家：网络真的不是我们这个年纪应该过多涉足的。说到最后他懊悔地低下了头，再抬起头时，我们看见他的眼圈红红的，他深深吸了一口气，狠狠地说："我要摆脱网瘾！"这时全班响起了热烈的掌声。

一个阳光的少年又回到了我们的身边。每个人都有犯错误的时候，特别是即将步入青春期的孩子，随着年龄的增长，他们的个性和见识也随之增长，如果我们一味对其行为加以否定，坚决打击，虽然出发点是好的，但成效不一定明显。他们有自己的见解和主张，特别是有了自尊，所以老师不可以把自己的意见强加于他们头上，也不可以简单地规定什么能干什么不能干，更不可以动辄对他们加以呵斥和责骂，否则只会招来反感和叛逆。现代教育理念更推崇平等的师生关系，鼓励教师更多地贴近学生，在相互理解和信任的环境下实现教育的目标。

教育是一项细致敏感的工作，如果仅凭热情想教育好学生显然不够，而是要求我们应有深刻的洞察力、敏锐的判断力、果断的决策力和令人信服的说服力。总之，教育好学生需要教师具备高超的教育艺术，尤其需要机智灵活的方法。

爱在心
——发现闪光的你

解玲丽

泰戈尔在诗中写道："花的事业是甜蜜的，果的事业是珍贵的，但是让我干叶的事业吧，因为叶总是谦逊地垂着绿荫。"带着对叶的事业执着地追求和向往，我无怨无悔地选取了教师这一职业，在平凡的工作岗位上做着平凡的事情。

理想很丰满，现实却是狠狠地泼了我一身冷水——这些孩子太不听话了！我生气，我声嘶力竭地批评，然而这种"河东狮吼"的方法无济于事，但之后一件小小的事情令我彻底改变了以往的"河东狮吼"的管理方法。

我所任教的一个班级中有几个不遵守纪律的小男孩，他们上课爱做小动作，成了老师们整天抱怨的对象。在我的课堂中，他们依旧我行我素，老师的批评教育已经对他们不起任何作用。一次上课时，我像往常一样让他们在课前背诵所学资料，而他们一如既往地在做小动作。为了不让他们影响到其他的同学，我站到了他们的身边，其中一个调皮的学生没有带课本，于是我便将我的课本放在了他的面前，同时用手指着教材跟他一齐朗读。在这个过程中我发现他有试图跟读，但因为之前落下的太多而无法跟上同学们的节奏，但我却明白此时的他已经尽力。

于是在诵读结束后，我在班上点名表扬了他，也许是老师给他的表扬太少的缘故，当我表扬他时我从他的眼神中发现了他少有的害羞的表情，尽管如此，我看得出他是很高兴的。同时我让他选取了一部他喜欢的动画片播放，作为对他努力表现的奖励，而且我让全班同学给了他一个鼓励的掌声。这样之后，一整节课，他居然端端正正地坐在那认真听讲，让我真的很感动！从这节课之后，我开始找机会表扬他，他的每一点进步我都会进行肯定，在课堂上我也总是给他展示的机会，几次课下来，他已经完全改掉了之前的坏毛病，并且是我的课堂上最认真听讲的学生，当我说让全班同学向他学习时，班级里的同学们更是情不自禁地给了他热烈的掌声。

这个学生的转变给了我很大的感触，原来每一个学生都需要爱的表扬，都需要别人对他的肯定，也许你一句微不足道的表扬，就可能融化他那颗冰冷的内心。透过这件事我明白了要懂得在孩子的缺点中发现那一点点优点，并用无微不至的圣洁的师爱呵护着他生命中的那一点点光！而那一点点不曾被扑灭的光，总有一天会洒成满天的星星、月亮和太阳，照亮这个我们深爱着的人世啊！

让教育智慧升华，练就一双慧眼，发现学生"那一点点光"。总会有那一瞬间，一颗流星、一点流萤，在广袤的夜空，都是亮丽的风景，都让我们感受到每一个鲜活生命的独一无二。

我和学生的小秘密

吕喆

新学期开始啦，我接的是新一年级的小学生。因为刚从幼儿园过渡到小学，难免会感到陌生，班级中有一个小女孩晓雯适应环境比较慢，作为班主任，我耐心地去引导帮助她去适应，因为我知道，踏进校园她唯一可以相信的首先是班主任也就是我。

晓雯刚来学校的时候，连校门都不进，还是让爸爸送进来的，爸爸把她送到班级门口，交给我以后就走了。然后她就开始哇哇大哭，我安抚了好久，但是不进自己的座位，必须要跟着我一起，我只有耐心陪着她来适应这个新环境。上课的时候，我在讲课，她坐在讲桌旁边听课；下课的时候我去办公室，她就跟在我后面去办公室，上其他老师的课也不去，就跟着我；吃饭的时候不和同学一起打饭，我只能给其他同学打完饭，留出一份来让她跟我一起吃，期间还要跟家长联系，告诉家长孩子在学校的表现，让家长放心。就这样持续了大约一周，她终于适应了学校生活。期间一有空闲时间，我都会跟她聊天，想尽各种办法让她和其他同学熟悉，还把她和认识的同学安排为同桌；最重要的是每天放学我都会和她拉钩，和她约定：早晨要开开心心地来上学，而且要自己进来。刚开始的几天她还是会让爸爸或者妈妈送进来，但是一个星期之后，周一的早晨我在教室批改作业，听见一个学生在叫我，抬头一看，是她正笑着站在我的面前。我趁机在全班同学面前表扬了她，她也开开心心地坐到了自己的座位上。从那时起，我就和她建立了一个小秘密，那就是每天要开开心心地来上学，不能哭鼻子，我们之间的信任也就建立起来了。所以当她开心地笑起来的时候，我的心终于放下了，说明她慢慢地在适应，也说明她对我的信任，愿意把自己交给我，我心中的责任感油然而生，或许这就是作为一名老师的自豪。

教育学生不是一朝一夕的事，是一项长期的工作，需要足够的耐心，在平时的工作中细心观察。虽然每个孩子都有不同的性格，但是他们的内心是最真实的，在学校，他们会无条件地相信你。作为一名小学老师，收获的不仅仅是一份工作，更是一张张天真烂漫的面孔，他们信任你，愿意向你敞开心扉，因此作为引领者，应该要把这份爱与责任传递下去。

做幸福的班主任

刘倩

从工作到现在，我已经当了好多年班主任了。在这段日子里，既辛苦又充满幸福，充满挑战。

我们班有一个男生叫徐志豪，上课时思想老是不能集中，做作业时动作很慢，老是磨磨蹭蹭，而且不肯动脑筋，回家作业经常不做，即使做了，也做不完整，书写相当潦草，小组长每天都向我告状。于是，我找他谈话，希望他能遵守学校的各项规章制度，以学习为重，按时完成作业，争取进步，做一个人见人爱的好孩子。他口头上答应得好好的，可行动上依然我行我素，毫无长进。想要放弃这个学生，但又觉得身为班主任，不能因为一点困难就退缩，不能因一个学习有困难的学生无法转化而影响整个班集体，我要尽最大的力量去转化他!他无法进步，或许是他没有明确学习目的，没有真正认识自己的错误。

为了转化他，我先找他谈话:"你想改正错误吗?想做一个讨人喜欢的孩子吗，你要怎样做才好呢?""我今后一定要遵守纪律，认真完成作业。""那你可要说到做到哟!""好!"后来，他无论是在纪律上，还是在学习上，只要有一点进步，我就及时给予表扬、激励他，使他处处感到老师在关心他。

他也逐渐明白了做人的道理，明确了学习的目的，端正了学习态度。为了提高他的学习成绩，除了在思想上教育他、感化他外，我特意安排了一个责任心强、学习成绩好、乐于助人、耐心细致的同学邵昱善跟他同位，目的是发挥同伴的力量。事前，我先对这个同学进行了一番谈话:为了班集体，不要歧视他，要尽你自己最大的努力，耐心地帮助他，督促他使其进步。邵昱善同学满口答应，并充分利用课余时间或课堂时间帮助他。有时邵同学也会显得不耐烦，说他不太听话，不太乐学……此时，我就跟邵昱善同学说:要有耐心，慢慢来。后来，徐志豪同学取得进步时，除了表扬他外，我还会说:这也离不开同学们的帮助，特别是邵昱善同学的帮助。在同学们的帮助下，他自己的努力下，他各方面都取得了不小进步。为此，我感到由衷的高兴。

作为一个教育工作者，作为一个班主任应以赏识的眼光和心态看待每一个学生和每一个孩子，善于发现他们的闪光点，让他们找回自信，热爱学习，热爱生活!

我的教学小故事

杨佳

人非圣贤，孰能无过。每个人都会犯错误，何况是学生，作为教师，面对学生的过错，不要大动肝火或简单惩戒，要用敏感、细腻的心去关注孩子，关注他们犯错背后的原因，用真情去打动，用爱心去呼唤。

"上课""起立"像往常一样，我和学生们相互行完礼，示意同学们坐下时，发现靠后墙边依然固执地站着一个男同学，定睛一看，原来又是小民，我心里已经明白了三分：他肯定又犯错了。为了尽快恢复课堂的平静，我轻描淡写地说："小民，站着干吗？快回座位去。"

"不行"，全班同学异口同声地叫道，我故作惊讶："为什么？"孩子们七嘴八舌地说开了："他的周记又没写，老师罚他站着反思！""他上课故意挤我的桌子，干扰我听讲，他应该站着！""下课后我们跳绳，他故意捣乱……"同学们你一言我一语地数落个不停，小民红着脸，低着头，有口难辩，只好"认罪受罚"。

看着可怜的小民，我清了清嗓门说："这样吧，小民的错误等老师了解后再处理，现在已经上课了，我想让我的每个学生都坐着上课，可以吗？"天真的孩子们齐声答道："可以。"我径直走到小民身边，拍了拍他的肩告诉他到位置上坐好，他怯生生地看着我，疑惑地向座位走去……

这节课，我感觉到有一双明亮的眼睛始终注视着我，听讲十分认真，当我问道：你们知道生活中的农谚吗？小民也缓缓地举起了手，我立即示意他回答，他吞吞吐吐地说："谷雨种甘蔗，立夏栽棉花。"还没等他说完，有的同学就叫起来："老师，他说的是书上的。""能记住就是自己的了，这说明小民做了充分的预习准备，这种学习方法很好啊，若坚持下去，定有很大的收获！今天老师要特别奖励你一枚学习星。"教室里顿时响起了热烈的掌声，小民的脸又一次红了，不过头抬起来了，神情也舒展了许多。

课后，我把他带到办公室，问他为什么不交周记，他说爸妈都外出打工去了，他跟奶奶生活，奶奶不识字，检查不了作业，有时一贪玩就忘记写作业了。我肯定了他是个诚实的好孩子，跟他一起分析了不做作业的危害，并和他约定好了，每到周六、周日给他打两次电话，提醒他好好完成作业，平时遇到难题用电话或QQ与我联系，他很惊讶，报以羞涩一笑。说到做到，每到周六、周日，我不忘给他电话，询问他完成作业的情况……两个星期后的一天，我在办公室批改作业，小民不知什么时候站在我身边。我问他有什么事，他很有礼貌地说："老师，以后您不用再打电话催我作业了，电话费很贵的，我一定会先完成作业再去玩的，一定的！谢谢您的提醒！"然后恭恭敬敬地给我行了个礼，多么细心和懂得感恩的好孩子啊，看着那灿烂的笑脸和自信的神情，我好欣慰！

就这样，他的作业一次也没落过，课堂的注意力也集中了许多。

只有深入学生心灵，打动学生心灵，教育才会有成效，特别是面对犯错的学生，我们更应当用耐心去引导，用细心去浇灌，用爱心去唤醒，努力发掘他们灵魂深处的美好品德，促其健康成长。

32年教师生涯无怨，无悔

江红梅

古语有云："师者，传道、授业、解惑也。"教书育人是教师的本分。曾有这样一句话"选择了军人就选择了牺牲，选择了教师就选择了奉献。紧张的早晨，繁忙的白天，不眠的夜晚，再加上疲倦的周末"，人们常常这样来形容教师的生活。的确，教师工作是辛苦的，但教师职业却是崇高的。因此，在我成为人民教师的那一刻起，就暗下决心，决不能愧对"教师"这一神圣的职业。

为了上好每一节课，我精心备课，预设最有效的课堂环节，抓住重难点，尽量采取最简单的方法来解决问题。对教学中遇到的疑难问题和失误的地方，我总是反复地琢磨，虚心地请教，不断改进自己的教学策略，让课堂取得最佳的效果，使学生乐学爱学，提高学生的学习能力。

然而教育不仅仅只是教书，还要育人。我们面对着一群群活力无限，性格各不相同的孩子。责任和良心并重下，我们必须要熟悉每个孩子，随时随地地洞察他们的心理动向，因为我们要对每一个孩子的一切负责，争取使他们在温暖的集体中互相促进，团结向上。

记得有一年我带的班级里的学生很活跃，刚开学时，就有老师提醒我说班里有几个学生比较特殊，特别是纪某，一定要注意。观察了几天，我发现他除了不爱说话外，没什么特别的，就没放在心上。一天上课时，讲到用"一起……一起……"造句，他站起来说："我和同学们一起上课，一起玩耍。"我接了一句："再加上一句'是多么快乐啊！'就更好了。难道你不觉得每天与同学们一起学习、一起玩耍很快乐吗？"他摇了摇头说："不快乐。"我接着说："现在家里大部分是独生子女，而在学校在我们班里有这么多的同学，就像兄弟姐妹一样，多快乐啊！"我开始留意这个学生。终于有一天，我见识了他的"暴脾气"。那天早晨我刚到教室，就看到他与一个男同学打架，经过了解，我知道了事情的经过。原来那天早晨班里的一个女同学没有吃饭，妈妈就给她带了一包咖啡奶茶让她带到学校喝，在与另一个同学谈论时被纪某听到以为骂他"神经病"，就把该同学打倒在地。在我询问事情经过的整个过程中，纪某双手攥紧了拳头，说得最多的话就是"他骂我""他倒霉""他活该"。我说："拳头能解决问题吗？"他说："能！不打他不长记性！他以前就经常骂我神经病！"我把纪某的母亲请到了学校，他的母亲来到学校后说："老师，孩子上四年级后这么长的时间没有出状况，我们还以为他已经改好了呢，唉，没想到……"经过与家长的接触，我了解到他一直就是这样，在家里也很不听父母的话，经常对母亲发脾气，比较怕他的爸爸，因为他的爸爸经常打他。因此，我觉得他可能形成了这样的认知："弱者"受到"强者"欺负，"强者"可以通过自己的力量、武力来保护自己，加上自己不爱说话，因此，他就养成了这样的习惯，只要有人说他或碰到他，他马上就举起拳头，显示自己的强者地位。了解到这种情况后，我积极地与孩子交流，告诉他应该如何与同学相处。我耐心地对他说："拳头是解决不了问题的，今天你比他能打，你把他打哭了，那明天你遇到一个比你的拳头还硬的人，怎么办？如果你是被打的同学，你有什么感想？你难道就没有不小心碰到别人的情况？当别人无意之中犯了错的时候，你也会不经意地笑，难道别的同学也应该过来打你吗？以后要大度一点，像别人原谅自己一样原谅别人，你每天也会很快乐的！老师相信你会努力去改的！"我还在班中要求同学要谅解他，不与他"对着干"，而要采取冷却、忍耐的方法。一次写完作业后，我发现他的手一个劲地在那扭，很难受的样子，我走过去问怎么了，学生说他以前也这样，写字很用力，写完后手就会像抽筋一样。我说："以后写作业不用第一个写完，要放松，不要使劲攥着笔，应该这样拿。来，老师来给你按摩一下！"一开始他不好意思，我抓过他的手给他揉了几分钟，他的情绪与手都放松了下来。终于有一天他走到我的面前，对我说："老师，我也不想这样，但我就是控制不了自己。"我笑着说："不要紧，等你再控制不了自己的时候，你就来找我，老师帮你！我给你找个棉花枕头发泄一下，咱慢慢改，老师相信，你一定会成为一个优秀的孩子的！"一天，在他的作业本封面上我发现了几个字"要控制"，我欣慰地笑了。后来，他有了很大的改变，班级的活动积极参加，也能与同学和睦相处，相信以后的他会越来越好！

　　从教多年来，我时刻以"德高为师，身正为范"来提醒自己，爱岗敬业，教书育人，为人师表。以勤奋踏实的工作作风和诚信朴实的人格形象履行着人民教师的神圣职责。这样当我们回首往事时，也会像保尔·柯察金所说的：不因虚度年华而悔恨，也不因碌碌无为而羞愧。因为我们把整个生命和全部精力都献给了人类最壮丽的事业——教育事业。因此，我无怨无悔！

他不打人了

张悦

我的班级中有这样一个男孩，他叫小硕。在班级中，在操场上，他在和同学玩的时候，经常有同学告诉我，说他打人了。是啊，一直以来，班级里有很多同学被他打，轻的把同学打得直哭，重的把同学打得带伤。每当我批评他时，他却总是理直气壮地说："我是打他了，谁让他惹我。"就是这样的一个孩子，我应该怎样对他进行教育和引导，帮助他改掉身上的不良行为呢？我仔细琢磨、细心观察、深入了解，终于，找到了他存在这种不良行为的原因。

面对这样的学生，老师要从他的需要入手，约束他的行为。作为班主任，就要善于发现孩子身上的优点，进行鼓励，才能够帮助学生自觉约束自己。在班级中，由于开展班级干部轮换制度，同学们人人都可以得到锻炼，当我宣布这个规定时，小硕也请求当班级干部。听到他的想法，我高兴地说："好，老师一定让你当。不过，我对你有一个要求，就是一定要严格要求自己，给同学们做榜样。"不是吗？无论是什么样的学生，尤其是中年级的学生，从本质上说，心灵是纯洁的，都有上进心。教师如果了解学生的心理和心理需要，从正面进行引导，就能够帮助学生克服不良的习惯。切忌在批评中反复强调他的缺点，应该多教给他与同学交往、沟通的正确方法。

面对这样的学生，我们要取得家长的配合，共同校正他的行为。由于家长在心里还存有一种想法，就是自己的孩子打同学，都是别人先惹他。为了化解家长的这种想法，我给他出了一个主意，让他利用双休日，带他的儿子和亲属家的同龄孩子，一起玩两天，看看怎么样。结果，不到一天，亲属家的孩子就求家长，快带我回家吧，我实在忍受不了了，不想再和他玩了。事实让他的父亲终于相信我的话是真的。这时，他的父亲也认识到自己的孩子是多么不合群，自己的教育的的确确是错了。

面对这样的学生，老师要时刻给他关爱，用爱去感化他的行为。作为班主任，要做班级其他家长的工作，让孩子们团结他，让他体会到班级的温暖，大家的关爱。由于他从小失去母亲，所以，在他的心底，是十分渴望别人的关爱的。所以，即使是他屡次犯错误，我也总是耐心说服他、教育他，让他感觉到老师对他的关爱。即使他还是时不时犯点小毛病，我也让同学们多谅解他，同时，引导他学会和同学相处的正确方法。渐渐地，他的朋友多了，他好动手打同学的次数也减少了。慢慢地，小硕真的就再也没有打过人！

是啊，教育是一个漫长的期待过程。教育需要细心、耐心、爱心和恒心。我期待着小硕一天天成长，我也相信，在老师悉心的呵护下，他一定会健康快乐地成长。

倔强的小女孩

纪海燕

教师作为学生的良师，不仅要懂得科学的教育方法和管理艺术，还需要将心理教育、德育创新与学科整合相结合，搭建一座与学生沟通的桥梁，用自己真诚的心，作为钥匙去开启学生的心灵，建立一条思想相通、情感交融的通道，让沟通在师生之间发挥神奇的魔力。

我班的女生琪琪，性格孤僻，不愿意和同学交往，全班一起做游戏时，她总要求退出，问她为什么不玩，她只说不喜欢玩。严重的是，她把这种态度带到了学习中，表现在上课不与老师配合，不管什么课她都一门心思画自己的画，也不和同学一起读书，回答问题轮到她也不理睬，好像课堂上的一切与她无关一样。

面对琪琪这个特殊的学生，我犯愁了。通过了解，我知道了琪琪在幼儿园时就是这样的性格，其他小朋友都不太和她一起玩。我想这样肯定是不行的，于是我开始想方设法改变她。下课时我多次找到琪琪，和她聊聊天，由无关的话题慢慢地扯到学习上，从她的话语中，我虽然没有找到她这种态度的原因，但让我肯定了一点，那就是她是爱学习的，并且也很喜欢我。这样我就更纳闷了，既然爱上学，那为什么抵触上课呢？我开始感觉到事情的严重性，开学将近一个星期，琪琪还没有进入状态，继续这样下去，我担心她厌倦学习。我很多时间都在关注她，除了课间和她沟通外，上课我还注意鼓励她起来回答问题，读书的时候，我也要求她必须和大家一起读。我竭尽全力地想要让琪琪融入班级里来。可是，她还是让我失望了，上课依然不听，做游戏依然退出。

有一次，我真的生气了，做游戏她要求退出我不允许，还批评了她几句，琪琪委屈地哭了。做游戏过程中，我暗示班里几个女生主动和琪琪搭档，开始琪琪还有些别扭，不肯配合，慢慢地她被同学们带入到了游戏中，脸上渐渐有了些许笑容。游戏结束后，我若无其事地带队回班，发现琪琪也高高兴兴地和同学们一起回来了。我依然没有说什么，但我心里在暗暗高兴，经历过这次，琪琪应该知道了老师不喜欢以前琪琪的状态，我想她也应该感受到大家对她的关怀，也能体验到和大家一起玩耍的乐趣。从那以后，琪琪比以前有了很大的改变，上课不再画画了，虽然有时还是会不按照我说的去做，但我感觉对她这个特殊的孩子不能操之过急，应该慢慢来，她毕竟还是一个孩子，需要一个转化的过程。

之后，为了进一步帮助她，我又联系到琪琪的妈妈，从妈妈的口里，我得知了琪琪更多的信息，原来她在家里也是这样，谁的话也不听，主要原因是奶奶的溺爱。另外，我还知道一个令我想不到的事情，那就是琪琪每天放学回家后还常教邻居家的一个小女孩学习，当她的老师。听到妈妈这样说，我感到很惊喜，这证明琪琪是非常爱学习的，并且她肯定也学到了一定的知识，自己没有知识是不可能教别人的。我和琪琪妈妈说了她在学校的情况后，家长也感觉到了事态的严重，表示一定配合老师帮助孩子进步。得到家长的理解和支持以后，我的工作就有动力了，我相信我会改变琪琪。

以后的日子中，我能明显感觉到琪琪的进步，上课时她的眼神就向我证明老师和妈妈对她的教育她听进去了。于是我趁热打铁，上课时不时对她微笑，还有意创造机会让她回答简单问题来鼓励她，在回答对几次问题得到我的表扬之后我发现她回答问题时的声音放大了，越来越有自信了。课后我依然坚持和她沟通，并在空闲时间给她补课，她的进步越来越快，看到她脸上的笑容我也高兴得不得了。记得有一天，琪琪给我打电话，提到我在她的作业本上奖励一个小贴画的事，她的语气很开心，我对她说，以后表现好得到的小贴画会更多。现在的琪琪，在我的眼里是非常好的一个小女孩，同时我也相信，琪琪会越来越好的。

真诚是真，是与人交往的基石；真诚是善，是与人交流的情感；真诚是美，是与人沟通的桥梁。通过自己的亲身经历和体会，我明白了，只要教师能够用自己真诚的心和无私的爱和学生沟通、交流，也会得到学生真诚的爱，最终达到"亲其师，信其道"的效果。

铭记被遗忘的深情

王轩

一天中午，我正准备去食堂吃饭，才走到办公室门外的走廊上，我前面突然出现了一个小男孩，小个子，神情挺激动。

我不知道他是怎么闪到我面前，更没有察觉到他什么时候伫立在这里，我以为自己撞到了他，连忙抚着他的肩膀，问他："你没事吧？"他却一脸兴奋地看着我，吞吞吐吐地说道："王老师好……我没……事，就是想告诉你我是二年级四班的学生小帆……"他边说边指着自己的小脸蛋给我细看。"我是四班的学生，那个……二年级的小帆"，他一边指着自己一边又重复了一遍刚才的话，好像是怕我记不住或者怕我忘记似的。而我，当时心里想着，得抓紧时间吃饭改作业抽查学生的背诵，然后下午去参加教研活动，我只是漫不经心地看了他一眼，连名字都没有听真切，就没心没肺地说了声："哦……好，那么，再见……"小男孩似乎有些尴尬和难为情，落寞地转身迈着脚步离开了。

我心里隐隐的不安。直到走到一楼大厅，我突然意识到：他是特意跑过来确认事实的，特意等我想跟我聊天的，特意为了让我想起他。我终于想起来了，他是我上次讲公开课试讲的班级的学生，上课的时候回答问题非常积极，而且还主动上台给大家分享了自己的经历，我还给了他一个大大的拥抱，他课后激动地告诉我说我是第一个拥抱他的老师，他还主动问了我的名字！虽然课前他们都以为是一个代课老师来试课，可是他记得我，找到了我！而我，那么淡漠健忘！我终于想起来了，刚才他应该是在去食堂吃饭的路上，走过我的办公室而遇见了我，他停下了脚步，暂时忘了吃饭特意等我聊天。他转身的落寞的身影还在我的脑海里回荡，我觉得自己为了所谓的急事琐事而忽略了最珍贵的深情。一节课，一面之缘，你能把我记在心里，我却遗憾地健忘了。

面对那么真诚执着的你，我却把你遗忘了。我要弥补这个遗憾，于是我快步走进食堂，找到了那个落寞的身影，轻轻地坐在了他的身旁……

你是老师眼中最可爱的孩子

王轩

人们常说教师是太阳底下最光辉的职业，人生在世，虽不能轰轰烈烈、荣耀千古，但也应该光明磊落，生活上有所追求，事业上有所成就，只有这样，才能用辛勤书写自己的人生华章，才能用一颗颗汗珠孕育自己的人生音符，谱写美丽的生命之曲。我立争做这样的谱曲人。

"老师不经意的一句话，可能会创造一个奇迹；老师不经意的一个眼神，也许会扼杀一个人才。"登上三尺讲台，转眼间，从事英语教学工作已经十余年，有许多事情我都淡忘了。可是，一个人，一些事，像树根一样深深地扎在了我的心里。多年来为人师表，讲述着自己的感人故事，虽没有惊天动地的故事情节，但也有印象深刻的故事情景。

自从我接任五年组英语教学工作以来，一个特殊的孩子引起了我的注意。他长得非常好看，浓浓的眉羽之间透露出一种果毅的神情，让人看上去很是喜欢，他就是五年五班的王欣。

在我的印象里，一直以为他是一个腼腆、老实、优秀的小男孩。可谁知，没到一个学期问题竟出在了他的身上。

我的课堂向来都是以愉悦的课堂气氛来完成的，课上孩子们可以和我唱英语歌和做游戏。又是一节英语课，当时班里气氛很活跃，我喊了一句"Attention!"要求大家坐好。等大家都坐好之后，我意外地发现他居然端端正正地坐在了桌子上。我和同学们向他投去了疑惑的目光，而他呢，却若无其事地对我说："您只让我们坐好，又没说坐哪儿……"事情来得如此突然，完全出乎我的意料。但这件事似乎只是一个开始，接下来的日子里，他的种种行为使我感到头疼与费解。

他的"恶习"也随着时间的推移而暴露了出来。上课玩文具，吹口哨，和同学说话，拉女同学辫子，下课追赶打闹，作业不完成，字写得龙飞凤舞……太不可思议了，如此老实的他怎么就这么叛逆，这么不听话。我为他着急，替他惋惜，要知道他完全可以在班里成为一名很优秀的学生。这种断言并不是凭空说出来的，而是我的眼睛告诉我的。

久而久之，同学都开始远离他，不和他一起玩，别的学生还拿他开玩笑，说他是"精神病"。他的性格也变得孤僻了，放弃了学习，语文课勉强听课，数学课不学，英语课感觉有趣了就听一会儿。

他在上课的时候，总是低着头，不停地摆弄手中的物品，下课的时候，也常常自己躲在一边玩，他的头低得更低了。

面对像王欣这样的学困生，我决心帮助他找回自信，让他感受到学习的乐趣，也让其他的学生不再歧视他。

我知道要想改变现状，首先要去留心观察，注意孩子的一举一动，一言一行，把观察到的汇集在一起进行分析，找到促使他犯错误的原因。机会终于来了，有一天，学生们反映他的位子里有很多撕成大方块的纸，而且都是从没用过的本上撕下来的。我把他叫过来问清了此事，原来他想做一些"Babycard"。"Babycard"是我用来奖励积极回答问题和表现出色的同学的一种卡片，同学们非常喜欢，上课时总是争先恐后地举手回答问题来获得奖励。原来王欣是想发给同学们，因为没有纸不得以撕了本子。实际上，他自己因为不听课而一张也没得到过。我知道了事情的原因，不但没有批评他，还表扬了他，当着全班同学的面夸他思想上有进步，并教会他做"Babycard"的方法，还帮他做了几张，上面盖上了有"奖"字的印章。看着自己的想法终于得以实现，他高兴极了。我趁热打铁，和他约定，如果上课时能认真听讲，不乱动，不违反课堂纪律，我就奖励一张给他。结果我的第一步成功了，他果然老老实实地坐在那里。接下来，他由坐不住板凳变得老实听课，由不学英语变得认真跟着大声朗读，成绩也终于及格了。

大扫除的时候，有些贪玩的学生，总爱悄悄地溜出教室。这时，王欣总是非常认真地对我说："老师，我不是值日生，我留在教室里行吗？"我问他："你为什么要留在教室里呀？是不是想帮助同学们值日呀？"王欣用力地点着头，我看着他那憨厚的脸，亲切地笑了："你是老师眼中最可爱的孩子！"这一句话，王欣听懂了，他开心地张着嘴，跑到教室后面扫起地来，这个高兴的笑容一直到扫除完了，也没有从他脸上消失。以后他经常在教室帮助同学扫除，抢着擦黑板，这一件件小事让王欣找到了自信、自尊。老师的鼓励和赞扬，也让其他同学们对他刮目相看。每节英语课上我都向他一次次投去赞许的目光，不停在表扬他爱学习。我发现，王欣真的爱学习了，他也和其他同学一起玩了。

通过对王欣的帮助，也使我获得了一名教师看到后进生取得进步后的那种内心的幸福感。我永远忘不了，当我说"你是老师眼中最可爱的孩子"时，王欣同学那一脸天真稚气的笑容。

老师的鼓励和赏识就是孩子最好的动力。作为一名教师没有能力点燃火种，但绝不能熄灭火种！面对眼前同样充满好奇和天真的孩子们，要珍惜，更要努力让每一个孩子的心中充满阳光，让每一个孩子在爱的抚慰下快乐成长。这件事让我知道了要懂得在孩子的缺点中发现那一点点优点，并用无微不至的师爱呵护着他生命中的那一点点光！而那一点点不曾被扑灭的光，总有一天会洒成满天的星星照亮着我们。让孩子体会到成功的喜悦，促使孩子健康快乐地成长。我想，这就是教育的魅力所在吧！

让"特殊学生"发光

贾淑惠

钱某是我们班的一名男生，他长得高高的，但因为学习不努力，成绩很不理想。最令我头疼的问题是他爱调皮捣蛋、欺负同学。短短的课间十分钟里，他拿同学的铅笔、弄翻别人的铅笔盒、扰乱同学玩游戏，还把好几个人给打哭了。同学气得哇哇叫，他却得意扬扬，这样一个"调皮鬼"，该如何"治"他呢？

为此，我先调查了一下学生的家庭情况，从他奶奶那了解到了一些情况：他的爸爸和妈妈离异了，后来法院把他判给了他爸爸。他爸爸也不管孩子，他一直是奶奶接送上学的。那他为什么爱欺负同学，经常要搞破坏，调皮捣蛋呢？探究其原因是他是个"特殊学生"，他渴望受到关注、受到重视，渴望成为老师和同学心目中的重要人物。于是他用调皮捣蛋这种特殊的方法来引起同学和老师的注意。

于是，我做了尝试：我聘请他当小助手，每个课间休息，帮助老师整理粉笔、收拾讲桌、拿送教具……他欣然接受。一天下来，他做得很好。我就乘机表扬他，还奖励他好几个五角星，他笑了，显出一副认真而激动的表情。在之后的日子里，我经常安排他新的任务，让他帮助处理班上的其他事情，如看见垃圾篮里垃圾满了就及时倒，帮老师搬牛奶，等等。每一次他都能认真地完成，并且不会埋怨。

慢慢地，他变了，成了勤快、惹人喜欢的孩子。随着我的不断鼓励，他也在不断进步。

通过尝试我发现，对于这种学生，简单的批评教育是没有什么效果的。一味的责骂只能使他产生逆反心理，而且会越来越糟糕。只有透彻地了解他的心理需求，加以不断引导，在教育的过程中，尊重他、表扬他、激励他，他就会不断地努力。换种方式对待这些"特殊学生"，他们便会发"光"，便会放射出灿烂的"光芒"来。一个好教师，就应设法让他们发光、发亮！

第二章

教师成长路

第二章　教师成长路

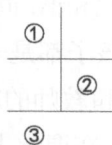

①张雪龙校长给教师培训

②教学研讨活动

③师徒结对

　　建设一支结构合理、思想素质好、业务水平高、学有专长、教有特色的教师队伍，实现教师队伍素质的动态提升，是学校工作的重中之重。各教研组会开展丰富多彩的教师竞赛活动，如"三字"比赛、教师演讲比赛、同读一本书比赛、教育札记比赛、青年教师赛课等活动，加强教师间的交流，让整个团队更加和谐。学生方面也会有写作比赛、口算比赛、书法比赛、朗诵比赛等特色活动，丰富学生的生活。学校为了加强教师的理论学习，提高研究水平，促进教师专业化发展，积极开展主题研讨，这是集体力量的展示，也是"和美教师"的教研风采。

第1节　我眼中的大北曲

我眼中的大北曲

王轩

　　2012年8月27日，我第一次踏进大北曲小学，学校给我的第一印象是窗明几净、环境优美。在接下来和大北曲小学相处的日子里，我渐渐地感受到了大北曲小学的魅力并且深深地爱上了它，因为这是我参加工作的地方，更是见证我成长的地方。大北曲小学的教师团队充满了和谐，洋溢着欢乐；大北曲小学的学生饱含着快乐，承载着理想；大北曲小学的点点滴滴都饱含着幸福的味道。

　　大北曲小学的教师团队是一个团结和谐的团体。在工作上，每一位教师在自己的岗位上尽职尽责，对于学校的事务大家齐心协力、团结协作，因此学校的每一项工作都能有条不紊地进行。在生活中，大家都互相关心、互相照顾，就像一个大家庭一样温馨和谐。没有爱就没有优秀的团队，没有优秀的团队就没有优秀的个人。正是因为每一位教师都懂得爱和团队的真谛，我们学校的教师团队才会如此和谐；正是因为教师团队如此和谐，同事之间的关系才会如此和美。

　　每一个孩子都是一棵正在茁壮成长的小树苗，他们的成长需要爱的滋养，更需要我们学校和教师的精心呵护、用心培育。在大北曲小学的每一个学生的脸上都能感受到快乐。在课堂上，每一位教师都努力为学生打造和美课堂，营造轻松、和谐的课堂氛围，使学生愉快地学习知识与技能，给予每个学生发现美、创造美的机会和能力。在生活中，每一位教师都努力成为学生的知心朋友，深入每一个孩子的内心世界，了解他们的所思所想，真正体会他们的精神需求，成为他们精神上的聆听者。

　　学校开办了各种各样、各具特色的社团活动，比如独轮车社团、舞蹈社团、音乐社团等，这些社团为每个学生提供了无限的学习和发展空间。在社团中，学生不仅学到了更多的知识、掌握了更多的技能，他们也交到了更多的朋友、收获了更多的快乐。同时，学校努力为学生营造充满活力与温馨的校园环境，其中班级的板报、走廊文化墙以及班级的书橱都是展示学生特长以及班级文化的重要载体，更是学校文化的重要载体。通过这些载体，学生可以尽情地去学习未知，探索奥妙，放飞理想，拥抱快乐。

我眼中的大北曲是和谐的，是美丽的，是生机勃勃的，是充满希望的。在以后的日子里，大北曲小学的每一位教师和学生会用自己的智慧和力量开创大北曲小学美好的明天！

我眼中的大北曲

赵薪钞

如果用一个字来形容大北曲小学，那就是"美"。不仅是因为学校"和美"的办学理念，还在于学校"环境美"和教师"心灵美"。

优美的环境总能陶冶情操，在优美环境中工作总会让人心旷神怡，怡然自得。我眼中的大北曲就拥有这样令人心旷神怡的环境。

在大北曲的校园里，四季飘香。春天有樱花、杏花绽放枝头；夏天有蔷薇、石榴花含苞待放；秋天丹桂飘香，还有菊花星星点点，点缀着校园。有人把我们老师比作辛勤园丁，无私奉献只为桃李满天下。在大北曲的校园里，桃李早已是累累硕果。

移步室内，我们会发现教学楼里文化氛围非常浓厚，可以说"每一面墙，每一级台阶都会说话"。在每一个走廊，学校安排了"梦想花园"让孩子们可以坐下来看书。在走廊的顶上，挂着很多手工作品。每个走廊都有不同的主题，手工作品也是各式各样，让人看着感觉非常温馨。文化渗透在点点滴滴，楼梯的每一级台阶也是很好的载体。在通往不同年级的楼梯台阶上，贴着这个年级适合读的书籍名字。一年级的《没头脑和不高兴》《大卫上学去》……二年级的《棉婆婆睡不着》《夏洛的网》……每个年级都有非常多的书目。育人不一定靠说教，"蓬生麻中，不扶自直。"在这样浓郁的文化氛围中，孩子也会潜移默化地受到影响。

优美的环境中，工作着一群有着美好心灵的教师。在这个团队中，没有竞争，只有共赢。每个教师总是心往一处想，劲往一处使。作为一名新教师，我非常有幸能加入这样团结的像家人一样的团队。

在大北曲小学，同事之间的帮助都是发自真心的。记得刚来学校第一年，领导第二天要听我课，这是我来到学校第一次被听课，虽然也很紧张，但是却无从下手。无意间把这件事告诉师傅，师傅一听我什么都没准备，开始替我着急。师傅先告诉我这节课要讲什么内容，怎么去讲，还打开课件一边跟我讨论一边帮我修改。当时自己非常感动，在师傅的帮助下，我顺利地完成了教师生涯中的第一节公开课。在大北曲小学，同事之间不需要讲太多华丽的话，大家之间的情谊就是这样用行动来证明的。

在大北曲小学，有领导，但又没有领导。虽然他们在领导的岗位上，但是他们从来不会摆领导架子，更多的像朋友一样跟我们开开玩笑，听听我们工作上的牢骚，为我们排忧解难。还有我们敬爱的张校长，她有时候更像知心姐姐，在工作中给我们指引方向，帮助我们避过激流险滩，殊不知她自己背负了多少重担。

大北曲小学真的是一个人杰地灵的学校，来到这里所见之处都是美的。很荣幸在我刚踏入社会时遇到这些人生导师，在老师们的身上我看到了脚踏实地奋斗的姿态，而我也立志向他们学习用汗水和努力书写自己工作的答卷，成为一名合格的"和美人"。

我眼中的大北曲小学

尹娜娜

提起"书香四溢"这个词，我不禁会把它与学校联系在一起。每到周一，学生们就要穿上整洁的校服，背上书包，穿梭在学校与家的两点一线之间。而我，作为大北曲小学的一名年轻班主任，也会早早地来到学校，站在教室门口迎接我的孩子们。学校在你眼中是怎样的存在呢？是能够让自我沉浸在知识的海洋里，还是沐浴在温暖的友谊中呢？

我眼中的学校既是婀娜多姿的，又是诗情画意的。春天，校园里的树木抽出新的枝条，长出了许多嫩绿的叶子，小草也偷偷探出自己的小脑袋，好奇地打量着这个世界，奇妙极了！夏天，校园里热极了，茂密的大树伸出片片叶子变成一把把绿伞为我们遮挡阳光，课间可以坐在大树下的板凳上避暑，还可以看书。秋天，一阵风吹过，一片片叶子从树上飘落下来，像精灵一样在翩翩飞舞，落下来的树叶，铺满了校园的林荫小道，像软绵绵的地毯一样，美丽极了！冬天，一场雪过后，一夜之间整个校园银装素裹、玉树琼枝，树木和小草盖上了厚厚的棉被，我们走在雪地上，发出"咯吱""咯吱"的声音，有趣极了！当教室里传来朗朗读书声时，窗外的风儿念着："淅淅沙沙。"窗外的小鸟也在跟着念："叽叽喳喳。"校园里的大树陶醉地听着，小花、小草随着大家有节奏的朗读声，摆出优美的姿态。

我眼中的学校既是活泼的，又是热闹的。上课了，课堂上同学们回答问题很活跃，一双双小手举得很高，一张张小口说：叫我，叫我！回答的问题一个比一个精彩。下课了，寂静的操场一下子变得热闹起来。同学们在操场上扔沙包、踢毽子、跳绳时的呐喊声，赢了比赛后的笑声汇成了一部美丽的交响曲。"丁零零"，上课铃声响起来了，许多同学都意犹未尽地走进教室，开始新的知识畅游之旅。

我眼中的学校既是严厉的，又是生气勃勃的。严厉在于学习与纪律，它承载着学校领导与家长们的关怀与期望。生气在于充满活力，这里不仅仅有孩子们的活蹦乱跳，又有着老师对童真的向往；既有着你拍一我拍一一样充满童真的话语，又有着天马行空的壮志豪言。这里承载着孩子们对未来的憧憬与梦想。在这里，随处能够感受到小孩子所独有的活力；在这里，严厉与生气相辅相成，一起构筑着属于我们的、独特的精彩篇章。

我眼中的学校既有纪律与约束，更有关心与呵护，这里的老师会给予孩子们悉心的指导，指出孩子们的不足，并耐心地陪伴他们改正。正因为这样一群认真的老师，才使这里到处弥漫着爱与关怀的味道。

一群用心的老师成就着一所用心的学校，一所用心的学校成长了一批批用心的你、我、他。和而不同，各美其美，这是我们一直践行的目标与动力。这就是我眼中的学校——大北曲小学，这么的充满生机，这么的朝气蓬勃，这么的与众不同，这么的芬芳满园！我爱我的学校，我喜欢校园的每个角落！

我眼中的大北曲

姜凯

2017年，我们作为新教师入职了，来到了倾心已久的大北曲小学。同年，大北曲小学和桃林小学实施"一长多校"式集团化办学，城阳区首个教育集团成立了。我们身为新入职教师，倍感自豪。

张颖校长说过："办什么样的教育，培养什么样的人，首先需要提供什么样的课程。"刚来到这所学校，最让我感到新奇的是学校的校本课程"和美小镇"，这是最令学生喜爱的课程，为学生营造了一种平等和谐的学习情境、自由钻研的探索精神和个性发展的生长空间，为培养学生的创新素养提供了可能，展现了大北曲小学的和谐、精彩之美。

除此之外，学校里每一位老师兢兢业业、甘为人梯的工作态度也令我震撼不已。老师们对工作高度负责，不求回报地牺牲自己的休息时间，全心全力投入教学工作中去，精心设计每一个教学方案，认真上好每一节课，仔细批改每一份作业，耐心辅导每位学生。无数感人的故事悄无声息地发生在这里，发生在这些令我敬佩不已的老师们身上。

不仅如此，学校的同事之间也是一片团结友爱、亲如一家的氛围，老教师们阅历丰富，教育教学及管理能力强，为我们做出了很好的榜样，起到了很好的示范作用。年轻教师勤勤恳恳，勤学好问，学校也历来重视教师的专业发展，尤其是青年教师，每学期都要进行多种形式的教研活动，比如青年教师赛课、基本功大比武、集备等。通过这样多种形式的教研，教师们积极探讨，互相切磋，受益匪浅，既提高了教育教学能力，也提高了教育研究的能力，对于提高学校教师的综合素质来说起着至关重要的作用。

不知不觉间，三年过去了，我们这些当年的新教师在学校的大力培养下也都逐渐摆脱了稚嫩，变得成熟起来，无论是管理还是教学也都得心应手起来。回首这三年，我们身为"部分"，伴随着学校这个"整体"走过了许多风风雨雨，也收获了无数快乐和感动。我想，学校的发展离不开我们每一位师生的共同努力，只有每个人不断地发光发热，我们的校园才会更加"和美"；同样，校园里每个人的发展也离不开学校这个大家庭，她是我们的依靠和支撑，是我们实现人生价值的平台。

为了我们可爱的校园，为了祖国的教育事业，我们要奉献自己的力量，不求回报，用兢兢业业、孜孜不倦的精神去激励一代又一代学子。

我眼中的大北曲

杨佳

一年半前，大学毕业的我来到了大北曲小学，当我看到学校前面的那条土路，心里顿时凉了半截，可是当我走到学校的那一刻却让我惊奇无比。学校周围的环境虽然艰苦，可是校园里的一草一木却让人那么惬意，窗明几净，绿树丛生。

大北曲小学始终推崇"和美"文化，"和美"贯穿在学校的各项工作之中，正是这种"和美"让我们的大北曲小学变得更美。

一、"和美"——教师篇

大北曲小学有教职工五十名左右，这五十多名老师组成了一个和美的大家庭，大家互相帮助，各司其职，相处融洽。刚来到这个学校的时候，学校的其他同事手把手教会我怎么去做一个好老师，让我成功地完成了学生到教师角色的转变。后来，学校又来了新老师，我又尽力去帮助他们。正是学校的这种"和美"文化，让学校的这种优良传统一代又一代地传承了下来。

二、"和美"——环境篇

学校一直以来大力营造"和美"环境与氛围。整个校园充盈着健康向上的审美氛围，汇凝成一种强大的美的文化力量，和美钢琴音乐厅、艺术长廊、读书长廊、德育园地、名人名言，激发师生奋发向上；醒目的校训、班级展示墙的名言警句，昭示师生不断进取；和美的校本课程——"家艺""茶艺""厨艺"和"独轮车"，赢得了孩子们的喜欢。

三、"和美"——学生篇

走进大北曲小学，首先映入眼帘的是操场上学生嬉戏玩耍的场景，孩子们有的在跳绳，有的在玩游戏，有的在跑步。家艺室里能看到一群群小厨师在熟练地做着各种美食，茶艺室里茶艺老师在耐心给孩子们讲解着有关茶艺的各种知识，美术教室里能看到孩子们操着画笔画出五彩缤纷的世界，大北曲的孩子们是幸福的，在"和美"文化的熏陶下，孩子们快乐健康地成长着。

和美，让我们的大北曲小学变得更美了！

我眼中的大北曲

袁熙惠

2012年8月28日，是我来到大北曲小学报到的日子，当走在学校门口的那条土路上时，我的头脑中产生了许多疑问：这是一所怎样的学校呢？会不会也像这路一样，空气中充满着灰尘？

脚步已经驻足在了大北曲小学的门口，我首先环顾了一下学校的环境，顿时被这一尘不染的环境吸引住了；然后走进教学楼，认真地端详这里的每一面"会说话"的墙，体会着"和而不同，各美其美"的蕴含，感受着这里的文化氛围；接下来，我来到校长室，简短地交流后，和蔼可亲的张校长给我留下了很深的印象，我的第六感告诉我：这一定是一位不同寻常的校长，在她的领导下工作一定会是幸福的。

后来的工作经历验证了我当时的感觉是正确的。这里的领导心胸宽广、关心下属、严慈相济，这里的教职工齐心协力、团结一心、工作认真扎实，这里的学生训练有素、学习刻苦、有进取心；学校开展的每一项工作紧紧围绕"和美"文化开展。在这里，我收获的不仅仅是教育教学技能、班级管理水平的提高，更是一种工作的态度。

总之，我眼中的大北曲小学是一所朝气蓬勃、奋发向上的学校。

我眼中的大北曲

仇淑丽

2010年9月，大北曲小学实现了易地新建、整体搬迁，掀开了我校办学史上新的篇章。新建的校园总面积20014.3平方米，校舍建筑面积10467平方米，建有三座教学楼、一座实验大楼，同时配套建设了823平方米的风雨操场、650平方米的学生食堂、200米的塑胶环形跑道和篮球场、295座的综合电教室等设施，能容纳1000多个学生在校学习和生活，为有志学子走向文明、走向知识、走向科学提供了广阔的发展舞台。

学校整体设计规划科学、布局合理，拥有一流的校舍、一流的教育教学设备，现代化的信息技术装备、学科资源库和教育教学管理平台。

栽下梧桐树，引得凤凰栖。学校现有21个教学班，在校学生800多人。全校教职工46人，学历达标率100%。其中，小学高级教师16人，小学一级教师20人；有区教学能手2人。

在社会各界人士与全体教职员工的共同努力下，学校于2012年顺利通过山东省示范性学校评估验收，从此跨进了省示范学校的行列，实现了一次历史性的跨越。

搬入新校以来，在张颖校长的领导下，学校各方面发生了很多变化。大北曲成为和谐含蓄，包容奋进，拼搏向上的象征。

以和美教育为核心，学校牢固树立"让每个学生享受平等的教育，让每个学生获得全面的发展；让每个教职员工愉快地工作，让每个教职员工幸福地生活"的办学理念，在教学和育人过程中关注孩子和教师的幸福感，时时处处体现一种和谐之美。在这个大前提下，每一位教师都很注重自己的个人素养，以大局为重，人际关系简单和谐。

几年来，学校能够突显优质的办学成效，得益于教学质量的稳步提升，而教研课改则是不断提高教学质量的基石。现在教研之风在各个办公室已蔚然成风，随处可见老师们就教学问题相互讨论、畅所欲言的情景。教研组的研讨活动已经形成常规，与上海名师同课异构，区、市级教研活动的开展极大提高了教师的教研能力和教学水平。大北曲正以这种包容奋进的姿态敞开胸怀与兄弟学校，各所名校交流学习。

晨曦细雨育桃李，金秋硕果慰园丁，在全体大北曲人的精心耕耘下，学校收获了丰硕成果。

学校以英语教育为特色，2013年春天成功举办了第一届英语节。英语节上孩子们精彩的表演，流利的口语让我们眼前一亮。以英语节为契机，学校的各项艺术活动正在如火如荼地开展，鼓号队歌声嘹亮、英姿飒爽；舞蹈队队员风姿绰约、亭亭玉立；合唱队的歌声是那么的美妙，那么的婉转，那么的令人陶醉。

"接天莲叶无穷碧，映日荷花别样红。"积淀了浓厚文化底蕴与饱满创业激情的大北曲小学，正以更加昂扬的姿态阔步向前！

我眼中的大北曲

贾淑惠

我眼中的大北曲是一个充满活力的和谐大家庭，在这个大家庭里的每一位老师都兢兢业业地工作着，在为这个家庭贡献自己的一分力量。

这个家庭里的每一个老师都微笑待人，微笑工作。虽然每天的工作是忙碌的，但每一个人的心中都感到踏实有劲。我们在学着用良好的、积极正确的心态去面对自己的工作和生活，用宽容豁达的心态去面对同事，与周围的同事凝聚在一起，打造一个和美的教育教学团队。

这个学校里的孩子们也是美的学生，每一个孩子见到学校里的老师或是家长都会主动停下来打招呼，文明待人。每个孩子除了在课堂认真学习外，也会积极参加学校的各项活动，发展自身的各项特长。像是我们学校的"家艺""茶艺""厨艺""独轮车"等学校课程，给了孩子们很好的自我成长和锻炼的机会，让每个孩子都能快乐地学习，健康地成长。

和而不同，各美其美，这是我们学校一直奉行的理念，相信在我们师生的共同努力下，大北曲小学的明天会越来越好。

第2节　新教师故事

新教师作为一个特殊的群体，他们刚刚踏上三尺讲台，缺乏经验，但同时充满激情与温情，他们富有魄力地自我成长，他们与孩子的一点一滴，仿佛是一个大孩子在带着一帮小孩子，在他们身上发生了许多感人的故事，每每让人回忆起来都感动不止。

难忘的两堂课

赵梦霏

踏入教师岗位到现在，从第一次面对学生的腼腆与不知所措，到现在的得心应手，只有自己清楚背后付出了多少，也正是这些付出让我迅速成长起来。虽然到现在我上了无数次的课，但让我印象非常深刻的有这样两堂课。

第一堂课是入职之后的第一节课，当被通知城阳街道教研员宋老师和后桃林小学所有英语老师，包括仇校长都要来听课时，我内心非常紧张，虽然工作近三年，但站在讲台上面对那么多学生和老师讲课还是第一次。为了我的第一堂课顺利进行，我不断地向师傅求教，刚开学比较忙，就和师傅晚上通电话交流修改课件，我的师傅总能很容易地发现我的课存在的不足，评课能一语中的。第一堂课对于每一位新老师来说都是不容易的，为了这一节课我准备了两个周，并且上课前到教室模拟、调试多媒体，确保上课当天我会顺利使用电脑和白板。

上课的当天，当站在讲台上，面对着学生，全身心投入课堂，突然感觉也没有那么紧张。但第一堂课，总不会那么顺利，我还记得我会时不时偷偷瞄一下坐在后面的老师，看一下他们的脸色，当看到大家议论纷纷，我在想是不是我哪里做得不好，于是越讲越紧张，有一句重点句甚至忘记了板书。不仅是自己的紧张跟我作对，学生们也逐渐脱离了我的控制，课堂愈发混乱，我甚至犯了一个致命的错误——提前结束课程，提前下课，学生们撒欢一样的正要出去玩耍，被其他老师呵斥住。我知道自己做错了。

后来，我没事就会去听师傅和同级部老师的课，向有经验的班主任请教管理学生，与家长沟通的方法，也许是性格的原因，刚开始我的课堂总是一片混乱，就像没有老师在教室一样，我也在一直努力让自己变得更强大。我还记得开学一个月我因为嗓子说不出话咳嗽最终导致肺炎，但我并没有因此给学生停课，我不想因为自己的原因而耽误学生的课程。于是我只有利用上完课的时间到医院输液，自己的委屈与学生的不理解让我迷茫，但我要做的就是调整自己的心态，迎接挑战。之后，无论是培训还是听课，我都会详细地记下笔记，对于大家的评课，我也会详细地记下，因为我知道自己并不懂得如何去评论一堂课，不知道从哪些方面进行点评。到现在为止我已经攒了五本听课笔记，我也从一开始的"菜鸟"到现在有一点的心得体会，但是我知道自己的路还很长很长，自己和别人的差距也不是一点半点，从小到大，我都不是聪明的那一个，但我一直是默默坐在一边努力的人。

　　直到去参加新教师赛课，向大家证明了我的努力，这也是我入职后的一次转折。我是幸运的，是因为我做好了准备。赛课后的我其实很忐忑，虽然觉得自己讲得还算顺利，但是，总感觉别人比自己讲得好。宋老师之后对我说的话让我印象深刻，"你要相信你自己"。

　　令我印象深刻的第二堂课便是赛课后城阳区教研员蒋老师来听我的课，这堂课我也准备了很长时间，从精心设计的板书到课堂语言指令，我自己也有感觉，要比第一堂课好很多。这一节课，我全身心投入到了课堂，甚至没有再去关注有更多的老师在听我的课，因为我能感觉到自己讲得很顺利，无须再从别人的表情里找到答案，我只要做好自己，上好自己的课，关注到学生就好。课后点评中，蒋老师，宋老师以及其他所有老师的点评都让我受益匪浅，终于知道了为什么大家总说磨课能让人迅速成长，因为磨课可以解答自己的疑问，发现自身找不到的问题。

　　现在的我教学风格更多的是在模仿，并没有自己的特色与风格，今后我更要不断地学习，让自己迅速成长起来，变得足够优秀与强大。

我的成长故事

孔玉瑾

　　时间过得真快，转瞬间我已经踏上工作岗位五年了，回顾这几年自己的工作真是有经验、有教训、有挫折也有喜悦。

　　刚踏入工作时，我对周围的新环境有一种新鲜感，对新的挑战有一种兴奋感，可当我在工作中实践时，却不是我想象的那样，孩子们年幼无知，琐事不断，真所谓"学校无小事，处处都是大事"。而且每件事情都要我们做老师的亲力亲为。又由于我刚参加工作，不是太熟悉初中各方面的教育教学工作以及一些日常生活琐事等，所以刚开始我并不怎么适应这个工作。

就在这时我迎来了进校的第一次重大"考验"——教学大比武，对于一个"新手"来说难免会感到紧张，尤其是我还从来没有正式上过课，所以紧张之余不免还让我感到措手不及。从选课一直到上完课，我都处于精神紧绷的状态。不过在这段时间也使我看到了许多老教师对待工作的热情、勤奋、努力，使我感触颇多。我从这次"大比武"中学到了在书本上学不到的知识，这次的这种工作态度使我原本盲目的道路找到了方向。很多老师说"教师的职业是一种良心活"，对此我感触颇多，我开始改变自己对待这份工作的态度，我每天平静地去面对工作中的点点滴滴，遇到烦琐的事情我不再皱眉头，尽量微笑着去对待每一个学生，每一件事。

古语云："己所不欲，勿施于人"，做老师的就要事事为学生做表率。我们学校每年都举行秋季运动会，可是我们班的学生体育方面不行，所以只有争取"精神文明队"，我除了让同学们积极排练方队花样外，还让他们回家写广播稿。可看到同学们写广播稿的积极性不是很高，我便灵机一动，我说晚上回家我也写，并且写二十篇以上，看看谁能比我写得多，同学们一听，积极性空前高涨，回家都写了很多。通过同学们的努力，我们班在运动会中获得了"精神文明队"的称号，同学们都特别开心。

踏上三尺讲台，也就意味着踏上了艰巨而漫长的"育人之旅"，教师就像那默默奉献的绿叶，时时刻刻衬托着鲜花的娇艳。作为一名教师，我们都应有默默无闻的奉献精神，甘为人梯，像"春蚕"吐尽青丝，像"蜡烛"化成灰烬。当我们挑灯苦熬，精心备课，辛辛苦苦传授学生知识，却发现他们的热情不高，眼神不够渴望；当我们认真投入，对他们晓之以理，动之以情，却发现这些调皮的孩子依然我行我素，对此我们会有说不出的恼火、伤心。

但几乎与此同时，这些孩子又能让你欣慰和感动。记得有一年冬天，感冒的学生特别多，当时还剩几天就要期中考试，我很着急，天天为学生消毒，打扫教室卫生、拖地，当时觉得身心俱疲，压力很大，终于我也病倒了。为了不耽误教学进度，我白天上课，晚上打吊瓶。可就是这样，我的嗓子还是哑了，几乎说不出话。身在异乡的我感觉很无助，可就在这时孩子们的行动让我欣慰和感动，我所教的两个班的学生都纷纷给我送来药和祝福，让我的心久久不能平静。想到同学们实际上也是如此关心爱护着我，我又何必如此大骂他们，伤了他们爱我的一颗心呢。

在这几年的教学中，我逐渐感悟到人生的哲理：以积极乐观的心态对待生活是成熟的标志。我的教育生涯还很长，在今后的教育教学工作中，我将立足实际，努力工作，发扬优点，改进不足，多学习多思考，在平凡的教师岗位上"认认真真做人，踏踏实实工作"，不求最好，但求更好！

我的成长之路

姜凯

2015年8月，我考上教师了，这个好消息给这个炎热的夏天带来了一丝丝凉意，梦寐以求的三尺讲台的愿望终于要实现了。

对于大多数人来说，我总被认为是幸运的一个，因为毕业就考上了教师。但是，我的心里面，对于刚刚踏出校园的我，更多的还是恐慌。突然之间就从学生转化成教师，似乎还是有点不适应，时间是最好的见证，经过接近一年的锻炼，我慢慢喜欢并热爱教师这个职业。回首这一年的教学工作，有经验、有教训、有挫折和喜悦，更多的还是感恩和学习。

2015年8月31日，我第一次踏进了大北曲小学的大门，成了学校的一员，融入了这个充满活力的大家庭。在没来这里之前，我幻想过很多次，我可能会教几年级，分配结果却是意料之外，我教二年级数学并担任二四班的班主任工作。对于这个结果我很吃惊、很担忧，对于一个刚刚毕业的新教师来说，有能力担任这些工作吗？即使心里面有过无数次的担忧，但我行动上从未有过退缩。我在心里暗暗告诉自己，我是一名新教师，就该多学习、多锻炼，经过一番心理斗争，我调整好心态，开始了教学和班主任工作。因为在毕业之前有过一学期的顶岗实习，所以这个过程并没有自己想象的那么困难。新教师要随时做好被听课的准备，上学期我被听过四次课，每次听课对我来说都是一种成长。

还记得第一次听课，是全校的教研课。我很早就开始准备PPT、教案、教具等一系列上课所需要的东西，也在心里面默默想过教学场景，就是为了让自己在上课的时候不那么紧张。从开始上课到结束，我都处于神经紧绷的状态，没有平时那么自然，因为从来没有上过公开课。通过这次教研课，让我受益良多，学校的其他教师认真负责地进行评课，指出我的不足，教给我教学方法，给了我许多建议。在此之后的教学过程中，我积极改正不足，努力克服自己的口头禅，让我的教学过程更加流畅、自然。教研室的老师也来听过几次课，每次都会根据我的教学过程提出不同的建议，我也在以后的教学过程中慢慢采用。经过接近一年的锻炼，我在教学上有了一定的进步和提高，少了初来时的迷茫，更加多了一份自信。

除了教学之外，我还担任二四班的班主任，对于班主任这个工作，我感到很惊讶，甚至是有些害怕。对于班主任的工作我完全是没有经验的，也没有学习过如何当一个班主任，仅有的是我自己从小到毕业后班主任留给我的印象，就这样我接手了这个班级。作为一个新教师，从我初接手班主任这个工作，这一年走来是坎坷的，也是收获颇多的。我曾为问题学生的表现烦得焦头烂额，也曾为师生共同努力而获得的荣誉兴奋得手舞足蹈。随着时间的流逝，我和孩子们由陌生到熟悉，甚至有了难以割舍的情感，其中的苦辣酸甜只有自己能够体会。

二四班的学生行为习惯整体比较好，在前两个星期各方面都做得比较好。但是到了第三个星期，打扫卫生就变得比较懒散，我想不出彻底治理的方法，只知道在语言上教育，但对于他们来说，语言起不了任何作用。我就去找我的师傅商量，她告诉我，让我把每件事都给他们示范一遍，这个方法果然不错。对于二四班来说，最大的一个问题就是学习，学习气氛死气沉沉，很多同学不完成作业，我绞尽脑汁想方法，请教有经验的老师。对于那些经常不完成作业的学生，我采取表面上冷落，私下和家长沟通，让家长和老师一起监督他完成作业的方式。我把学生当作小大人，当作朋友，虽然有时候他们在我面前很随便，爱开些玩笑，但是这种氛围真的很好。在大家的共同努力下，我们班获得了运动会的团体第一名。我们班也有问题学生，张波就是其中一个，我接手的半学期里，他几乎不做作业，上课也不认真，半期考试考得一团糟。我把他叫到办公室，根据他的家庭情况给他分析，找家长谈话，每天提醒他，期末考试他终于有了一点进步。这学期开学时，我当众表扬他，把他调来第一排，明显感觉他在数学上比上学期好很多。对于学生思想和行动上存在的反复性，我要做的是在学生反复犯错的过程中，用正确的引导、无私的关心、足够的耐心带领他向上进之路迈进，而不是把他抛弃。赠人玫瑰，手有余香。学生是一个特殊的群体，他们渴望尊重与关注。我的班主任之路，经历了困惑，收获了感悟，是幸福之路，收获之路。

在接近一年的历练中，让我对教师有了一个新的认识，教书真的是教良心，用爱教书，用心教书。回顾这一年的路程，无论是深是浅，都是值得回忆的经历。

仰望幸福的星空

贾亭亭

时光荏苒，光阴如梭，在大北曲小学已经工作两年有余的时间了，从两年前踏进这里，学校"自立立人，自美美人"的办学理念就深深地影响着我，我把它作为一条教学准则践行于自己的教育教学工作中。

一、和谐阳光，做幸福教师

作为一名青年教师，我的教育教学经验十分欠缺，感谢学校的"师徒结对"活动，让刘爱红老师成了我的"师傅"，为我在教育教学方面指点迷津，每节课我都会和刘老师一起商讨教学策略，她帮我理清文章的重难点；在班级管理方面，刘老师耐心细致地为我介绍每个细节的管理方法，例如路队应该如何站，站路队时我应该站在哪里看着，当孩子犯了错误时应该如何处理……每天我们生活在一起，工作在一起，刘老师每一个鼓励的眼神，鼓励的话语都让我信心倍增，更有热情去做好自己的工作。办公室的其他老师也给予我生活上和工作上的关怀和问候，有时在教室里因为孩子的学习和纪律而心情不好，每每回到办公室都会被其中的愉悦氛围所冲散，在这样的工作氛围中，我真的感到很幸福、很知足。

另外，学校与上海万航渡路小学的交流活动也让我收获颇丰。2012年的3月份，我有幸与张校长及几位骨干教师走进了上外静小的学校，聆听名师上课，学习学校的管理经验等，短短几天的行程，让我看到了一种崭新的教育教学风貌，我也借此契机改进了自己的教育教学方法。每次与上海学校的活动，我都带着十分激动的心情去参加，满怀期待地从中获得教育教学的良方。

在如此和谐和上进的教师团队中工作、学习，我会感觉自己的每个细胞都灌满活力，我也相信每个人都会和我一样感同身受，我们都在幸福工作、幸福生活。

二、专家引领，做快乐自己

教师是学生心目中的重要人物，是学生认同的楷模，在师生日常接触中，最能发挥潜移默化的作用。而且，心理健康的教师能通过教学历程影响学生，使学生的心理也健康发展。

教师心理不健康就不能正确理解学生的行为，更无法巧妙地处理学生问题，轻则影响师生关系，重则可能伤害学生心灵。因此，为了更好地教育学生，教师自己首先必须是心理健康的人。

张校长和学校的领导团队十分注重培养教师的心理素质和工作状态，为我们请来了"乐知教育"培训的徐晓东老师和北京的培训专家。

在培训中，几位培训老师都让我们放下人民教师身份所固有的性格特点，回到人性最初，解放了我们身上的束缚和压抑，为我们的生活减压，让大家看到了生活中真实的自己。在培训的过程中，大家聆听着别人的感动，也感动着自己的感动，原来，生活中我们错过了很多沿途的风景，培训让我明白身为人师更应该与生活贴近，与孩子们交心，做一个有心人。

三、共同进步，做良师益友

在班主任工作中，我积极探索班级管理和学生自我教育的有效方式，制定了系统严格的班级管理制度。根据学生特点组织开展了一系列丰富多彩的主题教育活动，做到了寓教于乐，注重启发学生的主动性、创造性，培养学生的自我管理能力。根据学校少先队的中队活动安排，我积极组织学生开展丰富多彩的班队活动，把爱国主义教育与"学十佳""学雷锋"等活动紧密结合。

"爱生如爱子"是师德的一个重要体现。只有热爱学生，才能去关心他们的成长，才能去教书育人，才能尊重学生人格、引导学生成才，真正为学生树立一个模范的榜样，推动学生全面发展。"如果一个教师把热爱教育和热爱学生结合起来，他就是一个完美的教师。"只有在实践中，才能依靠自己的师德标准去潜移默化地影响每一位学生，从而在教书育人中感受一份愉悦，一份成功。在良好的师德中体现自我的存在，实现自我价值。

教育需要仰望幸福的星空。从教育的高度理解幸福，教师对自身、学生、社会和国家的责任和无私奉献是幸福的重要标杆。当学生因学习的快乐而感到幸福，当老师因工作的愉悦而感到幸福，我们的教育就是幸福教育；当家长因孩子的成功而感到幸福，社会各界人士因为有让人民满意的教育而感到幸福，这便是我们最大的幸福。我们会沿着这条教育的幸福之路继续走下去。

一个关于爱的故事

仇淑丽

我是一名英语教师，转眼间已经工作十五个春秋了。回首这十五年的教育之路，我没有什么轰轰烈烈的壮举，更没有值得称颂的大作为，可是从事英语教学一直是我的乐趣。我爱着我的学生们。

记得我踏上工作岗位的第一年，在课堂上，我不厌其烦地一一指出及纠正学生所出现的各类错误。当时班上有几名男生，由于接受能力弱一点，纠正的次数甚至达到四五次。我有时候心里一着急，还免不了批评几句。一段时间后，我觉得课堂上哪里不对劲，怎么气氛越来越沉闷，我陷入了沉思，找了学生谈话后才知道原因：是我过分"周到"的纠错，挫伤了他们学习英语的积极性和信心。试想，若是自己在学习时，老师也是不停地打断、纠正，怎么不会感到气馁和受伤呢？怎么还能积极愉快地学习呢？学生的心理压力很大，处于紧张焦虑的状态时，所学的知识是不会被吸进大脑。在总结这些教学失误之后，我不禁思索着补救的方法。在平时的教学活动中，我不再吝啬对学生的表扬和激励，因为我越来越体会到：希望得到别人的肯定是每个人的天性，更何况是孩子。一句积极的评价就是鼓舞孩子奋发向上的强大动力，孩子建立了信心，对待各种事物的态度就会愈加积极。现在，我从学生课堂发言积极、热烈讨论的活跃气氛中，得到了满意的答案。

从那以后，我常常微笑着、耐心地听完学生回答，并且及时制止其他同学的嘲笑，保护学生的自尊心和学习英语的积极性。在不久的英语课上，我就享受到了孩子们明亮的眼神和专注的学习精神。我也乐滋滋地倾听着、享受着师生之间的这种其乐融融的情景。

感恩从生活细节开始

孔玉瑾

古语有云，"不当家不知柴米贵，不养儿不知父母恩""滴水之恩当以涌泉相报"。

印象中有这么一个小女孩，她的脸上常常溢满了笑容，仿佛没有任何事情能够难倒她，她的笑容感染着身边的每一个人。原来，她的可爱源自她拥有一颗懂得感恩的心。

那一天，她脸上可爱的笑容消失了，换成了一张愁容满面的小脸。她走到我的面前，告诉我："孔老师，对不起，我把我的数学练习册弄丢了。"看着那张快哭了的小脸，我不忍说出任何责备的话。问了原因才知道，原来是因为家中的弟弟不听话，乱翻了她的书包。我没有过多的责备，只是把自己的练习册送给了她，并让她这次一定要好好保护，做作业的时候一定要更加认真。

转眼期末就到了，当我早已把这件事情给忘记了的时候，她却给了我一个惊喜。她给我写了一封感谢信，信中感谢了我对她的教育，并提到了这件事情，她说因为我对她的宽容，让她更加努力地学习，也因此学会了宽容他人。

我看着写得密密麻麻的信纸，忍不住留下了感动的泪水。可能有人会说，我的泪水太廉价，但我的内心真的翻滚不断。一件在别人眼中不值一提的小事，或者理所当然的事，在她的眼中却充满了感激，并通过自己的方式表达着自己的感恩之情，现如今又有几人为之？可能没有人能理解我当时的激动了。

那是一种获得成功后的喜悦，那是一种种子发芽后的快乐，那是一种成长后的幸福。

最珍贵的记忆

尹娜娜

从参加工作开始，我就一直做班主任。有人认为我是教数学的，同时兼任一个班的班主任，而我感觉我是一个班主任，同时兼任数学老师。如果我只是一个普通简单的数学老师，我的教学生活应该是无波澜的静潭，有了做班主任的日子，日子就是一间狭小拥挤的厨房：陈杂百味和捉襟见肘是其中常见的场景，忙活一阵后，端出一盘盘可以犒劳自己菜肴。

在我眼里，每一个学生都是一朵含苞待放的花蕾，作为班主任，我们有责任让他们都绚丽地绽放，特别是那些"带刺的花蕾"，我们更应多一些关爱和呵护。当了十四年的班主任，遇到过很多的"小刺头"，在他们身上，发生过许多令我辛酸也令我感动的故事。其中有一个故事给了我永远的鞭策和启迪。这是发生在我刚参加工作时的一个故事，当时我接任的是一个毕业班。面对个头和我差不多高的四十二名学生，我心里总有这样的感觉：他们怕我这个老师吗？常言道"棍棒出孝子，严师出高徒"，我必须严厉点，要镇住他们。于是就想用严厉的面孔、严厉的批评、严厉的惩罚来使学生折服。当时班里有一个出了名的"捣蛋大王"叫小洪，他学习成绩差，经常没事找事欺负同学，搞恶作剧，全班同学都惧怕他。一次，他又打了班里的同学，我不由分说将他揪到办公室，火冒三丈的我对他一顿狠狠地训斥。没想到，他不但不服气，还理直气壮地顶撞我，感到颜面尽失又忍无可忍的我打了一下他的肩膀。谁知他居然骂骂咧咧地冲出了办公室。当时我被气哭了，感到自己受了莫大的委屈和耻辱。

这件事之后，我对他冷若冰霜。而他上课再也不听我讲课，经常变着花样给我捣乱，导致我在上课时总是发脾气，而对于我的大发雷霆，他根本就无动于衷，一副满不在乎的样子。下课后，他变本加厉地欺负同学。他每天都给我繁忙的班级管理和教学工作带来更多更大的麻烦。当时，我对这个孩子既讨厌，又无计可施。

可后来的故事却改变了他，更醒悟了我。那次，我打开抽屉拿作业本，发现抽屉里有一张字条，上面写道："老师，你一定非常非常讨厌我、恨我吧，但我不讨厌你，因为我知道你恨我这块铁不能成钢，可我讨厌你对我毫不留情的训斥，讨厌你打了我那一下。"课下，我把这张字条读了很多很多遍，内心深处有一种说不出的滋味，更有一种难以名状的感觉。一张字条惊醒了总想给学生"下马威"的我，该是我好好反省的时候了。我决定找小洪同学好好地谈一谈。

那天晚上放学，我和这个我一直讨厌的学生进行了一次和颜悦色的谈话，这是我第一次非常亲切地和他说话。在谈话中，我首先向他道歉，不该用粗暴的话语伤害他，更不该动手打他。对着我改变的新面孔，他有些不自在，又好像有点受宠若惊，一改往日那副蛮横的样子，向我承认了自己的错误。说自己捣乱、欺负同学都是故意的，原因就是对我不满，想对我报复。他很真诚地表示以后不会这样了。还十分诚恳地对我说："老师，我喜欢今天的你，相信我也会喜欢以后的你。"最后还问道："老师，我给你惹了那么多麻烦，你还会喜欢我吗？"我当时毫不犹豫地回答："我会，我会把你看成我最好的朋友。"

这件事已过去多年了，但一直珍藏在我心底。这张给了我教育的纸条我也一直珍贵地保存着，它时刻鞭策着我以后的班主任工作，时时提醒我最可恶的孩子也有他最可爱的一面，每个孩子都是鲜活、灵动的个体，有着各自独特的性格。只有理解了这一点，才能去尊重和热爱自己的学生。作为一名班主任，应用自己的和颜悦色，用亲切的目光，用慈爱的双手给每一个学生以自尊、自信、关爱和鼓励，只有这样，学生才会"亲其师，信其道"。同时，更让我明白了，作为一名班主任，必须热爱自己的学生，尊重自己的学生，理解自己的学生，只有这样，教师才会变得眼明心亮，才会成为学生喜欢的好老师。

因为有了这个事情，在以后的班主任工作中，我以火热的情怀辛勤工作，以平等、尊重和真诚的爱心去打开每一个孩子的心门，不让任何一个孩子成为遗憾。现在，我又接任了新的班级，面对的是一群天真无邪的低年级的孩子们。在纪律上，他们都很听话，不用我去花费太多的心思，可在学习上，有几个学生却让我感到很棘手，他们总是跟不上课。每次考试，他们的成绩有的十几分，有的几分，有的甚至零分。虽然如此，我对他们也没有放弃。因为我知道，放弃了一个学生对一个教师来说，不过是放弃了百分之几或百分之十几的希望！而对于一个家庭来说，放弃的却是百分之百的希望啊！我始终坚信一句话"只要功夫深，铁杵磨成针"。我利用自己的休息时间为这几个学生补课。早晨，我总是第一个走进教室；放学了，空旷的校园里剩下了我和班里的这几个学生；双休日，我经常打电话到这几个学生家里去家访，访问他们在家的学习情况。我以赤诚的爱心对待我的这些孩子们。严寒冬季，由于学校条件的限制，破碎的玻璃窗不能及时更换，冷风不时地从窗外刮进来，孩子们被冻得直打哆嗦。看着孩子们冻僵的小手，冻红的小脸，作为班主任的我怎能不心疼？我便自己花钱买了塑料布遮住窗外的寒风，买了门帘，挡住门外的冷气。

一分耕耘，一分收获。十多年来，我所担任的班级考试成绩一直名列前茅，我也得到了家长的认可，领导的好评，学生的信任。被先后授予优秀教师、骨干教师、优秀班主任的称号。但所有的成绩和荣誉都已成为过去，"路漫漫其修远兮，吾将上下而求索"。在以后的工作中，我会继续努力，不断向新的目标迈进。

第3节　在活动中成长

和美教育集团非常重视年轻教师的成长，本着教学相长、互帮互助、相互促进、共同成长的目的，进一步促进年轻教师教育教学能力的不断提高，充分发挥骨干教师"传、帮、带"的指导作用，打造一支阶梯形专业教师队伍，学校每年都会举办师徒结对活动、教师大比武活动。此外，学校还坚持"请进来，走出去"，让更多的教师接受培训，不断提高教师素养。在这一过程中，全体教师在磨练中成长，在历练中绽放。

学习，美的遇见！
——赴成都学习心得体会

解玲丽

如果说，纳兰性德的"人生若只如初见"是最美的遇见。那么，对我而言，每一次的培训学习都是最美的遇见！能够被学校推荐参加成都培训学习，我感到非常荣幸。这次培训活动，内容丰富多彩，富有趣味性，使我受益匪浅，为自己今后的语文教学汲取了营养。

一直以来，我对语文阅读教学和写作教学疑惑重重，在培训过程中，我有幸聆听了各位教育专家、名师的讲座，专家指出：在作文教学中不要急功近利，要加大"投入"，引导学生进行大量的阅读和讲究策略的写作训练。专家们的话语如同春风，吹散我心中的疑惑，让我茅塞顿开，使我认识到好的语文老师和单纯教语文课的老师带给学生的绝对不是同一个世界。与我们学校优秀的语文老师相比，我觉得自己的语文课堂没有深厚的积淀，缺乏"语文味儿"。这次学习，专家们为我解决语文写作内容与方法指明了方向，在接下来的教学过程中，我将汲取专家们的营养，丰富自己的语文内涵，有意识地引导学生阅读，培养学生的阅读能力，拓宽他们的思维，提高学生的语文素养，切实把阅读与写作抓出"硬"水准。

在培训期间，为我们做讲座的很多名师都是中青年教师。给我的感觉是：他们虽然很年轻，但他们很博学！我应该好好向他们学习。也有个别老师年龄不小，但看上去完全没有"岁月不饶人"的痕迹，我想这或许是因为他们无比热爱自己的职业，时常与学生在一起的缘故吧！这些名师站在台上，本身对我们就是一种激励。

在这里，我真诚地感谢这次美的遇见！通过这次培训，我的思维方法与教学观念都有了转变。引用专家的话共勉："教师专业发展没有过去时，也没有将来时，只有进行时，永远在路上。"让我们坚定地相信，变是永远的不变，走在教育的大道上，不断学习、适应时代的变化，终将遇见我们华丽的盛典。

成长中的点滴故事

张美兰

我与张校长的相知相识应该是从2010年，张颖校长担任大北曲小学开始，张校长身上有一种对学生、对教育深深的爱，对社会、对百姓高度的责任心、使命感，她身上的这股干劲给我留下了深刻的印象。可以这样说，张校长对待教育事业的这些品质一直在影响着我，感染着我，我一直把张颖校长当成自己成长道路上的引路人和榜样。

记得有一次我们一起去上海静安区第一中心小学学习，每一次去学习都是一次历练和成长的过程。张校长就像一位家长一位长者，循循善诱一路指引着你前行。每一次我们去学习参观后，当天晚上我们是必须展开研讨的，要把今天我们参观和学习的感受以及自己的一些具体想法都要进行沙龙研讨。有一次张校长是带病带领我们去参观学习的，自己的行李箱中还拿着好几包已经熬制好的中药，我们几个老师知道后，就跟张校长说："张校长您休息去吧，这一天的参观和学习已经够累了，我们几个自己交流一下就行了。"

张颖校长却说："没关系，我能坚持，我感觉我现在有很多想法，我看到静安一中心小学发展得这么好，我感觉咱们得动起来了，我们要对我们社区的老百姓、家长们、学生们负责，我们必须要把学到的、看到的知识和方法，与我们学校的特色进行融合，找到适合我们老师和学生发展成长的良好契机，把我们学校打造成家长放心、学生向往的一所学校，我在自己生病的时候，躺在病床上的时候，也会想得很多，可是一走进学校就把什么都忘了。"这样的话语朴实无华，可足以令我感动，肃然起敬。在张颖校长人格魅力的感召下，全校上下都动了起来，认真负责地做好每一天的工作。

我自己深受张校长的影响，不断地去刻苦钻研业务。自己的工作受到了领导、家长和同事们的一致好评，先后被评为"青岛市最美教师""城阳区优秀教师""城阳区巾帼建功标兵"等荣誉称号，公开课和论文获区、市、省级等奖项。由于自己肯吃苦、肯钻研，所以自己的业务素养和教学水平得到了不断提升。作为一名级部主任和教研组长，自己一直以来都是高标准、严要求，以身作则，率先垂范，带领我们团队老师们做好学校交给我们的每一项任务。为了激发学生学习的积极性，我带领着教研组的老师们一起潜心钻研教材，精心设计每一节课。课堂教学始终以营造轻松、活泼、合作、上进的学习氛围为出发点，以学生为中心，用学生乐于接受的方法来教学，多年的教学积累和经验让我的教学自成一家，自有风格。我始终坚持，好的教育应该简单、纯朴，不忘初心，让每一个孩子成为最好的自己。

师傅的精彩课堂

赵薪钞

2017年，我来到了大北曲小学，学校安排我教二年级语文。由于是刚毕业不久参加工作，对一切都不熟悉，也缺乏经验，正当自己着急之余，学校举行了师徒结对活动，张老师就成了我的师傅。每周我都要去听张老师的课，吸取经验，有一节课让我至今难忘。

在一节语文课上，张老师讲了一篇课文，提出了一个问题，问题一落便有同学举起手来，张老师叫了平时非常愿意发言的同学。但由于他的发言出现了一个小小的失误，所以其他的同学便急不可耐想替他纠正，手越举越高，甚至站起来，走出座位，不断地高喊："我来！我来！"由于当时的其他学生异常兴奋，我以为张老师会叫他坐下来，让其他的学生替他补充纠正。可是张老师没有这么做，而是很有耐心地安抚了其他同学的情绪，然后鼓励刚才的同学接着回答问题，直到他说对了为止。

课后我问张老师为什么不叫其他同学回答而是要在这个学生身上耽误时间呢？张老师告诉我面对这样的情况，老师应该继续让刚才的同学回答，不然会打击孩子的自信心和积极性！

事后我在班里实验了几次，果然是这样。如果让一个发言的同学半途中坐下，之后一到上语文课的时候，他就会总是低头摆弄东西，每每提问到他的时候，他都要现看课本才能找到答案，由主动发言变成了被动的思考。

再想想张老师对我说的话，我不由地反思了一下。造成这种现象的原因就是老师没有保护好学生积极向上、主动学习的自尊心，所以在以后的课堂上学生也不敢或者不想再发表自己的看法了。

从这件事情上，我深刻地感受到教师的教态要亲切自然，要尊重学生的意见，热情鼓励、积极启发引导学生，防止学生产生紧张、局促不安的心态，让他们有足够的心理松弛感，这样才能创设宽松和谐的课堂气氛。因此，作为一名教师，应该先教育学生懂得尊重别人的发言，养成认真倾听别人发言的良好习惯，使学生能够在轻松愉快的氛围中学习。

看，和美的戏剧

江东蔚

我们的梦想戏剧团自成立以来，不知不觉间已经度过了两个年头，我们的小演员们也从最开始的六个人，变成了现在的二十四人。孩子们在排练中不断进步、不断成长，而作为指导教师的我，在带领孩子们排练剧本的过程中收获最多的，则是孩子们用一颗颗纯真质朴的心灵，给我带来的深层次的感悟。今天，我要为大家讲述一个"便利贴"的故事。

每学期的开始总是我们戏剧社团最热闹的时刻，半年一次的纳新大会让孩子们激动不已。瞧瞧，这就开始叽叽喳喳地问起来了。"老师！这学期都有谁报名我们的戏剧社啊？咱们的人手又要充裕起来了！"不用问，一听就知道这话是我们的戏剧社社长兼台柱子小悦问的，"老师！您可得好好把关啊，可不能让新进来的社员砸了咱戏剧社的招牌啊！"还没等我回小悦的话，社团里最活泼外向的小吕同学就开始按捺不住了。"拉倒吧小吕，上次排练也不知道是谁摔了个大跟头，哈哈哈。"看着周围哄笑成一团的孩子们，又低头看了一眼我手中的选拔名单，我也不禁笑了起来，这群可爱又活泼的孩子啊！这学期会是哪些小演员加入我们呢？

在纳新大会的现场，我正在感叹班主任老师的慧眼识英，推荐来的小演员一个比一个入戏的时候，一个腼腆的声音打断了我的思考。"我……叫……馨雨，我喜欢画画，还有……还有看书。"一个腼腆、害羞的声音打断了我的思考，抬头的一瞬间，映入我眼帘的是一个瘦瘦高高的，一看就很内向的小姑娘，此刻她站在讲台上说话的同时，两只手仍在不自觉地抓着裤角。"极度不自信的表现，缺乏舞台经验和舞台表现力。"眉头微微一皱，我在心里已经给这个小姑娘下了定义，看着手中的名单，康小薇，一个毫无印象的名字出现在了我的眼前。正当我在想如何婉拒她的时候，她似乎看穿了我的想法，在我话还没说出口的时候，她抢先一步急促地跟我说："老师，我喜欢舞台剧，我有信心一定能演好，给我一次机会吧！"我实在不忍心拒绝，只好暂时答应，而心里却想着这个小姑娘应该撑不了几天的。

　　纳新结束后，戏剧社团的日常训练按部就班地进行着，学生们的台词功底和角色代入感是平时训练的重点。这一天，训练的课题是女生扮演卖火柴的小女孩，而男生则是扮演买火柴的人。在其他小演员们都顺利完成之后，唯独只有康小薇在一遍一遍地重来，惹得他的男生搭档都着急了。学生们叽叽喳喳地开始抱怨，我的出现及时地制止了这场风波。再回办公室的路上，我还是不禁摇头，表现力和舞台感觉果然不是一朝一夕就能训练出来的，康小薇的基础太差，想跟上大家的进度还是有难度啊！

　　我正要去打扫音乐教室，在玻璃窗上我看到康小薇正在里面独自练习，虽然她的动作仍显生疏，她的语气仍显稚嫩，可我在她的脸上读出了一种坚持，此时此刻我真的被深深打动了。灵机一动，当天下午我用便利贴，匿名写上一些对康小薇的建议和鼓励，贴在了她的笔袋上面。在接下来的几天，康小薇开始用一种虽然缓慢却真实存在的速度进步着，而我心中根深蒂固的"天赋论"正在慢慢地动摇。半个月后的某天，工作结束后我却忘记了像往常一样去给康小薇贴便利贴，谁知道第二天康小薇拿了一张字迹稚嫩，却充满正能量的小纸条来找我，"老师，感谢您每天对我的鼓励和指导，但是这张小纸条您知道是谁写的吗？"我接过纸条，上面写满了对康小薇的鼓励，而纸条上的语气很明是我们的小社长小悦。我本来以为只属于我和康小薇之间的秘密，原来大家都知道啊！从那天开始，我便停止了继续写便利贴，但康小薇收到的小纸条却越来越多，最后足足有23张！戏剧社的每一位成员都向这个努力、坚持的小女孩表达了自己的鼓励与支持，我们的戏剧社团也变得从所未有的积极与团结。

　　"丁零零"，下课的铃声响起，戏剧社团的成员们又开始了一天的训练，看着这群朝气蓬勃的孩子们，我的心里回荡着一句话："看！和美的戏剧正像骄阳一般冉冉升起！"

一次培训，一生感悟

韩玉香

　　2019年8月，我走上了教师岗位，成了一名教师。我知道教育教学是一项任重而道远的使命，担当着社会、家庭、人生发展路途中重要的航标，说其责任重大，我们社会常常提到这是一项培养社会脊梁的神圣职业，因而称其为"百年树人"；说其细小，小到落实在我们生活中的一饮一啄，落实到生活的细节，一言一行，一点一滴，处处是教育，时时有教育。

　　从入职开始,学校就给我们提供了很多宝贵的参加培训的机会。其中让我感触最深的是张校长对我们新教师的一次培训。

　　张校长给我们讲了很多教育故事,让我们从这些教育故事中深深体会到教育的真谛和内涵。其中,薛老师的故事让我记忆犹新,感受最深。薛老师的教学生涯是从一个小渔村的代课教师开始的,当讲到她的经历时,我们每一个人都为之震撼。在那个年代,教学基础设施不齐全,教室简陋。为了让这个小渔村仅有的几名学生能够有学上,薛老师便带领学生来到海边捡拾一些废旧的塑料等,用来封教室的窗户。随着社会的发展,沿海村落的开发,薛老师前后也经历了几所学校,但是薛老师的优秀教学事迹却让我们感触颇深。

　　张校长语重心长地告诉我们,在教育面前,一切困难都是可以克服的。在出发之前,梦想永远是梦想。只有上了路,梦想才会变成挑战。也只有经历挑战,梦想才能实现。

第三章

后勤特卫队

第三章　后勤特卫队

苏格拉底说:"每个人身上都有太阳,主要是让它如何发光。"在我们的和美校园里,身边就有一批充满活力的"小太阳",他们工作在自己的专业岗位上,默默耕耘,无私奉献着,因为有了他们,和美校园里多了道靓丽的风景线。

第1节　做好后勤保障

做好后勤保障,服务教书育人

袁熙惠

学校工作以教育教学为中心,但后勤管理却是教育教学工作的基本保证,是学校工作的重中之重,是学校的"门面"和"窗口"。古代兵法有云:"兵马不动,粮草先行。"这句话客观地揭示了后勤工作的重要性。

后勤工作中,责任感、事业心、工作热情、奉献精神是十分重要的。尚丰啸老师在工作中始终做到"三勤":眼勤、嘴勤、手勤。所谓"眼勤",就是指我们对周围的事物要留心观察,要有敏锐的洞察力;所谓"嘴勤",就是多与教师沟通,多听教师的宝贵意见;所谓"手勤",就是指为教师办实事,多动手,解决教师的后顾之忧。如校舍的维护,设备的购置、维修和保养等。开学前,他提前到校,将教师用书、学生用书分好,将课桌凳配齐,将办公用具分发到各个教研组,检查学校的水电暖是否正常,将准备工作安排就绪。放假后,教师、学生都可以休息了,但尚丰啸老师基本没有假期,整理备品、整修校舍、维修桌凳等。尚丰啸老师一直把工作想在前头,做在前头,解决了教师的后顾之忧,让全体教师安心教书育人。

尚丰啸老师不仅与学校教师交往频繁,学生几乎每天也与他打交道,他的一举一动、一言一行都深深地印在学生的心灵里,举止、衣着、仪表都在学生的注视之下,因此,凡要求学生做到的,他自己首先要做到,凡要求学生遵守的,他自己首先要遵守,因为他知道,作为一名教师,这一切都在潜移默化地影响学生。比如,班级的玻璃坏了、桌椅坏了,报修多次也不见维修,长期下来,学生就会感到很失望,也会对后勤工作失去信心,认为后勤的工作可有可无。为此,尚丰啸老师总是想到前面,走在前面,做在前面，赢得了学生的尊重。并通过具体的管理措施和模范行为，让学生受到教育，培养学生爱护公物的良好风尚。

学校后勤工作与学校其他各项工作是分不开的。后勤工作是学校的一个大窗口，只有坚持以服务教学为中心，照顾一般，才能保证教育教学的必需，才能促进教育质量的提高。

谈及工作目标，尚丰啸老师谈到，要始终践行师傅王乃俊老师"您一叫，我就到，您满意，我微笑"的后勤服务原则，并争取做到"您不叫，我也到，您满意，我微笑"。要用高度的事业心和责任感，全心全意服务的态度和奉献精神，为教育教学提供优质的服务，把学校建设得更加美好，把学校后勤管理工作走上规范化，为集团不断前行提供优质服务而不断努力。

第2节　榜样的力量

榜样就在我们身边

孔玉瑾

有一种人生最美丽，那就是人民教师；有一首歌最动人，那就是教师的吟诵；有一道风景最绚丽，那就是夜灯下教师伏案的身影。

宁静致远，心路无边。教学之路上，她已走过了22个春秋，有耕耘的辛苦，也有收获的快乐，怀着一颗热忱、执着的心，追求着为人师表的人生信条，把绚丽的青春献给了自己所钟爱的教育事业。2003年被评为"城阳区优秀教师"。她，就是赵峰老师。

高尔基说过："谁爱孩子，孩子就爱谁。只有爱孩子的人，他才可以教育孩子。"所以"爱心"是成为一名优秀教师最重要的前提。赵老师就是一位这样的老师，在她的眼里，每个孩子都是天使，不论他们胖或瘦，外向或内向，都有着纯洁的心灵，都是天真、活泼、可爱的。因此，赵老师爱每一个孩子，尊重每一个孩子，同样也得到了孩子们的喜爱和尊重，家长的认可和称赞。

"学高为师，德高为范。"在她的班里，无论发生什么，她都以爱心来化解，以行动来表率：同学之间打架，她会引导孩子站在别人的立场去思考、处理问题；孩子吃凉饭肚子疼，她会用暖水袋帮孩子暖胃……孩子学习、生活等方面出现问题，她会主动和家长联系，想办法解决问题。现在她所教的这班孩子，已经跟随了她六年，整个小学生涯，这班孩子，无疑是最幸福的。她是孩子们的老师，更是孩子们的妈妈，是家长们信任的好朋友，更是家长心目中教育孩子的"专家"。看到孩子一点点的进步，她就更多了一份自信与执着。

"不止于教，更执着于研。"课堂是一片希望的田野，是她耕耘改革的沃土，课堂上她尊重学生，不管学生回答的是对还是错，她都采取适当的方法及时鼓励，鼓励他们的勇敢、鼓励他们的积极。孩子们常说：我们喜欢赵老师的课，我们更喜欢赵老师的微笑。不仅课堂教学有创新，赵老师还善于总结，潜心研究。根据多年教学经验，其撰写的论文《立足数学课堂，培养动手操作能力》在国家级刊物上发表，并举行区级公开课。

赵老师，不仅是我学习的榜样，也是我生活中的大姐姐、好朋友。在课堂教学方面，赵老师会和我一起探讨教学策略，帮我理清文章重难点，为我指点迷津；在班级管理方面，赵老师耐心细致地为我介绍管理方法，比如，路队如何站，孩子犯了错误应该如何处理等。每天我们生活在一起，工作在一起，一个鼓励的眼神，一句肯定的话语都会让我信心倍增，让我以饱满的热情去做好教学工作。我感受着她带给我的幸福，感受着一个优秀的老师给我的启迪，更体味着一名优秀教师传递的人格力量。

白云奉献给蓝天，天空才会那样的飘逸；江河奉献给土壤，大地才会那样的激荡；青春奉献给事业，人生才会那样的美丽。伟大寓于平凡之中，赵老师在一个平凡的岗位上，孜孜不倦地做着平凡的事情，用自己无悔的青春诠释着一名优秀教师应有的精神品质。做好一件小事不难，难的是把每个小事都做得精致，二十二载的雪霜岁月，她坚守在教育一线，摸索着教书育人的新方法，引导着孩子们健康快乐地成长。

这，就是赵峰老师，一名优秀人民教师的本色！

第3节 愿做发光的"太阳"

平凡的岗位,不平凡的坚守
——述说后勤老师背后的故事

尚丰啸

他,是学校24小时贴心管家,在工作中勤勤恳恳、无私奉献。

他,身兼数职,是食堂管理员、维修师傅,还是保安大叔以及学校一年四季的消防员。

他,就是大北曲小学的焦明安老师。

"我在,有事请说。"这是焦老师经常挂在嘴边的口头禅,不管何时何地,一个电话给焦老师,他总是随叫随到。

焦老师始终将学生人身安全和学校财产安全摆在第一位。每天他是第一个到食堂检查设施设备的,也是最后一个离开食堂的。不管严寒酷暑,还是凌晨夜晚,他总会适时到教学楼巡查,确保安全才回家。

有一次下午6点多,有学生急性肠胃炎突然发作,班主任是个年轻教师,第一次遇到这种事情,手忙脚乱,家长迟迟没有来接孩子。在同一办公室的焦老师得知情况后,立马跟学校反映情况,驾驶自己的车和班主任一起将学生送往医院,陪着学生做完检查,才放心返回学校。此时已半夜11点多,焦老师第二天还要迎接检查,没有时间休息,接着继续新一天的工作。

后勤部门是学校必不可少的后盾力量,焦老师的工作很平凡、很普通,但他却用自己的行动向全校师生诠释了雷锋的"螺丝钉精神"。

身边饮食人,服务身边人

张美兰

2019年9月,李正理老师担任起学生餐厅负责人的工作。在此后的2年多时间里,李老师兢兢业业、默默地为师生提供着无微不至的服务,工作成绩得到了大家的一致好评,他在平凡的后勤工作岗位上,取得了不平凡的成绩。

　　两年来，李老师一直在学一食堂最基层的岗位上默默奉献着：每天很早就要上岗为师生准备早饭，忙过早餐高峰后，又着手开始准备其他工作；就餐人少时，他就做保洁，写记录，盘库存；用餐高峰时他就在柜台为师生打菜盛饭。强大的责任心，让他把更多的精力投入到了工作中。

　　不怕吃苦，不怕受累，不等不靠，积极肯干，勤劳朴实，工作起来总是抢在人前……这是同事们对李老师的评价。饮食工作头绪多，繁杂琐碎，需要投入大量的时间和精力，但他任劳任怨，从无怨言。正是因为他对饮食工作的热爱，对事业的执着，使他在平凡的岗位上创造着不平凡的成绩。

　　像李老师这样默默奉献，扎根在后勤基层服务岗位的职工还有很多，他们用自己的汗水守护着后勤这片热土，用无声的服务换取学校师生有声的赞扬。这里有的是责任，有的是热情，有的是将平凡做出不平凡的决心和力量。

第四章
活动小插曲

第四章　活动小插曲

在和美教育集团,有一些特殊的群体,他们既是教师,同时还是各个社团的负责人兼教练。每年他们都会带领学生参加各项活动,奔走在各个比赛的路上。在这些活动中,在这些老师身上又有什么故事发生呢?

听,和美的旋律

杜云彩

合唱是对儿童进行素质教育最生动、最有效的形式,合唱使少年儿童学会合作、学会与人和谐相处。在合唱团里,通过训练发声和演唱技巧,使几十个人的声音融合在一起,就像一个完美的艺术品。合唱的"合"是核心,"唱"是基础。唱,不是随心所欲,张口就唱,要按照发声的要求调整气息、矫正口形、呼吸吐字,要按照歌曲和指挥的要求统一表现声音和情感。在合唱团里的孩子们都有一个共识:"在这里只有我们,没有我。"在演唱时孩子们不但自己唱,同时还在倾听别人的声音,达到和大家一致和谐,谁也不愿意因为自己破坏了大家共同创造的那悦耳、动听、和谐的艺术声响,这种群体共同创造的完美歌声潜移默化地丰富了他们的情感,净化了心灵,孩子们的这种群体意识,这种和谐合作的素质是在合唱艺术的特性中培养出来的。

和美教育集团合唱团根据时代精神,结合学生的年龄特点,超越学校音乐课的内容,与新时代的脉搏一起跳动选唱合唱歌曲,每一首歌都是最生动、形象的思想教育课,通过歌曲孩子们感知社会,认识历史,知晓革命斗争的历程。优美的歌词,动听的旋律培养了他们健康的情操,积极向上的精神。一首只有四个乐句的叙事歌曲《歌唱二小放牛郎》改编成混声合唱后,以故事情节编出了领唱、轮唱、合唱、无词衬腔等丰富的和声,使歌曲更加悲壮婉美,王二小的英雄形象更加鲜明。从优美的音乐旋律中孩子们理解感受到真善美。从歌曲中懂得什么是苦难,懂得人生要有理想,这是一个道德认知的过程,他们的情感融化在歌曲中,得到了升华。

和美教育集团合唱团是少年儿童成长过程中进行社会化教育的有效载体。合唱团是兴趣爱好与自愿参加组成的团队。这个群体中不同年龄的孩子都是自愿参加的,他们来自不同的年级和班级，只要爱好不转移就能在合唱团里贯穿小学阶段，持续六年之久。在这个群体里老团员带新团员，年龄大、年级高的帮助年龄小、年级低的小团友；友谊和歌声把他们凝聚在一起，每次活动大家会顺路相约结伴而来，又结伴而归，如同兄弟姊妹。在这种互相关爱的集体里，不同于家庭与父母兄妹相处，也有异于同班同学的关系，使他们扩大了生活圈子，像是进入社会的预备阶段。优美的音乐形象和愉快的友情润泽了他们的童年。他们说："岁月的流逝，卷走了许多记忆，唯有合唱的歌声和友谊忘不了！"合唱音乐培养了他们的集体主义精神和真挚的友情。这就是友谊合唱团之所以能维系几十年的真谛。

和美教育集团合唱团从成立的那天起就经常活跃在各种艺术舞台上，而且还能参加各种比赛并获得不错的成绩。我们的合唱社团不同于学校的班级集体，这完全是孩子们自愿参加，自己管理自己的群体。合唱指导老师是孩子们的指导者和朋友，这是新型教育管理的理念，深受孩子们的欢迎。指导老师的个人魅力与自我管理的学生集体，结成了亦师亦友的终生情谊，按"老孩子们"的说法，是"大姐姐，大朋友"。合唱老师没有老师的威严，孩子们敢在合唱老师的身后集体"恶作剧"。就是在学校里的"三好生"，在家里的乖孩子，在这个群体里也敢自由自在地"放肆"，孩子们在这个环境里感到自由、自主、自我、自信。

瞧，和美的舞姿

吴晓彤

"下面有请城阳区城阳街道和美教育集团桃林校区代表队上场！"终于等来这一刻，队员们迈着整齐的步伐，抬头挺胸地站上了属于她们的"战场"。"叮"一声提示音响起，随后动感十足的音乐响起来，健美操队员们精神十足，抬头、舞动、跳跃、绽放微笑，自信地向评委展示着和美少年的风采，赢来了阵阵掌声。而我在台下心里一阵阵紧张，手心的汗直冒，就怕出现意外事件，眼睛一动不动地盯着她们，看着她们转身、跳跃，完美地完成一个个动作，心里为她们加油，但是却不敢喊出来，生怕分散她们的注意力。

看着她们完美的表现，我眼眶不禁湿润起来，脑海中浮现出了健美操队建队以来的场景。9月底，我们接到了在11月8日，青岛市第28届中小学生艺术节啦啦操比赛将要举行的消息，我们决定要参加比赛，可是这个时候我们的校队还没有组建，比赛迫在眉睫，我们决定拼一把。我们利用中午午休时间开始在各个班级选拔健美操队员，一周下来，我们的队员算是找齐了，第一步已经成功迈了出去。

训练时我们发现四年级七班的几个孩子接受能力特别强，学东西快，动作也规范，我喜不自胜，感觉自己挖到了宝，可是也有几个让我发愁的学生。很快，我想到了一个办法，把四年级七班这几个好学生分散到每一排，让她们去带动学得慢的孩子，给她们做示范，当小师傅，一开始效果还不错，可是好景不长。有一天，其中一个小师傅不高兴地来找我，委屈巴巴地跟我说："老师，我想退出健美操队。""为什么啊？"我一听立马坐好，快比赛了，临时换人也不可行，而且这个孩子很优秀，我仔细想了想，突然想起来，前几天有人跟我吐槽说队里的小师傅和小徒弟最近有点不开心，我当时也没仔细想。"老师你给我指定的那个小徒弟老是不听我的，我说这个动作应该把胳膊往外展，他就是不听，一直跟我反着来，还说我教得不好，其他人也说我，我不想在队里待了。"说着有点委屈地流下了泪，我连忙给她擦干泪，安慰她："你看，你可是咱队里的主力军，马上就要比赛了，难道你不想上台证明你的实力？而且我觉得你俩之间肯定有误会，之前你可是教得很棒啊，可不能被这点小挫折给打败呀！是不是你俩的沟通存在一定问题？""没有吧"她有点底气不足地跟我说。"那你把我当作他，你来教我，我看看你教的有没有问题。""嗯，好吧。"通过她自己的描述，我发现有时候她说的话太打击别人学习的信心了。于是，我耐心跟她说应该怎样去更好地沟通，"你看，我们的校训是和而不同，各美其美，每个人都有自己的长处，你不能用自己的长处去和别人的短处比，他的动作不好，但是他的力量很好啊，我让你俩分在一组，不光是想让你教他动作，更想让你从他身上学习他的优点啊，但你看你这种沟通方式，让他不想让你教，那就更谈不上你向他学习了。"她若有所思地点了点头说："老师，我好像知道了，我再回去想想。"第二天，我看到她准时地出现在训练场上，我就知道她明白了。

一声尾音结束，比赛结束了，孩子们下场去等分区等待公布分数，我急忙赶过去，一一拥抱他们，对他们说，"你们真的好棒。"和美教育集团桃林校区最后得分249分，这时候我和孩子们开心得要飞起来了，感觉这一段时间的付出都是值得的，最后我们获得了特等奖，这是我人生中带的第一支队伍，也是第一次比赛的成绩，对我来说是难以忘记的。

妙，和美的画笔

——别让灵感从课堂溜走

江健健

课堂永远是这样一道风景：有学的、有闹的、有演的。教师要有所兼顾，力争使教育面向所有学生。教师一方面是向学生传授知识和技能；另一方面也是从学生那里获得信息、受到启发，获取教学灵感。

在小学里，美术课一直是孩子们最喜爱的课之一。每次要上美术课之前，孩子们都会跑到办公室激动地跟我说："老师，下节课我们班上美术课！"每每看到孩子们期盼的眼神，听到这样的话语时，我也不禁感到由衷的温暖与欣慰。

在我的美术课上，他们可以尽情地展示自己的才能，用自己独特的画笔来展现他们脑海中的世界。我最高兴的是看着孩子们在我的课堂上快乐地学，自由地画，与他们交流着天马行空的想法，一起与孩子们完成他们眼中的世界。这些作品无一例外地成为他们的骄傲，这时的我比他们更要高兴。因为除了作品外，我还看到了那一个个有趣的故事……

记得有一次美术课上发生了这样一件事情：孩子们正在认真地剪团花，突然有位女同学发出了"啊"的叫声。我一看，原来是一个孩子将她刚刚剪好的团花扯破了，她顿时大哭了起来，这可是她大半节课的成果呀！全部学生都向她看了过去，再看了看我，那个犯错的孩子放下手中的剪刀，胆怯地看着我。我灵机一动，拿了一张纸走了过去，嘴里说："先别动。"我拿起水粉纸平铺在桌子上，把她刚刚扯破的剪纸团花铺在纸上，用水粉笔沾了点颜色，敲打在了纸上，然后把破碎的团花拿掉，结果拍打上的水粉点正好把团花的图案显露了出来。我小心地拿起这幅即兴作品，展示给全体的学生看，学生发出了一阵阵的"啧啧"声，"好漂亮呀！"有的学生惊奇地叫着。接着我拿起画笔在画面的四周装饰上了花纹，写上了她的名字，画面就更加完美了。这时，我说道："有些时候作品就是在无意中产生的，灵感也就是在转瞬间产生的，所以，我们遇到问题的时候要换个思路想想，或许会有意外地收获哦！"

我立即改变了本课的教学内容，让孩子们趁热体验了方才的作画过程，接下来，课堂气氛更加活跃了……

我坚信每个学生都是小天使，他们都具有学习美术的潜在能力，都能在不同的潜质发展上获得不同程度的进步。让灵感教学在整堂课里灿烂开花！我喜欢我的美术课，更喜欢这些天真活泼的孩子们！

第五章

家校同耕耘

第五章　家校同耕耘

　　家庭教育和学校教育是密不可分的，再知名、再完美的学校也离不开家庭教育的配合与支持。学校教育和家庭教育就像两个互相咬合的齿轮，缺一方或咬合不紧都不可能转动协调，只有双方相互理解、默契配合才能留下完美的轨迹！

　　和美教育集团非常重视家庭教育与学校教育的完美结合，尽可能地提供各种机会，让家长走进校园，走近老师；除此之外，每学期都会有万名教师访万家的活动，家长会、家长开放日等，越来越多的家长和老师面对面交流。相信，在家校共育的同时，也会发生很多的故事。我们拭目以待。

我与家长的一次沟通案例

王轩

　　有一天，我刚一进办公室，班长就来向我汇报说："小新已经一周没有做家庭作业了！"一听我的头就大了，这个小新是单亲家庭的孩子，父亲于几年前因故去世，他的母亲带着他艰难生活。因为他的母亲不识字，家里活计又忙，平时在学习上对他管教显得力不从心。可能是这个原因，小新养成了做事懒散的坏毛病，学习态度极其不认真，经常不认真完成作业，学习成绩更是不理想。我虽然几次与他的母亲谈过这件事，但效果总是不明显。这样下去不行，我得再找小新的母亲认真谈谈。

　　下午，小新的母亲来到了学校，我把她请进了小办公室，这样说话方便一些。还没坐定，小新的母亲就急着问我："小新是不是没写作业啊？"看来她早有心理准备。"哪儿啊！"看她一脸无奈的样子，我把到嘴边的话咽了回去，"是这样的，小新最近学习上挺有进步，看他学习劲头那么大，我就想给他补补课，把他以前落下的知识点给补上，可他手头又有没有任何复习资料，我这才把你请过来商量商量，能不能给他买一本复习资料啊？"小新的母亲听我这么说，一下子高兴了起来："您说的是真的吗？小新最近真的进步了吗？"她嘴上虽然这么问，可看表情明显是已经相信了，既然如此我就接着编下去："确实是进步了，不过他的基础太差，还得好好给他补补，只要把以前落下的都补上了，小新的成绩一定会上去的。""既然这样那就麻烦您多费心了！资料买什么啊？我也不懂。要不你帮我给他买一本吧。"说着小新的母亲要掏钱，我赶忙把她给拦住了，"您先别急，我先给您看看，合适了我先买回来，您再给钱。不过以后您可得在学习上多关心关心小新。我也知道您家里家外一大堆事都是一个人忙，挺辛苦！可我们辛苦为了什么呀？还不都为了孩子吗？"小新的母亲听我这么说，不住地点头称是，我一看效果达到了，就又说了些小新的优点，让她坚信孩子是好孩子，现在要做的是对他的教育要跟上。最后小新的母亲若有所思地离开了学校。

这之后小新有了明显的变化，交作业积极了，而且一天比一天写得好，我也抓住机会对他进行了表扬，到期末考试时他的语文成绩竟然达到了八十几分。

家访小故事

纪晓燕

人们常说爱是教育的基础，没有爱就没有教育。对于学生来说，教师的爱应该像父母一样纯洁无私，让他们在爱的阳光中健康成长。

我所教的三年级学生来源广，生活困难、学习困难、单亲，思想、学业上发生大变化的学生较多，为更好地了解学生情况，我坚持上门家访，与家长们探讨了教育孩子的有效方法，走进了孩子们的内心世界。这一路走来给我的感受很深，有欢喜、有忧愁、有酸楚、有感动、有压力，也有责任。

小方是个很内向的孩子，几乎可以说有点儿木讷。但是她非常认真，属于我比较喜欢的脚踏实地、认真朴实的类型。我家访第一个去的就是小方的家里。当我和孩子说："小方，老师下午到你家去家访，你陪老师一起去好吗？"小方满怀高兴地回答："太好了！"这出乎我的意料，我以为孩子会害怕我去他家。放学后，我就和他一起回家了。到了小方家，远远就看到一个又破又旧、低矮的土房，和周围的三层楼房形成了鲜明的反差。小方的妈妈、奶奶一起出门来迎接我。老人招呼我坐下，热情地端上茶水。我顺势瞭了一眼四周，屋里墙壁有些脱落，面积不大，摆设却有序、整洁。听说老师来家访，妈妈眉宇间漾起了丝丝笑意，我感觉到她对孩子的学习和表现很自信。妈妈说，孩子由于脸上有些胎记，一直在学校都不是很活泼，孩子他爸因干活不小心伤了自己，刚做完手术，现在手术费还欠一万多元。

说到这里，妈妈叹了口气，孩子在旁早已鼻子酸酸的，奶奶眼泪也禁不住流了下来。小方忙过去给奶奶擦眼泪，一阵莫名的感触立刻涌上我的心头。我问，孩子爸呢？老人指着地头正在捡草的人说，他现在只能干点轻活，稍重一点的活都干不了。说着说着，老人的眼泪顺着那沟沟坎坎的皱纹滑落下来。我随机岔开话题，让老人给我们提出一些建议。老人说，孩子学习很自觉，成绩也还不错，最简单的想法就是让他将来能考上大学。妈妈说，孩子很听话，性格也不错，在学习上还多望老师和学校想想办法帮助他提高自信。从家长的话语中，我理清了家长对孩子的莫大期望，理解了老人一颗挟裹着一世沧桑仍不泯灭的儿孙情。半个小时的交流，我不忍心去纠缠令家长心酸的往事，在和老人的祝福声中，在孩子的殷勤期盼的眼神中，我告别了孩子的妈妈、奶奶，踏上了回学校的路。

在回学校的路上，那含泪的情景、祝福的话语、殷切的期盼在我脑海里放映。眼前孩子们稚气未脱的笑脸，求知渴求的眼眸；家长们发自肺腑的话语，对孩子的殷殷期盼，驱使我作为教育者更应责无旁贷，义无反顾地履行自己的职责和爱去呵护，用心去感悟，用身去践行。为了孩子，我不努力，无颜以对！

我的家访故事

杨佳

为了更好地进行家校沟通、联系，进一步了解学生，提高学生的学习成绩，我积极地对我们班的学生进行了家访。家访过程中，发生了许多令我难忘的故事，也让我受益良多。

初次走进这个家庭，一间小小的屋子里放了两张床，还有各种衣橱、柜子、桌子，挤得满满当当的，给我的第一印象就是杂、乱、脏。迎面而来的是小宇的妈妈，一个矮矮胖胖的女子，满脸微笑着请我坐下。端来水，拿来水果，很是热情。其实，小宇这孩子较一年级，真是进步飞跃。我很好奇，于是就走进了他们家。看到妈妈如此的热情，我就明白了小宇平时见人总是一脸笑，看到老师会主动地问好，肯定是从妈妈那儿学来的。看着破旧的桌子上放了不少课外书，我也明白了孩子词汇量的增加和课堂上流利的发言都是从书中汲取而来。和小宇的妈妈聊了聊孩子最近的学习情况，学习上不用操心，但是思考浮于表面，不爱深入思考。妈妈也反映了这样的情况，说他自作聪明、马虎大意。于是，和家长一起讨论如何改掉他这些毛病。我们决定，在学校课堂上多提问他一些深入思考的问题，督促他多看书；在家里，让他独立自主地决定一些事情，大胆地说出自己的想法。达成了家校一致意见，接下来就是付诸行动。老师和家长双方督促，有问题互相反映。一个月后，孩子的进步是明显的。现在的小宇，作业写得快又好，而且还是我的得力助手，帮我把班级管理得井井有条，还有了自己的想法。

也许，我们不能给孩子良好的居住环境，但是我们可以用自己身上的良好品质影响着孩子，在孩子的成长过程中，做一盏明灯，指引着他们前行。

　　通过此次家访，我明白了最好的教育不在学校，也不在家庭，而是家校合力，才能让一个孩子全面成长与进步。

家访故事

仇淑丽

　　家访，对我们教师来说，并不是一个陌生的词。作为联系家庭与学校的一条纽带，它发挥了无可替代的作用。家访，说到底是学校与家庭共同教育好孩子的一道不可或缺的桥梁。家访能进入学生内心，与学生共同感受，共同欢乐，共同倾听，能与之进行心与心的交流，不仅在学校，而且能走进学生的生活圈子，了解他们的另一面。

　　我的班里有个男孩，矮矮的个子，沉默寡言，总是用自己那双明亮的眼睛，悄悄地注视着周围的一切。我教了他这么长的时间，从来没见他上课时举过手，回答过问题。下课后，他总是一个人静静地在一边玩、看书，有时自言自语。有一次，我让学生写一篇描写景色的文章，看了他的文章，我强烈地感受到了他内心世界的丰富，那么美的世界里，仿佛只有他一个人存在，只有他一个人在尽情地享受，在尽情地玩耍。他的文章让我震撼，再这样下去，孩子会更加沉浸在个人的世界里，与外界拉大距离，这样对他的成长极为不利。就这样，我踏进了他家的门。原来，他的父母在他4岁时就离了婚，他一直跟着父亲生活。他父亲做生意，常年驻外，平时，他就和爷爷一起生活，因为缺少父母的关爱，造成了他独处的性格。交谈中，他爷爷的眼角一直挂着泪水。如果不是因为父母的原因，他将生活得多么幸福快乐，看到别的孩子星期六、星期天在父母的陪伴下玩耍，他总是在爷爷面前装出一副无所谓的表情，然后躲到自己的房间偷偷地哭。这些全是那个爱他，想把世间所有的美好都给他，但是又无能为力的爷爷哽咽着告诉我的。作为老师的我此时此刻只有无尽的悔恨，为什么没在平日多关心他，却让他尝到这个年龄不应该受到的痛苦？就这样，与家长之间没有华丽的辞藻，没有动听的话语，没有彼此的客套，有的只是真诚，有的只是老师与家长的共同心愿，有的只是对孩子无尽的爱。因为这个共同的目标，我们走到了一起，我们探讨了共同的关于孩子的话题。

　　这一次的家访，让我的心灵再一次受到了震撼。父母感情的好坏对一个小小的孩子来说是多么的重要，父母这种轻率的举动对孩子造成了多么大的伤害。回想孩子爷爷说的那些话，我决定在以后的日子里尽量引导他走出自我。

爱，是通往成功教育的桥梁，也是一条基本的教育原则。与家长的及时沟通，与家长之间的一次次短短的接触，一个个小小的故事，可以使我们更加了解孩子，使我们更加公平地看待孩子，使我们更加恰当地教育好孩子，使我们用期待和发展的眼光看待他们，使我们有敏锐的观察力，善于捕捉、发现他们身上的闪光之处，使他们在表扬中体验到成功的快乐，增强自尊心和自信心，在避短中看到自己的未来与希望，感受到老师的信任和期待，而这一次次感受，甚至能改变孩子的一生……

家访小故事

吕喆

小妍是个优秀的孩子，一开学她大胆而出色的表现就赢得了几位任课老师的信赖和好感，所以我毫不犹豫选了她作为我们班的班长。尤其在我的数学课堂上她总是全身心地投入，发言常常能够博得同学的阵阵喝彩。我想通过家访，一方面了解培养这样出色的孩子，父母值得分享的教育经验；另一方面期待通过家访使得在家校配合下，孩子在各方面的能力能够更上一层楼。

一进小妍家给我印象最深的就是非常整洁、舒适，看得出这家的女主人是个持家的能手。果然不出我所料，小妍的妈妈和我理想中的形象非常贴近：和善并且很有教养的样子。她那轻言细语般的话语让我的陌生感顿时烟消云散，我觉得和她交流是一种享受。到小妍家家访碰巧她爸爸出差了，为此她妈妈反复地表示歉意："他爸爸昨天还打电话让我一定要跟老师说声抱歉，老师来家访应该在家里欢迎的。真的很不好意思。"虽然我并没有见过小妍的爸爸，但是我想她爸爸应该也是个很有修养的人。

小妍是个大方的孩子，在家里跟在学校里一样的活泼。当我一进她家门的时候，她非常热情，并且双手给我端来杯子请我喝茶。从她乐呵呵的表情和绘声绘色地向她妈妈描述我在学校里上课趣事的样子，看得出她对我的到来是多么的欢迎。她妈妈坐在一边并不打断孩子的讲话，而是无限幸福地望着女儿，耐心地听着。好一幅其乐融融的母女图啊！

我首先让小妍猜猜老师来家访的目的，她像拨浪鼓一样使劲地摇头，然后疑惑地望着我。我高兴地告诉她是来跟妈妈报喜的：这次她是我们班级第一个每月之星，而且开学以来各方面的表现都让老师满意。所以，这次家访是对她好的表现的奖励。小妍那胖乎乎的小脸顿时乐开了花，并且夸张地向我鞠躬。我和她妈妈被她调皮的样子逗得笑成一团。据小妍妈妈介绍她很为有这样的女儿而骄傲，同时也很愧疚。因为小妍从小就远离爸妈身边，是她的外公外婆亲手带大。庆幸的是，懂事的小妍在爸妈身边生活的还是那么的幸福快乐。平时小妍在家里爱干家务，也很懂礼貌，基本上都不用父母操心。而且特别让她妈妈高兴的是女儿是个小书迷，别的孩子回家就看电视，而她却总是沉浸在书的海洋中。

到小妍家家访我最大的收获是她的妈妈教女有方。她妈妈给我讲的小妍在幼儿园的时候偷吃糖的故事留给我非常深刻的印象。有一次上课的时候，小妍控制不住诱惑，自以为聪明地趁老师不注意把糖塞进了嘴里。而这一幕其实早已尽收老师眼底。当时老师故意请她起来回答问题，结果当然可想而知：她出丑了。当时的小妍并没有表现出不高兴，可回家以后就开始向母亲倾诉她的"委屈"了。她觉得老师让她丢了面子。她妈妈听罢之后，没有武断地批评小妍，而是跟她讲起了道理。在妈妈的开导之下，孩子想通了，她知道错在自己，而不是老师做得不对。我深信，在这样家庭中成长起来的孩子是快乐并且宽容的。

当小妍母女俩把我送到小区门口时，她们相依相偎的身影深深印入我的眼帘，刻在我的心上。她们的幸福感染着我，在回家的路上我一直在想：用心给孩子幸福，自己也一定能收获更多的幸福。

家访小故事

崔玲

家访是沟通教师、家长、学生心灵的桥梁，是三者共处一室，促膝谈心，拉近了彼此的心理距离，有利于交换意见，也有助于达成共识，商量解决问题的办法。老师上门家访，让学生感受到老师的关注和重视，这对学生是个激励，对家长也是个触动，容易在教育方面形成合力，产生良好的教育效果。

班上有个小李同学，是个性格倔强的孩子，上学第一天就让我大伤脑筋。他从小有个随便讲话的坏习惯，做事情总喜欢用嘴巴不停地说，上学第一天我安排重点训练坐、立、行、走的礼仪规范和上课的要求。他在下面把小脑袋转来转去，我说一句，他说一句，课间奔跑严重，还不时地尖叫、怪叫。当我向他做出惩罚措施，让他去前面站着的时候，他更是耍脾气，跟老师作对，还不参加老师组织的活动、游戏，甚至偷偷背着书包想跑回家。可以说他各方面的行为都表现得与众不同，也令我头痛不已。我及时与他家长取得了联系，然而家长却是一副极不信任我的架势，不但没有指责孩子，反而说是老师没有严格管理。此时，我不仅感到气愤，更多的是委屈。在请教了有经验的老教师后，我准备进行一次家访。

在家访中，我感到这是一个文化素质很高的家庭，父母十分重视孩子的教育，对孩子有很高的期望。我想，这本身是件好事，只有家长重视、关注，教育才能有成效。于是，我向家长反馈了孩子在学校点点滴滴的表现，首先肯定了几天来发现的孩子身上的闪光点，然后逐一分析孩子各方面存在的不足以及这样带来的不良后果。我用平实的语言和真诚的爱心，使其父母对老师产生了信任感。

在家访结束前，我们达成了对孩子教育的一致意见和方法，老师在满意的微笑中离开了学生的家。在以后的一段日子里，这个学生的不良行为习惯逐步得到了改正，现已成了班中的"礼仪小标兵"。

人说教育是一项长期复杂的工程，真是没错。该学生在端正了行为习惯后，又出现了学业上的难题。学习习惯不好，上课不专心听讲，知识缺乏举一反三，成绩上不去。于是，我又一次来到了他家。了解了一下他在家的学习情况，课余生活的安排。在得知父母为孩子买了一大堆课外辅导练习，让孩子不停地做时，我告诉家长这样的方法来提高学习成绩是不妥的。首先，要培养良好的学习习惯，尤其是在家做作业。其次，在补充课外练习时，要有针对性，针对孩子的薄弱环节进行练习，要不时地激发孩子学习的兴趣。经过这次家访，该生的学习成绩有了明显提高，且能保持一个稳定的水平，老师和家长都感到由衷的欣慰。

其实，在教育孩子的问题上，家长和老师的愿望是一致的。而发生不愉快的事情，往往有多方面的因素，上述的事例一是学生刚入学，对学校生活没有适应；二是家长和老师之间缺乏沟通、交流，在教育方式方法上有不同的想法。因此，家访是一种很有效的解决途径，能搭起家长和老师心灵沟通的桥梁，使双方相互了解，形成最有效的教育方法。

让家长和老师们为了教育事业美好的明天而共同努力吧！

小笔头·大宇宙 —— 家长篇

①幸福爸妈俱乐部

②开学第一课

③家长志工团

　　学校的发展离不开家长的支持和配合，孩子的成长过程需要家长们的参与。因此，每年学校都会提供亲子相处的机会，比如，亲子运动会、入队仪式、"玉兰杯"读书节、家长开放日、一日教师体验、阳光午餐、家长义工等活动。每当这个时候，校园里都会多出一道靓丽的风景线。

　　接下来，我们一起听听家长们的心声吧！

同阅读，共成长

金皓然家长

　　时间匆匆流逝，不知不觉孩子已经上三年级了。从最开始只会看简单的绘本，到现在能一口气读完一本厚厚的故事书，并且能与我一起分享故事心得，我真正感觉到了孩子在阅读方面能力的提升。

　　记得孩子很小的时候，还没有识字，甚至连拼音都还没有学习，就对文字和阅读表现出很大的兴趣。每次带着孩子上街，他都会一次次地问我街道边的广告牌上是什么字？什么意思？怎么读？他一遍遍不厌其烦地问我，我就一次次耐心地告诉他。然后，我发现，孩子在学习拼音之前，就已经能认识一些简单的汉字了。

　　孩子对阅读的浓厚兴趣从小一直保持到了现在，不过与以前不同的是，最近，我也一起加入了阅读的行列中，与孩子一起进行亲子阅读。在阅读的过程中，不仅孩子收获了许多知识，作为家长，我也学到了很多东西，感受到了亲子阅读的魅力所在。

　　首先，亲子阅读使我和孩子有了更多的共同话题和交流的机会，它成了我和孩子之间沟通的桥梁，我们在阅读时可以一起探讨书中曲折离奇的故事情节，一起感叹书中小主人公的机智勇敢，也可以一起为有勇有谋的书中英雄喝彩。一起阅读，一起分享，能够让孩子说出平时不易说出的内心的真实想法，这对孩子的教育也有着积极的作用。有时候，当孩子做错了一件事，比起像以前那样千篇一律地给他讲大道理，现在的我学会了运用我们阅读过的书中的情节，或是主人公的经历来对他进行教育，这不仅不会让孩子感到反感和不耐烦，还会让孩子感同身受地理解，更好地听取我的教诲，从而达到教育目的。

　　其次，孩子通过亲子阅读也收获了很多知识，孩子本身就对阅读怀有浓厚兴趣，但是这几年由于手机、电脑等电子产品的普及，孩子年龄又尚小，很多时候抵制不住诱惑。但是，开展了亲子阅读后，我们都约定要少看电子产品，每天保证一定的阅读量，这让孩子不再对电子产品执着，每天回家写完作业第一件事就是拿最近新买的书开始阅读。所谓"读书破万卷，下笔如有神"，阅读对孩子的积极影响还体现在他的写作上，记得三年级刚开始学习写作的时候，孩子感到有些吃力，往往需要我在一边陪同并提出建议才能写出作文。但是现在，随着孩子阅读量的提升，他的写作能力也提升了许多，他会将书中的好词好句运用到自己的作文中润色，并且对于写作也产生了自信心。

"读万卷书，行万里路"，阅读真是人生中不可缺少的好伙伴，不论我们工作有多忙，都应该留出阅读的时间给自己和孩子，与孩子同阅读，共成长，让书香气息常伴家中！

美好的十岁

宁夏家长

美好的十岁，像鲜花一般美好的年龄。宝贝你十岁了！从第一声啼哭的出生、到蹒跚学步、到现在的成长，妈妈一路见证了你的勇敢和变化，心里满满的感动和感恩。从小小的你成长到现在快撵上妈妈个子的美少女。你的身体里总是有无限的能量，总能给我们不经意的惊喜和意外。聪明的小脑瓜里每天都会有很多的奇思妙想，憧憬着童话故事的美好，让我们的生活丰富多彩，有滋有味。

十岁是人生成长过程中的一个关键，是心智成熟的一个开始。十岁的你已经懂得关心体贴父母，知道如何安排自己的学习，管理自己的时间。十岁的你还会有成长的烦恼，希望你能做事之前深呼吸三秒，事情总有解决的办法，看看你能不能找到捷径。十岁的你有独立的个性，但希望你能控制住自己的脾气，温和待人，做个能自控的人。十岁的你已经长大，但希望你永远保持一个快乐的童心，快乐地学习和生活。时间在不断地前行，下个十年我们一同前行，以朋友之心相交。下个十年你已经成人，妈妈已经老去，期待你下个十年的变化，我们一起来见证我们未来的十年！

亲子运动会有感

安宁远家长

天公作美，热情洋溢，今年有幸参加大北曲小学的秋季运动会，真切地感受到了孩子们的成长，孩子们的朝气蓬勃。虽然参加完运动会已经有一段时间了，但仿佛还沉寂在那天的情形中，回忆里满满的都是洋溢着幸福笑脸的孩子们。

早晨，一进校门随处可见孩子们天使般的笑脸。一切准备就绪，活动还没正式开始，操场上已满是青春的色彩，甜甜的笑脸，着实让人激动。置身于这样的环境，心中自然洋溢起一股浓浓的亲情，温馨至极。八点半，所有运动员开始入场，进行检阅。在主持人充满激情的话语带动下，我们的孩子迈着有力的步伐，在老师的带领下，组成一队队方阵，缓缓步入运动会场地。国旗队的宝贝们走在队伍最前列，他们迈着整齐的步伐，护卫着庄严的国旗，爱国情结从此时在幼小的心灵扎下了根，看他们多神气。所有方队入场后，升国旗，奏国歌，全体师生、家长行注目礼，这一刻庄严而肃静。

比赛开始了，游戏项目丰富多彩：亲子接力赛、顶球、呼啦圈、两人三足等，比赛一项接一项紧张有序地进行，孩子们和爸爸妈妈用心投入，配合默契，老师们分工明确，倾尽全力。欢笑声、呐喊声此起彼伏，细心的爸爸妈妈们用相机给孩子拍下了难忘的精彩一刻。我有幸和孩子参加了"亲子顶球跑"项目，从孩子报名时的兴奋到练习时的认真，赛前的忐忑、紧张，再到最后比赛的超常发挥，取得优异成绩的自豪和享受。"给我金色的童年，让我快乐每一天，一篇一页一滴一点，都是幸福的纪念，金色童年美丽世界，我的小脸我的表演，都留在镜头里面"，我想说你的一点一滴不只是留在镜头里，而是深深刻在父母的脑海里。见证了孩子的努力和成长，分享了孩子的快乐，激动的心情仿佛自己回到了童年时代。

亲子运动会的核心价值在于促进亲子间的相互了解，增进亲子间的感情交流，从而使孩子身心健康，茁壮成长。通过学校搭建的平台给予了我们一种很融洽的沟通方式，培养了孩子的参与意识和合作意识，在孩子的心里种下了集体荣誉的种子，增强了孩子的自信心，同时还增强了孩子与父母之间的情感沟通以及家长们之间的沟通，让孩子真正体会到了运动中的快乐。在这次运动会中老师们从孩子的兴趣出发，精心设计了丰富多彩的游戏项目，促进孩子乐观主动、团队合作的精神。孩子通过密切配合顺利完成了活动内容，并取得了四人接力第一名，"亲子顶球跑"第二名的好成绩，让孩子在运动会中学会了合作，学会了分享。学会了为别人加油呐喊、品味成功，感受到了运动之乐，健康之美。

学校为孩子们带来了全方位的成长机会，是他们快乐童年的重要组成部分，在他们人生的启蒙阶段起到深远的好处，感谢所有的老师们！

大手牵小手

付雨格家长

时光荏苒，还没来得及细细品味宝贝的幼儿岁月，她就背起小书包走进了期待满满的小学校园，一切从崭新的期待中开始。

开学不久，便迎来了宝贝人生中的第一次运动会。别有趣味的运动会，让我们这些新手摸不着头脑，却跃跃欲试，同时也掺杂了许多的猜测和紧张。

我和宝贝抢了一个"头顶运球"的比赛名额。其实在体育方面，我觉得自己还是比较差的，但为了鼓励我的宝贝能更快地融入这个新环境，感觉自己也是拼了。

到了现场比赛，才知道具体是怎样进行的。家长和孩子头对着头，把球夹在中间，手牵着手，不能碰球，一致行动，将球从起点运到终点，用时最短者获胜。

轮到我们比赛的时候，我拉着宝贝的手，在起点认真地研究怎样能把球夹得更牢固。宝贝的眼里，除了第一次参加运动会的兴奋外，就只剩下紧张了。我也感觉心跳加快了好多。我将掌心里宝贝的那双小手握了握，希望能带给宝贝一些安定，赶走她的紧张。也希望用我的这双手，带给她鼓励，让她勇敢、坚定。当我再次握了握掌心里的那双小手时，宝贝抬起了明亮的眸子看向我。我微微一笑，扬了扬和宝贝攥在一起的两双手，轻轻说了声"宝贝，加油"。宝贝会心地笑了。猝不及防的一声哨响，让脑袋瞬间抛空，心里只有一个字"冲。"我拉紧宝贝的小手，冲她喊了声"跑"。在自己还没缓过神来的时候，已经冲过了终点。有小朋友过来拉我们说"这是第一名"。我和宝贝还是一脸的茫然。现在想想，还觉得不可思议。回过神来，宝贝的小手依然攥在我的掌心。当旁边老师登记确认我们真的是第一名时，宝贝扬起她的小脸说："妈妈，我们真的是第一名吗？"我微微一笑回答了一声"嗯"。真的很意外。这次宝贝撒开了我的手，开心地鼓掌、跳跃："我们第一名哎"。看到宝贝那样开心，我的微笑也不由自主地保持了好久好久。

作为第一名的奖励，宝贝得了一个书包。回到家里，宝贝抱着她的奖品开心地说："我们赢咯，我们赢咯。"说完，放下她的书包，又跑过来拉着我的手说："妈妈，下次运动会我们还参加好吗？"我用拇指揉了揉她的小手说："宝贝，只要你开心快乐，妈妈愿用自己的大手牵着你的小手，与你一路同行。"

当我穿上护导服

张益铭家长

"同学们，请排好队。"

"过马路，请注意红灯……"

每经过大北曲小学上学放学时段，各个路口都有几位手拿黄色导旗，身穿荧光背心的老师和家长志愿者。

护导中有年轻的爸爸妈妈，也有爷爷奶奶。今天我也有幸成为其中一员。当我穿上护导服时，突然感觉自己担负起一种责任，内心有一点小激动，我也可以为孩子们做点事情了！想起家长们常常念叨的是："高高兴兴上学，平平安安回家。"此时此刻我才真正理解了这句话的真谛。

我们一边维护学生上学放学的安全，疏导周边路口交通秩序，告诉孩子，红灯时不能过马路，不断观察周边环境防止孩子们乱穿马路，防止车辆抢行乱停；一边引导开车接送孩子的家长们遵守行车安全，教导违反交通安全的孩子和家长遵守交通秩序，忙得不亦乐乎……

短短的半个小时好不容易过去了，我们的护导工作也结束了。我这才知道看似简单的护导工作，其实并不像我想象得那么容易，更何况平时老师还要给孩子们上课、批改作业、备课，管理班级。有了今天的体验，我要对老师说一声："谢谢您，辛苦了！"有了老师的守护，孩子们上学和放学时更加从容、安全、快乐。家长们每天只是匆匆忙忙接送孩子上学放学，与老师的沟通也就那么有限的几句话，对学校的教学生活还有许多的未知。

而今天的护导体验，让我对孩子们的学习生活有了更多的了解，更加真切地体会到了老师们的辛苦与责任，也让我对老师的这份职业有了更多的理解和尊重。我想说，感谢各位辛勤的老师们，您为孩子们的成长进步付出了太多的心血和努力，您陪伴他们度过了最美好的少年时光……

今天我护导

郑睿博家长

有幸穿上"蛋黄派"的队服穿梭在校门口与马路上，参与欢迎和护送"小花朵们"，我感到满满的幸福感与使命感！

花田似的校园被点缀得五彩斑斓，显得生机盎然，教学楼在翠绿欲滴的树儿和娇羞欲语的花儿的装饰下，更平添了一份勃勃的生机，形成一种人工美与自然美的景色，孩子们在这种环境下汲取知识，太幸福了！

时间飞快，短短的一个小时转瞬即逝，但留给我的印象是特别深刻的。我觉得有时间观念、淡定从容地应对相对紧张的早晨太有必要了。

护导过程中我发现，七点半之前到的同学，整个人都是充满朝气、面带微笑的，跟护导老师和家长志工问好也特别有精神；而七点四十以后到的同学就显得步履匆匆，面带焦虑，因为要迟到了，跟护导老师和家长志工问好也显得不够真诚，直奔校园。这让我又想到那个吃西红柿上学的孩子！

话说学校大门将要关闭的时候，一个四年级的孩子边吃西红柿边往校门口走，因为不符合规定，我在校门口叫住了那个孩子，询问后得知：上学路上碰到一个手脚不利索的爷爷骑着脚蹬三轮车摔了，他过去帮助老爷爷，老爷爷送他西红柿作为感谢！他就这么边吃边走忘记了上课时间。我摸着孩子的头说："你懂事也很善良，助人为乐是对的，得为你点赞，但你也要有时间观念……"但愿孩子能引以为戒，未来做更好的自己！因为守时是一种美德，合理安排是一种能力，至善是一种态度。

花儿与少年

陈思宇家长

人间四月天，佩戴红领巾的时日才是真正的四月天，那是不复再来的黄金时代。作为你的父亲母亲，我们庆幸这样如花的陪伴。

冬去春又来，迄今是又一个盛夏，花儿盛绽在你每日往返学校的路上，你在繁花满簇的日子里成了一名少年，知晓责任傍身的小小少年。孩子，每当晨起上学时瞥见在镜子前认真地系着红领巾的你，我不由得心生肃然，想起你自入学至入队的时光，倏忽便成了一名光荣的少先队员。而镜子前系红领巾的认真，是颇含壮阔的静肃，值得我铭记此生。

尚记得在你垂髫的时候，曾经偶遇马路上佩戴红领巾的大哥哥、大姐姐们，你便用饱含稚嫩的声音问过你的父亲，"我什么时候也能戴红领巾呀？"尚未褪去稚嫩的声音，小小身影，多彩的故事是注定要点缀你的垂髫的。在你读过的故事中戴上红领巾是多么的骄傲与自豪啊！

终有一日你兴高采烈地回家说道："爸爸妈妈，明天我要入队了！"一张小脸写满欣喜。翌日你穿着整洁的校服、小白袜，认真地站在讲台前，高年级的大哥哥郑重地给你系上鲜艳的红领巾，那一刻我看见你除了喜悦外，瞬间褪去了往日的稚嫩，成长接踵而来，你不时地偷偷低头注目这鲜红的一角，我知道，虽然你对它真正的含义尚未理解透彻，但我确信从那刻伊始你会愈加懂事，愈有担当……

于是在你入队之后的日子里，在老师的谆谆教导下，你遵守纪律，按时完成作业，生活独立；帮助老师抬桌子，帮助同学打扫卫生，不善言辞的你总是冲在前面。某次我们一同去福利院参加公益活动，你特意佩戴红领巾，为小朋友们准备好绘本、食物及玩具。年纪相仿的孩子期待的眼神是你不再拘束的救赎，你很快便融入了他们，不仅耐心教弟弟妹妹们拼装玩具，还与福利院的阿姨们一起分发食物，那日你佩戴红领巾的小小忙碌身影格外绚烂，在我心中珍藏成最臻美的景致。

孩子，鲜艳的红领巾是你胸前最亮丽的风景，父亲母亲希望在它陪伴你的日子里，你可以不辜负老师的辛勤培育，做老师的好学生、好助手，做家中的好孩子，做同学的好伙伴，取长补短，戒骄戒躁，再接再厉，做一名优秀的少先队员，成为一名真正的赋有担当的小小少年。

亲爱的孩子，今日小满。四月中，小满者，物致于此，小得盈满。作为你的父亲母亲，我们希冀你往后的日子向满而生，渐入佳境。

自入学至入队，自稚嫩摇晃的身子至而今的小小少年，亲爱的孩子，谢谢你带给我们诸多感动，也带给你自己太多惊喜。入队是你光荣而神圣的时刻，入队的时日，是独属于你的黄金时代，窗外四月的花，迎向暖阳，开得正好。

第一次帮你系上红领巾

陈鑫奕家长

亲爱的女儿：

今天是个非常难忘的日子，今天我非常高兴来参加你的入队仪式，首先我祝贺你光荣地加入少先队组织，成为一名光荣的少先队员。

我要亲手为你戴上鲜艳的红领巾。代表从今天开始你就是一名真正的少先队员了，红领巾在胸前飘扬代表你又长大了。从今天起你可以像个学生那样为自己许下诺言，然后努力去实现。妈妈非常骄傲有你这么一位懂事的好孩子。你的独立、自主能力很强，生活和学习从来不用我过多的操心。

戴上红领巾，你就是一名真正的少先队员，这是老师和同学们对你的肯定与鼓励，也意味着你要成为大家学习的好榜样。希望你今后能够更加严格要求自己，上课认真听讲，按时完成作业，坚持广泛阅读，继续取得更好的成绩。同时，要尊敬老师、团结同学、乐于助人、爱护集体，做一个文明有礼、诚实守信、充满爱心、懂得感恩的好学生。

这是你人生路途中第一个重要的仪式，标志着你长大了，进步了，妈妈为你高兴。妈妈不会忘记你入学以来的惊人变化：在黄老师的熏陶下，你养成了每天读书的良好习惯，在你的带动下，爸爸也不再打游戏了，又重新拿起了他的书籍；你按时完成作业，从不拖拉；你坚持独立睡觉、主动穿衣服、早睡早起；你主动帮助妈妈包饺子、拖地，减轻了妈妈的负担；你还懂得了主动谦让、有错就改。妈妈每天最享受的事就是听你悦耳动听的声音，"妈妈，今天我又得小红星了""妈妈，我今天的小测试得了100分"。

在今后的日子里，希望我们一起为了更加丰富的知识和优秀的学习而努力！也希望你在学校里能够继续不骄不躁地努力学习、坚持阅读，做到尊敬老师、团结同学、乐于帮助同学、爱护集体。相信通过你的不断努力学习，你将是最棒的！你也让妈妈懂得了好多，为了咱们美好的明天，一起努力吧！

爱你的爸爸妈妈

食安校园，安全你我，我和孩子共进午餐

王晨家长

俗话说，"国以民为本，民以食为天，食以安为先。"可怜天下父母心啊，孩子中午在学校吃饭，我也和很多家长一样，无时无刻不在关注着孩子的饮食问题，也在思考和担心着一些问题。比如，学校的食品源头正规吗？孩子的饭食卫生吗？厨师做饭是按照规程吗？孩子能吃上热腾腾的午餐吗？午餐的营养能保障吗？孩子中午吃饭是井然有序的吗？孩子能吃饱吗？

今天，我有幸成为"陪餐"的家长，期待着，也兴奋着，感谢学校给予每一位家长这份体验，也感谢学校给家长一份监督权，这是信任，是开放，是自信。

中午十一点半，我们三位家长准时来到餐厅，热情的班主任和厨师长早就在餐厅等候着了。每人做了个简单的登记，并发了一张调查问卷，厨师长就带着我们进入了今天的"程序"。

换好标准而卫生的厨房服饰，戴上口罩，套上脚套后，厨师长带领我们进入了配

菜厨房，窗明几亮、地板反光、一尘不染，我们三位家长都有些不忍心踏入；每一位厨房工人，非常认真地做着每一道工序，不紧不慢、严肃认真。

厨房放着红红的鲜肉、绿色的蔬菜、白色的大葱、黄色的胡萝卜、一捆捆的小蔬菜、一排排的大蒜，真如等待检验的士兵。一边走，厨师长一边拿起每一份样品的供货单，上面标注着供货日期、食品来源、交易人员、产地等详细的记录，看完单子，我们感觉到，每一份单据都是学校餐厅交给家长的满分答卷。

出了厨房，孩子们排着整齐的队伍进入餐厅。在台阶处、在拐角旁，都有值班的"红袖章"老师，时不时地小声提醒着孩子注意安全，保持距离，不要拥挤。我们三位家长也顺势加入自己孩子所在的班级队伍，秩序井然地来到餐区。

饭菜已经均匀地摆好，稀饭都整齐摆放在盘子的右侧，在餐桌的中央放着可随意添加的馒头、米饭、蔬菜、肉类和稀饭。陪着孩子坐下来，咬了一口麦香十足的馒头，软硬适口；品了一份绿色的菠菜，咸淡适宜、清香味美；喝了一口稀饭，不冷不热，时间把握得真是恰到好处；又剥开一只味美肉肥的龙虾，就着馒头慢慢咽下……

孩子们也像我们一样，秩序井然地吃了起来，班主任老师一会儿到这个餐桌，提醒孩子们"饭菜管饱，不够再加！"一会儿又到那个餐桌，告诉孩子们"慢慢吃，小心噎着！"

不一会儿，值班校长来到了同学中间，一会儿问咸不咸，一会儿问热不热，一会儿叮嘱同学们注意脚下，一会儿又让班主任维护好秩序，一会儿又找到厨师长，询问、叮嘱着每一件事情……

"一粥一饭当思来之不易，半丝半缕恒念物力维艰。"学校的管理是严谨而负责的，餐厅的工序是规范而标准的，学生的行为是阳光而有序的。这样的学校，家长放心，这样的餐厅，家长信赖，这样的学生，家长骄傲！

随着"食安城阳，安全你我"食品安全进校园活动的不断开展和"阳光城阳"建设力度的不断加大，相信我们的校园像五彩的花园，我们的餐厅像湛蓝的蓝天，我们的同学像快乐的小鸟，而我们的家长的心则像天空灿烂的云朵，乐开了花！

我和孩子零距离

周瑞家长

伴随着这个初夏，我有幸参加了学校的班级课堂活动。虽然期盼已久，但当这个机会来临时，仍不免有些激动。

当我走进教室时，年少的同学们异常兴奋，叽叽喳喳地说个不停。在班主任老师的口令下，教室里顿时恢复了安静。我今天的"任务"就是体验孩子们的学习生活。每个孩子们身上都散发着朝阳一般的活力，课堂上认真听老师的讲课，积极地回答老师的提问，回答对了的同学满脸喜悦，回答错了的同学也不气馁，仔细做着记录。老师的精彩讲课，让孩子们非常着迷，那洪亮的读书声震耳欲聋。

课间时间一到，孩子们都忙活起来，处处闪耀着他们的脚步，终于可以轻松一小会儿了。上课的铃声一响，空旷的走廊恢复了宁静，教室里又传来朗朗读书声。

孩子们的成长离不开学校和家庭的呵护与教育，在老师们的辛勤耕耘下，孩子们如同春天破土而出的竹笋，茁壮成长，又如同夏日的花朵，娇艳美丽。

让我们心连心、手拉手地伴随孩子一起成长！

孩子的成长，我们从未缺席

车珂馨家长

孩子是我们生命的延续，是我们人生的结晶。教育孩子就像养树，需要时常修剪枝叶，需要定量灌溉。孩子的心灵犹如白纸一样纯洁，既容易受真善美的熏陶，也容易受假恶丑的污染。所以对于教育孩子，没有完成时，只有进行时。

廉姆士曾经说，播下一个行动，收获一种习惯；播下一个习惯，收获一种性格；播下一种性格，收获一种命运。在我们家，尤为注重孩子习惯的养成。好的习惯不是一朝一夕就能养成的，需要我们做家长的无时无刻不陪伴在孩子身边，告诉他该怎么做，怎么做才对。只有每日的熏陶，才会给孩子养成受益一生的好习惯。孩子在成长过程中，不可避免地会养成一些坏习惯。我们不会过度去责备，及时帮忙纠正才是我们最应该做的。让孩子知道，为什么错，是很重要的。孩子的是非观、价值观，往往就是在这时候建立起来的。

我们从未放松过孩子的教育学习。为了给孩子营造一个良好的学习氛围，我们学习"孟母三迁"的故事，搬到了学校附近，给孩子选择了最好的学校和老师。在老师和我们家长的细心教育下，孩子有了健康快乐的成长环境。每次家长会，我们能感受到老师对孩子的关心和教育，能够时刻了解孩子成长的心路历程。我们感谢学校，感谢老师。回到家里，在写完老师的作业后，我们会扩展孩子的视野，给孩子充足的兴趣爱好时间，让她干自己想干的事。我们家长过多的干涉，往往会对孩子的身心健康造成影响。孩子在学习上取得进步，我们会对孩子进行鼓励。一束赞许的目光，一个会心的微笑，一次赞许的点头，都可以传递真情的鼓舞，都能表达对孩子的夸奖。我们对孩子的肯定，是他们前进的动力。

对孩子来说，我们家长是他们能看得到、摸得到的榜样，这个印象会一直持续他们的一生。我们经常对孩子说，路就在脚下，要勇敢迈步，不要牵挂，去奋斗拼搏，勇闯天涯，我们永远是你最坚强的后盾。孩子的每一次成长，我们都看在眼里，我为她感到骄傲和自豪！

孩子的成长我从未缺席

郝韵家长

每一个孩子在家庭当中都被父母视为掌上明珠般的呵护和疼爱，"望子成龙，望女成凤"这也是自古以来中国式的教育特点。在期望子女成龙、成凤的期许里父母在孩子成长过程中为孩子做了多少呢？孩子的真正想法是什么，父母知道吗？

父母是孩子的第一任老师，父母的优秀潜移默化地影响着孩子。孩子总在不经意地模仿着父母，模仿说话语气，模仿待人处事的方法，模仿一切。俗话说"有什么样的父母，就会有什么样的子女！"父母总是单方面希望自己的孩子处处优秀、处处优越于身边的小朋友，却忽视了孩子的模仿能力和自身的影响力。在孩子的成长过程中能否真正地做好孩子的人生导师是每一位父母毕生的课题，要求孩子知书达理、善解人意、好学进取的同时父母自己先做到了么？树木成荫离不开肥沃的土地，离不开工匠们的及时修剪和精心呵护，还要经历数十数百岁月洗礼方能成荫，更何况一个有思想的孩子呢！

孩子的成长，可不是一件简单的事，哪有孩子成长的时候不经历坎坷的呢？

首先，成长中最为重要的，大部分家长都忽视了的，那就是陪伴。有的家长似乎从来不注重这一点，简单地认为只要学习好、多方面发展，就是成长。如果你这样认为，那就大错特错了！因为这样做会让孩子认为所谓父母就是把你生下来而对你不管不顾，这样，孩子根本感受不到你对他的爱。

严重的是他可能会认为父母不关心他，不愿意抽出时间陪伴自己。时间长了会使孩子变得自卑，也不愿意跟父母沟通。

其次，就是身为父母的责任。改变现状，从被动转为主动，父母要充分发挥自己的积极意识，对孩子的需求保持高度敏感，积极参与孩子的成长，始终与孩子保持强大的情感纽带。

当我们面对孩子的诸多问题时,沟通不失为一个良好的方式。首先,我们要创造交流的机会,亲子关系的成功就在于创造性的陪伴。陪孩子读一本书,陪孩子做一项运动,在参与的同时,更多地参与真实的对话,不停留于表象的语言、眼神、动作。其次,要注意倾听,留意孩子发出的信号。有时候孩子会直接发出邀请,父母往往会因为手头上的杂事或者忙碌的工作,抑或是日常安排紧张,根本没注意到孩子的需求。殊不知,陪伴孩子就如同牵着蜗牛去旅行,父母要保持高度的耐心和细心,去倾听、去陪伴,不错过每一个细节,每一个台阶。

孩子的成长,我们从未缺席

张梓琛家长

时光如梭,转眼间孩子已经五年级下学期了,上次开家长会,崔老师一再说明,五年级的学习时间不到45天,就该放暑假了,转过来就是六年级了。心里一直觉得孩子的小学时间还长着呢,仔细一想,是对孩子关心和疼爱太少了,以至于孩子的成长,我们都缺席了。

面对这个题目,一直是我们内心的一个目标,但是现实我们真的需要做的还有很多很多。曾几何时,刚进入小学,我们对自己、对孩子的期望和要求很多,特别是自己的孩子,爱好历史,喜欢研究历史,更喜欢有人和他讨论历史。起初我们一直在陪伴,一直在和他探讨,在共同进步,随着孩子的认识和理解的深入,明显感觉自己跟不上步伐了,所以自己的懒惰也是对孩子的不负责任。虽然孩子学习自觉性很高,但是很明显,孩子的内心一直是渴望父母的陪伴的。

作为父母,每个人都有不同的生存压力,忙碌奔波是为了给孩子提供质量更好的生活。可是,好日子的根本是什么,是一家人健康、平安地生活在一起,共享每一天的快乐时光。孩子的成长过程,一生只有一次,错过了就不再回来了。牵着孩子的手,陪他一起成长,过程也许会觉得很慢很慢,慢到感觉像是牵着一只蜗牛在散步。可当孩子长大后,又会觉得,这个过程太快了,快到我们还没来得及细细地欣赏每一步,孩子已经羽翼渐丰,逐渐飞离我们的视线了。长大后的孩子,会像脱线的风筝,越飞越高,越飞越远,只留下一段让我们日夜守望的距离,陪伴在每个月圆月缺里。

每一个孩子,都是上天恩赐给我们的天使,每一个孩子,都是一朵需要细心呵护的花朵儿,而父母的怀抱,就是滋养他们成长的乐土,是他们童话的城堡。让我们对亲爱的孩子们、宝贝们，张开温暖的怀抱吧，让他们沐浴在阳光雨露里，快乐、幸福地成长……

孩子的成长，我们从未缺席

李一辰家长

五年级的女儿大部分时间是待在学校里的，那么离开我们视线范围的孩子，在学校是如何生活学习和表现的呢，家长开放日给我们提供了一次了解孩子、了解老师、了解学校的机会。

每次孩子兴高采烈地来要求我参加开放日家长会的时候，我从不迟疑，总是很肯定地答复她："没问题，妈妈准时参加。"这时你会感到她小小的轻松和高兴，或许这让她感觉到父母对她的重视。作为家长也是会有"备课"的，回想一下最近孩子的日常表现，想跟老师沟通哪些信息，这样，在跟老师面对面交流的时候才能有的放矢，节约大家的时间。走进校园，我们可以看到整洁的校园环境，这是一个学校的风貌；可以看到卫生的就餐环境，午餐时间可以放心地把孩子交给学校；可以看到教室走廊各式的名人格言，显示了学校优良的学风。通过公开课，可以感受到各科老师的教学风格，或严谨或风趣或新颖，根据老师的课堂特色和要求，可以回家帮助孩子调整学习方法。而且在课堂上很容易发现孩子的问题，有次数学公开课我就发现女儿很少举手回答问题，由此发现她课前预习没有做好，再就是课堂回答问题主动性不好，之后这些问题都得到了很好的解决。每次见过老师回到家中，女儿总会第一时间蹭过来，问："妈妈，老师说我什么了吗？"可见，在我们参加家长会时，孩子也一直处于期待中。这时，我都是给她一个很肯定的态度。好的地方鼓励她，不足的地方绝不是当头一喝，而是表示充分理解的基础上让她寻找解决的办法并改正。每次女儿都跟小鸡啄米似的点头答应。家长开放日对于我们来说真的是一次有效而愉快的经历。

家长开放日让我们走进校园走近老师，更能目睹老师在孩子们身上付出的精力和辛苦，体会和理解老师的不容易，尽可能地支持和配合老师的工作。老师的工作于千头万绪中难免有一碗水端不平的时候，当孩子回家表示委屈和不平时，我们应该及时给予纠正和疏导，帮助孩子亲其师，才能信其道，为孩子营造良好的成长环境。

世界上有两种人愿意为孩子的成才努力去付出，他们就是父母和老师。教育孩子是我们家长的责任，配合学校配合老师教育孩子是我们家长的义务，我们深谙此理并为此努力！

一日教师体验

赵赞豪家长

在这个阳光明媚、充满生机的季节，有幸走进课堂，跟孩子们度过愉快的一天，我感到非常的荣幸，也感谢学校和老师给家长一个近距离接触孩子们的机会。

在走进教室的那一刻，我其实还是有一点儿小紧张的，但看到孩子们那一张张天真无邪的笑脸，还有那一个个纯净清澈的眼神，我瞬间被融化了，紧张情绪一扫而光。

课堂上老师布置的作业，同学们都在认认真真地完成，学习情绪很高昂，学习氛围很浓厚，偶尔会有同学做个小动作或是窃窃私语，您一个温柔的眼神，马上就知道改正；课间的孩子们就像是脱缰的野马，尽情地玩耍，释放了天性，无拘无束，教室里、走廊里到处是欢声笑语。

这个年龄的孩子心智都不成熟，自控力和自我约束力都很欠缺，而且这么多孩子，脾气性格又千差万别，老师既要担负起照顾他们的责任，又要兼顾授予他们文化知识。这一天下来，我深切地体会到老师工作的不易，作为家长，对老师的工作平添了更多的理解和敬意。在此真诚地对老师道一声，您辛苦了！

孩子们是嫩芽，需要雨露的滋润，您就是那甘甜的雨露；孩子们是花朵，需要阳光的照射，您就是那温暖的阳光；孩子们是远航的风帆，需要方向的指引，您就是那最亮的指航标。

一切为了我们的孩子，让我们家校一起，架起沟通的桥梁，托起明天的太阳。

后记

终于完稿了，此时此刻我们百感交集，既为和美教育集团能有今天的发展而深感喜悦，也为曾经经历的风风雨雨而感到慰藉，更对所有志同道合的合作者、支持者深表感激。

和美教育集团大北曲校区自迁入新校以来，十年的呕心沥血，十年的执着追求，十年的长足发展，让我们再次感受到团队力量的伟大。因为我们在任何困难的时候都不曾放弃，在任何情况下都踏实前行，我们笑着流泪，哭着微笑，努力着、体验着、收获着。正因为这些丰富的经历，大北曲校区的和美教育才有了坚实的基础，有了提升的可能。同时，和美教育集团的桃林校区在"和美"理念的带动下，也迅速发展起来。

《和美校园故事多》一书与其说是辛辛苦苦写出来的，不如说是用全体师生实践和智慧凝聚而成的，从茫然到想清楚到做好这个成长的过程，不知包含了多少次的艰难抉择，多少次的大胆尝试，多少次的试图放弃，多少人的不离不弃，在日积月累中终于聚沙成塔。《和美校园故事多》没有任何虚构，是那么的实实在在，是真实发生在学生和老师、家长身边的故事，虽然语言质朴、平实，但是情真意切。

为了保证该书的质量，我们调动了全体师生的智慧，让他们用一双善于发现美的眼睛，找寻发生在自己身上的故事。从搜集故事到整理成册，多少次挑灯夜战却毫无倦意，一路走来是那么艰辛，但是我们尝到了累并快乐的感觉，这是一种挑战、一种历练、一种学习、一种提高，我们要为和美教育集团的和美文化贡献自己一点微薄力量，这种信念让我们有了不怕苦、不怕累的精神。于是我们心甘情愿地埋头苦干，倾注所有的精力，真真实实记录着学校的一切。

本书分为三篇，是在全体和美师生的共同努力下完成的。鉴于我们目前写作水平和经验的有限，教育故事每天都在发生，再加上时间的仓促等原因，尚存许多瑕疵，还请同仁们包容和理解。

和美教育集团"和美文化"的发展离不开领导、专家的指导和帮助。借此机会向所有帮助支持我们的各位领导、朋友表示深深的感谢。感谢城阳区教体局各位领导、城阳街道办事处以及城阳街道教委办的各位领导对我们的关心和支持，因为他们的精心指导，上海先进的教育理念才能在和美教育集团这片土壤上生根发芽、开花结果，教师们才具有了现代学校的精气神；还要感谢大北曲五个社区的领导，没有他们长期的大力支持，就没有大北曲小学迅速而平稳的发展；同时还要感谢各界朋友和兄弟学校的帮助和支持。

　　如果说领导还有一种职责所在，那么专家则是一种更为无私高尚的给予。没有上海张雪龙校长的引领，也就没有我们现在的眼界和发展。感谢张雪龙校长的办学智慧，不仅指导着我们如何成长，也时时刻刻在影响着我们如何做人，做一个堂堂正正的人，做一个像样的校长，做一个有敬畏心的老师。

　　此书不仅是对大北曲小学实施和美教育十年来的实践总结，也为今后大北曲小学的再发展奠定了一个基础，我们将再接再厉，乘势而上，奏出更为高亢的和美旋律。相信，在今后的和美校园里，还会发生更多感人的故事。

张颖
2021 年 6 月